U0104935

古典文獻研究輯刊

三七編

潘美月・杜潔祥 主編

第 27 冊

山海經彙說

〔清〕陳逢衡 著

劉朝飛 點校

國家圖書館出版品預行編目資料

山海經彙說／劉朝飛 點校 -- 初版 -- 新北市：花木蘭文化
事業有限公司，2023〔民112〕
目 6+190 面；19×26 公分
（古典文獻研究輯刊 三七編；第 27 冊）
ISBN 978-626-344-490-4（精裝）
1.CST：山海經 2.CST：研究考訂
011.08   112010527

古典文獻研究輯刊
三七編　第二七冊　　　　　　　ISBN：978-626-344-490-4

山海經彙說

作　　者　劉朝飛（點校）
主　　編　潘美月、杜潔祥
總 編 輯　杜潔祥
副總編輯　楊嘉樂
編輯主任　許郁翎
編　　輯　張雅淋、潘玟靜　美術編輯　陳逸婷
出　　版　花木蘭文化事業有限公司
發 行 人　高小娟
聯絡地址　235 新北市中和區中安街七二號十三樓
　　　　　電話：02-2923-1455／傳真：02-2923-1452
網　　址　http://www.huamulan.tw 信箱　service@huamulans.com
印　　刷　普羅文化出版廣告事業
初　　版　2023 年 9 月
定　　價　三七編 58 冊（精裝）新台幣 150,000 元
版權所有　‧　請勿翻印

山海經彙說

劉朝飛　點校

作者簡介

劉朝飛，1987 年生於河北南皮，獨立學者，曾出版點校本《山海經箋疏》（2019 年華東師範大學出版社）《李賀歌詩箋注》（2021 年中華書局），又曾有學術隨筆集《志怪於常：山海經博物漫筆》（2020 浙江古籍出版社）。

提　　要

　　《山海經彙說》是清代晚期有關《山海經》研究的重量級研究專著，長期以來鮮為學界所知，更沒有有過點校本或影印本面世。作者陳逢衡力排歷代學者加諸《山海經》的奇談怪論，以經解經，提出很多平實可信之論，開近代以來科學研究《山海經》之先河。

感謝欒保群先生、王寧先生
為審訂此書稿

目次

整理說明

　　《山海經彙說》八卷，陳逢衡著。陳逢衡（1780～1850），字履長，號穆堂，江都（今江蘇省揚州市江都區）人，事迹見於《清史列傳》卷六九《儒林傳下二》與金長福《陳徵君傳》等。家有「瓠室」，藏書十餘萬卷，多秘本。其父陳本禮（1739～1818），字嘉會，著有《屈辭精義》六卷，《漢詩統箋》一卷，《急就搜奇》一卷，《協律鉤玄》四卷外集一卷，另有《太玄闡秘》十卷等。陳逢衡亦著述甚豐，有《竹書紀年集證》五十卷首一卷，《逸周書補注》二十二卷末一卷，《穆天子傳補正》六卷首一卷，《讀騷樓詩》初集四卷二集四卷三集二卷，另有《博物志疏證》（未刊，卷數不詳），《續博物志疏證》十卷補遺一卷，《嘆咶唎紀略》二卷。《山海經彙說》八卷，是陳逢衡注《竹書紀年》《逸周書》《穆天子傳》《博物志》等書之後所作。

　　《山海經彙說》，有卷首黃應熊題款「道光乙巳十月」，據此可知此書正式刊行於道光二十五年（1845）。但諸家所藏多為四卷本（即八卷本之前四卷），如北京師範大學圖書館、中央民族大學圖書館、安徽師範大學圖書館、韓國首爾大學圖書館，只有上海圖書館與重慶圖書館所藏為八卷本。卷四之末題「維揚磚街青蓮巷內柏華陞刊」，卷八之末題「揚州磚街青蓮巷內柏華陞刊」。當是先刻行四卷，後又刻行四卷，其後四卷未必刻于道光乙巳當年。陳氏晚年困頓，此書足本陸續刻行，當在情理之中，且有終未刻者如《博物志疏證》。《山海經彙說》卷八有言：「余另有使四鳥使虎豹熊羆說，茲不復贅。」又曰：「木是玉之譌，別有說。」此二說皆不見於八卷之內，可知陳氏此書仍有未刊稿。

　　原書自序二篇，歎息《山海經》被郭璞等誤讀，自道首先重新對《山海經》進行斷句分章，揣摩原書體例，然後以經解經，擺脫舊注誤導，最後證以其他古籍。正文皆專題筆記，排比並無嚴格規律，大體上卷一以說功用，卷二以說異獸，卷三、卷四專說外國，卷五、卷六說神人，卷七說地理，卷八則人物、地理與異物。其中多批駁郭璞、郝懿行等名家之言，常有所得。郭璞每每增經文所無，如注「大人國」遍引古書中荒誕之說，並言「準斯以言，則此大人之長短，未可得限度也」，吳任臣、郝懿行又從而演之，以為怪談，陳逢衡則指出：「夫所謂『大』者，不過極言其軀幹之豐富修偉耳。郭乃引出許多長人以證之，豈非多事？」郝懿行《山海經箋疏》疑經太過，如校經文「人魚」為「兒魚」，陳逢衡不信其言，說：「『人魚』凡五見，焉得處處皆闕脫其上乎？」此皆以經解經，獨得其正者。

　　《山海經彙說》僅有一次刊刻，學者多歎其難得。顧頡剛即未嘗見此書：「聞胡厚宣言，穆堂尚有《山海經注》，未見其他記載，而固亦有之。(《顧頡剛讀書筆記·李慈銘記陳逢衡書》)」其學生賀次君也說：「知此書本已刊行，而余遍尋不獲，深以為憾。」(《禹貢》第1期第10期《山海經》之版本及關於〈山海經〉之箸述)但其實畢竟有一些學者是見過此書的。非但《藏園訂補邵亭知見傳本書目》《販書偶記》《清史稿藝文志拾遺》等著錄此書八卷，且如陳橋驛《水經注校證》(2007)、劉宗迪《失落的天書》(2006)、陳連山《山海經學術史考論》(2012)，趙宗福專門有一篇《被埋沒的〈山海經〉研究重要成果——清代陳逢衡〈山海經彙說〉述評》(2001)(簡稱《述評》)，皆親見其書并撰寫了相關內容。范祥雍一方面說「陳氏書流傳稀少，極難見到」，一方面在自己的《山海經補疏》(未刊，今當已失傳，參《山海經箋疏補校》)中大量引用陳書。可惜如趙宗福、劉宗迪、陳連山所見皆四卷本，未知此書有八卷。

　　李慈銘評論《竹書紀年集證》曰：「其書援證頗博，用力甚勤，而好為議論，不脫學究習氣。」(李慈銘《桃花聖盦日記·甲集》)顧頡剛則據《逸周書補注》而曰：「陳逢衡畢生研究古文，著作甚多，而學識庸下。」(《顧頡剛讀書筆記·陳逢衡為護〈偽古文〉而注〈逸周書〉》)張公量評價《穆天子傳補正》亦曰：「穆堂自道一生以著述自娛，尤耽古史。汲冢三書，先後整統。而其蔽短攸歸，乃缺乏史學上批判的眼光也。僅足供吾人之參攷，不足資吾人之依據。」(張公量《穆傳之版本及關於穆傳之著述》，見《禹貢》地2卷第6期)

　　趙宗福、劉宗迪等則對《山海經彙說》評價頗高。趙宗福《述評》:「筆者通過研讀前人研究《山海經》的論著,自〔註1〕認為清朝道光年間學者陳逢衡的《山海經彙說》是整個封建社會時期除校注外,真正從學術意義上研究《山海經》的重要成果。雖然其認識水平在整體上並沒有超出合理主義的窠臼,但其強烈的探索意識、不輕的著作份量、精彩的精闢見解〔註2〕和應有的學術價值,是不可抹煞的。」劉宗迪《失落的天書》主「月令圖說」,立論之基以陳逢衡書中《〈山海經〉多記日月行次》為先聲:「清代學者陳逢衡早已注意到《大荒經》中日月出入之山的記載,並獨具慧眼地指出這一記載與觀察日月行度以確定季節的習俗有關。」並說:「陳氏之卓見,一直湮沒不聞,未能引起《山海經》研究者的注意,直到現代才得的科學史學家的回應。」下引呂子方《讀〈山海經〉雜記》與鄭文光《中國天文學源流》等說。范祥雍《山海經補疏》棄呂調陽《五藏山經傳》與吳承志《山海經地理今釋》不用,而大量採錄《山海經彙說》,亦可見其對陳書的認同。

　　本次整理,以上海圖書館藏本為底本,取宋淳熙七年本郭璞《山海經傳》(簡稱「郭書」)、明刻本(國家圖書館藏《楊升庵雜著十四種》)楊慎《山海經補注》(簡稱「楊書」)、康熙六年本吳任臣《山海經廣注》(簡稱「吳書」)、乾隆四十八年本畢沅《山海經新校正》(簡稱「畢書」)與光緒七年郝懿行《山海經箋疏》(簡稱「郝書」)等比對其引文,適當出校。古書引文情況複雜,校記從簡,多有未安,還望讀者多多批評。

　　八年之前,我就劉宗迪學生處借得此書過錄本一卷不足。三年之前偶過上海圖書館,又見八卷足本,遂申請複製。最後於今年春,集中精力將之錄出。

辛丑仲夏

南皮劉朝飛識

〔註1〕「自」字當刪。

〔註2〕「精彩的精闢見解」語義重複,可刪「精闢」二字。

自序一〔註1〕

衡自束髮受書，上承庭訓，未嘗不欲取經史大部詮釋義理。顧念經學宏深，史學浩博，略一窺測，杳無津涯，惟有望洋向若而已。況我朝文運鼎新，如顧亭林、毛西河、朱竹垞、閻百詩、胡朏明、萬季野、江慎修、惠半農、顧震滄、惠定宇、錢辛楣、王懷祖、段茂堂諸先生，具挺生之才，發奧衍之論，是皆日星河嶽，與天地不朽矣。予小子即偶有一知半解，非失之穿鑿，即拾人餘唾，所以寧捨五穀而掇莨稗也。計數十年來，孜孜不倦，惟取世人厭棄不閱之書，寢食其中。幸所注《竹書紀年》《逸周書》《穆天子傳》《博物志》，次第告成，可以無憾。因念《山海經》一書，蘊埋剝蝕，咸目為怪異而不之觀，為可惜也。然是書之棄置不道，一誤於郭氏景純注，務為神奇不測之談，並有正文所無，而妄為添設者；再誤於後之閱者，不求甚解，譌以傳譌，而此書遂廢。自郭氏注後，雖有楊升庵《補注》，亦其寥寥，大都不出郭氏範圍。又加以胡應麟之攻擊，而此書直同於方朔之《神異》，郭憲之《洞冥》，祖台之《志怪》矣。余不揣固陋，平心澄慮，但見《山海經》本文明白通暢，全無怪異之處。爰就吳氏志伊任臣、畢氏秋帆沅、郝氏蘭皋懿行三家所注之本，疏通證明，一一究出郭氏之誤。偶有所得，輒書於紙，隨得隨錄，故無先後次序，名之曰《山海經彙說》。說之云者，非若注書體例，故不嫌旁徵博引，曲致其詳，以佐成其義。其中略有加圈〔註2〕之處，非敢蹈前明人惡習，亦借以標眉目，不致漶漫耳。識者諒之。道光二十年庚子十一月朔，江都陳逢衡識於郡城黃氏黛山樓寓齋。

〔註1〕原書二序皆無題，今「自序一」「自序二」是本次整理時所擬。
〔註2〕本次整理將原書加圈改加點。

— 1 —

自序二

　　昔王仲任作《論衡》八十篇，蔡中郎寶而藏之以為秘笈。夫仲任之辨，泛濫羣籍，有隙必攻，而於《淮南》尤多置喙，然亦有過逞胸臆而不得其實者。若予之說《山海經》也，專就一書而說之，非敢於駁郭氏也，不駁郭氏則《山海經》之面目不見。駁郭氏，則不得不駁楊氏，不得不駁吳氏、畢氏、郝氏，緣諸公之說大率皆附合郭氏，間有異同，亦百中之一耳。予則見有不合於《山海經》者，必指而出之。考厥指歸，凡有數事：一曰離合其句讀，於事之當分屬者則分之，於事當聯續者則合之，庶眉目分清，一望而見；一曰展玩前後體例書法，以為證據；一曰止讀經文，以文闓注，如土委地，不解自明；一曰按之情理，徵之往籍，以觀其會通。往往有出人意計之外，可與古人相視而笑者。以是解書，宜無誤矣。或曰，子能盡解所不解否？曰魯鄙人有遺宋元王閉者，兒說之弟子往解之，乃能解其一，不能解其一，且曰：「非可解而我不能解也，固不可解也。」問之魯鄙人。鄙人曰：「然，固不可解也。我為之而知其不可解也，今不為而知其不可解也，是巧於我。」故如兒說之弟子者，以不解解之也。然則予之說《山海經》也，亦如兒說之弟子耳，非強不解以為解也，而解者已若是纍纍矣。通其得若干卷，自謂愜心。雖未及《論衡》之淵博，然於古書之若滅若沒者，一朝闡明而表著之，不亦快然乎！世有閱者，謂如瞽者道黑白也，謂如瘖者作囈語也可。夫人非周孔，千百慮寧無一失？四方君子倘能攻吾之短，加以訓詞，如柳宗元《非國語》之後，不妨又有江端禮、劉章、虞槃、曾于乾之《非非國語》也，是則予之所甚望也。噫嘻已矣，安得有蔡中郎其人者，為我什襲而藏之也哉！道光二十三年嘉平月朔，江都陳逢衡再識於郡城黃氏之黛山樓寓齋。

山海經彙說卷一

江都陳逢衡著

山海經是夷堅作

　　世謂大禹作《山海經》，非也；即謂伯益作，亦非也；又謂是後人假託之書，仿屈子《天問》而作，此說倒置，更不足據。案：《列子‧湯問篇》云「大禹行而見之，伯益知而名之，夷堅聞而志之」，即謂此書。夫謂之曰「聞」，殆非禹益同時人可知〔註1〕。其前五篇，或係大禹、伯益時所遺留簡冊，夷堅從而述之，故無甚怪異；其下篇次所述，則皆夷堅手訂，按圖而說者也。厥後又有周末戰國時人續錄之語，故記及文王葬所，與湯伐桀之事，今一概連接成文，遂致後人之疑議。茲訂為夷堅所作，則凡書中記禹父所化與夏后開等事，無庸疑議。或謂夷堅是南人，其書流傳楚地，至屈子作《天問》時多採其說而問之，實通論也。故自《海內東經》以上，俱以南西北東為次，居然可見；至《大荒經》，則以東南西北為次，顯然為另一人手筆。畢氏沅謂《大荒諸經》俱是釋前文之事，未為確證。夫解說前文，必有疏通證明之事。今但見重複誕妄，未見為釋前文之義，蓋戰國時人轉相述錄，今並合為一書。有如《考工記》之附於《周官》，又如《爾雅》創自周公，厥後孔子、游、夏之徒續而成之，今一概名《爾雅》。《山海經》之為後人附議，不信然歟？

　　《困學紀聞》六引服虔注：「夷堅即庭堅。」夫庭堅者為高陽氏才子，八愷之六。《漢書‧人表》直以咎繇易庭堅，或言庭堅是皋陶字號，或謂庭堅是

〔註1〕「夷堅是夏末人」，見卷三《丈夫國》；「夷堅是夏末殷初人」，見卷五《禹父之所化》。陳氏此篇未有其語，蓋思慮未周，或文有闕脫。

皋陶之後，歧說紛馳，悉歸無當。而服氏又以為即夷堅，孤文無據，顯係謬戾，不足置辨。

又謂《山海經》有秦漢地名，如長沙、零陵、貴陽、諸暨之類，故知為偽。予曰，《春秋經》止獲麟，弟子續至孔子卒，而《傳》乃載及智伯之亡。夫智伯之亡，丘明不及知也。楊雄與司馬遷不同時，而《史記‧司馬相如傳》有楊雄之語。不得以此二事疑《左傳》非丘明作，疑《史記》非司馬遷作也。又，《世本》左丘明所作，而有燕王喜、漢高祖；《蒼頡篇》李斯所造，而有「漢兼天下，豨、黥〔註2〕、韓覆畔〔註3〕」之語；《列僊傳》劉向所造，而贊云七十四人出佛經；《列女傳》亦向所造，其子歆又作頌，終於趙悼后，而傳有更始韓夫人、明德馬皇后、梁夫人嫕；《通俗文》服虔所造，其敘乃引蘇林、張揖，蘇、張皆是魏人。說見《顏氏家訓〔註4〕‧書證篇》。唐‧徐堅《初學記》載楊雄《潤州箴》，乃有「吳晉梁宋，六代都興」之語。夫雄生西漢末，安得預知吳晉梁宋哉？《藝文類聚》，唐太宗時歐陽詢所編也，而有蘇味道《正月十五日夜遊詩》、李嶠《拜洛詩》、宋之問沈佺期《寒食詩》，四人皆在歐陽詢後，安得預編之也？見宋‧葉大慶《攷古質疑》。是皆後人所入，非本文，明矣。《山海經》之載及秦漢地名，亦猶是耳。且又安知秦漢地名之不本於古乎？皇古簡策寥寥，吾烏乎從而證之？此亦猶《本草》神農之書，而有豫章、朱崖、趙國、常山、奉高、真定、臨淄、馮翊等郡縣名是也。

《山海經》多述《神農經》中語

《神農本草》，《漢‧藝文志》不載，始見《漢書‧平帝紀》及《樓護傳》，蓋本書久亡，自三代秦漢遞相祖述師承之語，遂以傳世。校之《靈樞》《素問》，遠不能及。今檢《山海經》前五篇「食之」「佩之」之說，疑皆出《神農本草》，故備錄焉。

《南山經》：招搖之山，有草曰祝餘，食之不飢；有木曰迷榖，佩之不迷；有獸曰狌狌，食之善走；麗䴇之水出焉，而西流注于海，其中多育沛，郭注：未詳。佩之無瘕疾。郭注：瘕，蟲病也。畢氏沅曰：瘕，久病也。郝懿行曰：郭云蟲病者，《列仙傳》云：「河閒王病瘕，下蛇十餘頭。」杻陽之山，有獸曰鹿蜀，佩之

〔註2〕「豨」本誤作「黔」。
〔註3〕「畔」字本脫。
〔註4〕「訓」字下本衍文「六」字。

宜子孫；郭注：佩，謂帶其皮毛。怪水出焉，而東流注于憲翼之水，其中多玄龜，其名曰旋龜，佩之不聾，可以為底。郭注：底，躃也；為，猶治也。外傳曰：「疾不可為。」一作痕，猶病愈也。郝氏曰：案「一作痕」者，《爾雅·釋詁》云：「痕，病也。」柢山，多水，有魚曰鮭，食之無腫疾。郝氏曰：案《說文》云：「腫，癰也。」亶爰之山，有獸曰類，自為牝牡，食之[註5]不妒。基山，有獸曰猼訑，佩之不畏；郭注：不知恐畏。有鳥曰鵁鶘，郭注：敞孚二音。食之無臥。郭注：使人少眠。青丘之山，有獸焉，其狀如狐而九尾，食者不蠱；郭注：噉其肉令人不逢妖邪之氣。或曰：蠱，蠱毒。郝氏曰：案《說文》云：「蠱，腹中蟲也。」有鳥曰灌灌，郭注：或作濩濩。佩之不惑；英水出焉，南流注于即翼之澤，其中多赤鱬，郭注：音懦。食之不疥。吳任臣曰：案《說文》：「疥，搔也。」又疥與痎通，小瘧也。禱過之山，浪水出焉，而南流注于海，其中有虎蛟，食者不腫，可以已痔。郝氏曰：案《說文》云：「痔，後病也。」侖者之山，有木焉，其味如飴，食者不飢，可以釋勞，其名曰白荅。郭注：或作睪蘇。睪蘇一名白荅，見《廣雅》，音羔。吳氏曰：案楊氏《補注》曰：「睪，古皋字。《春秋繁露》云『皋蘇釋勞』，即此也。」郝氏曰：《初學記》引王朗[註6]《與魏太子書》云：「雖復萱草忘憂，皋蘇釋勞，無以加也。」

《西山經》：錢來之山，有獸曰羬羊，郭注：《爾雅》云：「羊六尺為羬。」謂此羊也。羬音針。其脂可以已臘。郭注：治體皴。臘音昔。郝氏曰：今人以羊脂療皴，有驗。松果之山，有鳥曰螐渠，郭注：螐，音彤弓之彤。可以已瞜。郭注：謂皮皴起也，音巨駮反。小華之山，其草有萆荔，郭注：萆荔，香草也，蔽茘兩音。食之已心痛。符禺之山，有木曰文莖，其實如棗，可以已聾；郝氏曰：案孟詵《食療本草》云：「乾棗主耳聾。」又，《本草經》云：「山茱萸一名蜀棗。」《別錄》云：「主耳聾。」其草多條，其狀如葵而赤華，黃[註7]實如嬰兒舌，食之使人不惑。石脆之山，其草多條，其狀如韭而白華黑實，食之已疥；灌水出焉，而北流注于禺水，其中有流赭，以塗牛馬無病。英山，有鳥曰肥遺，食之已癘，郭注：癘，疫病也，或曰惡創。可以殺蟲。竹山，有草曰黃蓲，浴之已疥，又可以已胕。郭注：治胕腫也，音符。畢氏曰：《黃帝素問》有「胕腫」。浮山，有草曰薰草，臭如蘼蕪，佩之可以已癘。羭次之山，有鳥焉，曰橐𩇯，郭注：音肥。服之不畏

〔註5〕「之」當作「者」。

〔註6〕「朗」本誤作「郎」。

〔註7〕「黃」字本脫。

雷。郭注：著其毛羽，令人不畏天雷也。嶓冢之山，有草曰蓇蓉，食之使人無子。天帝之山，有獸曰谿邊，郭注：或作谷遺。席其皮者不蠱；有鳥曰櫟，食之已痔；有草焉，其臭如蘪蕪，名曰杜衡，郭注：香草也。食之已癭。郝氏曰：案：《說文》云：「癭，頸瘤也。」皋塗之山，有鳥曰數斯，食之已癭。郭注：或作癇。郝氏曰：案：《說文》云：「癇，病也。」《玉篇》云：「小兒癲癇。」崇吾之山，有木焉，其實如枳，食之宜子孫。不周之山，爰有嘉果，其實如桃，食之不勞。峚山，郭注：峚音密。上多丹木，黃華而赤實，其味如飴，食之不飢。泰器之山，觀水出焉，西流注于流沙，是多文鰩魚，其味甘酸〔註8〕，食之已狂。昆侖之丘，有木焉，其味如李，名曰沙棠，食之使人不溺；郭注：言體浮輕也。沙棠為木，不可得沈。衡案：郭說非。溺當讀如奴弔切，小便也，與尿同。言食此即可以止小便頻數之患。有草曰蘋草，其味如蔥，食之已勞。翼望之山，有獸曰讙，服之已癉；郭注：黃癉病也，音旦。郝氏曰：案：《說文》云：「癉，勞病也；疸，黃病也。」與郭異。有鳥曰鵸鵌，服之使人不厭。郭注：不厭夢也。《周書》曰：「服者不昧。」郝氏曰：案：高誘注《淮南子》云：「楚人謂厭為昧。」是則厭即昧也。《春秋繁露·郊語篇》云：「鴟羽去昧。」上申之山，其鳥多當扈，食之不眴目。郝氏曰：案：《說文》云：「眴或作眴，目搖也。」英鞮之山，涴水出焉，而北注于陵羊之澤，是多冉遺之魚，食之使人不眯。中曲之山，有木焉，實大如木瓜，名曰櫰木，食之多力。崦嵫之山，其上多丹木，其實大如瓜，食之已癉。

《北山經》：求如之山，滑水出焉，而西流注于諸毗之水，其中多滑魚，食之已疣。郭注：疣，贅也。吳氏曰：案：字書：「疣音由，結肉也。」郝氏曰：「疣」當為「肬」。《說文》云：「肬，贅也。」帶山，有鳥曰鵸鵌，食之不疽；郭注：無癰疽病也。彭水出焉，而西流注于芘湖之水，其中多儵魚，食之可以已憂。譙明之山，譙水出焉，西流注于河，其中多何羅之魚，食之已癰。涿光之山，囂水出焉，而西流注于河，其中多鰼鰼之魚，食之不癉。丹熏之山，有獸曰耳鼠，食之不䐹，郭注：䐹，大腹也，見《埤倉》，音采。又可以禦百毒。蔓聯之山，有鳥曰鵁，食之已風。單張之山，有鳥曰白鵺，郭注：音夜。食之已嗌痛，郭曰：嗌，咽也。《穀梁傳》曰：「嗌不容粒。」今吳人呼咽為嗌。音隘。郝氏曰：案：《說文》云：「咽，嗌也；嗌，咽也。」郭引《穀梁傳》者，昭十九年文。可以已痸。郭注：痸，癡病也。郝氏曰：案：《玉篇》云：「痸同瘛，癡也。」與郭義近〔註9〕。又云：「瘛，

〔註8〕 「甘酸」當作「酸甘」。
〔註9〕 「近」當作「合」。

不慧也。」少咸之山，敦水出焉，東流注于鴈門之水，其中多魶魶之魚，郭注：音沛，未詳，或作鮪。食之殺人。獄法之山，瀗澤之水出焉，而東北流注于泰澤，其中多鱳魚，郭注：音藻。食之已疣。北嶽之山，諸懷之水出焉，而西流注于囂水，其中多鮨魚，食之已狂。縣雍之山，晉水出焉，而東南〔註10〕流注于汾水，其中多紫魚，食之不驕。郭注：或作騷。騷，臭也。吳氏曰：案：即蘊羝之疾。郝氏曰：俗名狐騷也。北囂之山，有鳥曰鸞鶹，郭注：般冒兩音。食之已喝。郭注：中熱也，音謁。梁渠之山，有鳥曰囂，其音如鵲，食之已腹痛，可以止衕。郭注：治洞下也，音洞。畢氏曰：此字見《玉篇》，云：「下也。」龍侯之山，決決之水出焉，而東流注于河，其中多人魚，食之無癡疾。馬成之山，有鳥曰鷗鷗，食之不飢，可以已寓。郭注：未詳。或曰，寓，猶誤也。王氏引之曰：案，寓當是痏字之假借。《玉篇》《廣韻》並音牛具切，疣病也。咸山，條菅之水出焉，而西南流注于長澤，其中多器酸，食之已瘑。陽山，有獸曰領胡，食之已狂；留水出焉，而南流注于河，其中有鮯父之魚，食之已嘔。郝氏曰：案：「嘔」當為「歐」，《說文》云：「吐也。」小侯之山，有鳥曰鴿鷚，食之不灂。郭注：不瞧目也，或作瞧。郝氏曰：瞧音醮，《玉篇》云：「目冥也。」軒轅之山，有鳥曰黃鳥，其鳴自詨，食之不妒。饒山，歷虢之水出焉，而東流注于河，其中有師魚，食之殺人。郭注：未詳。或作鯢。吳氏曰：案：《本草綱目》有魚師之名。藏器《本草拾遺》云：「魚師，大者有毒，殺人。」疑即此魚也。郝氏曰：郭云「或作鯢」者，「師」「鯢」聲之轉，鯢即人魚也。《酉陽雜俎》云：「峽中人食鯢魚，縛樹上鞭至白汁出如構汁，方可食，不爾有毒也。」正與此經合。衡案：此魚與人魚異。前云人魚食之無癡疾，此師魚食之殺人，定非一物。

　　《東山經》：栒狀之山，汎水出焉，而北流注于湖〔註11〕水，其中多箴魚，食之無疫疾。葛山，澧水出焉，東流注于余澤，其中多珠蟞魚，其味酸甘，食之無癘。郭注：無時氣病也。北號之山，有木焉，其實如棗，其味酸甘，食之不瘧。旄山，蒼體之水出焉，而西流注于展水，其中多鱃魚，食者不疣。東始之山，泚水出焉，而東北流注于海，其中多茈魚，食之不糟。郭注：孚謂反，止失氣也。郝氏曰：案：《廣韻》：「糟同屁，氣下洩也，匹寐切。」《玉篇》音義同郭注。

　　《中山經》：甘棗之山，有草曰䕲〔註12〕，可以已瞢；郭注：音盲。郝氏曰：

〔註10〕「南」字本脫。
〔註11〕「湖」字本誤作「胡」。
〔註12〕「䕲」當作「蘀」。

案:《說文》云:「瞢,不明也。」有獸曰䴎,郭注:音那。或作熊也。郝氏曰:案:「䴎」或云即古「熊」字,非也。古文「熊」字作「䴎」,見《玉篇》。又,《玉篇》云:「䴎,乃何切,獸,似鼠,食之明目。」《廣韻》亦云:「獸名,似鼠,班頭,食之明目。」蓋皆本此經而誤記也。「可以已瞢」在上文。食之已瘻。歷兒之山,其上多櫔木,其實如楝,服之不忘。渠豬之山,渠豬之水出焉,而南流注于河,其中是多豪魚,可以已白癬。郝氏曰:案:《說文》云:「癬,乾瘍也。」脫扈之山,有草焉,實如棱莢,名曰植楮,可以已癙,郭注:癙,病也。《淮南子》曰:「狸頭已癙也。」吳氏曰:案:《正韻》云:「癙,憂病。」《詩》云:「癙憂以痒。」郝氏曰:案:《太平御覽》七百四十二卷引郭注作「癙,瘻也」,今本作「癙,病」蓋本《爾雅·釋詁》文,非誤也。又引《淮南子》〔註13〕者,《說山訓》文,本作「狸頭愈鼠」。今人正以狸頭療鼠瘍,鼠瘍即瘻。《說文》云:「瘻,頸腫也。」食之不眯。金星之山,多天嬰,可以已痤。郭注:癭,痤也。郝氏曰:案:注文〔註14〕疑當為「痤,癭也」。《說文》云:「痤,小腫也。」牛首之山,有草曰鬼草,服之不憂;勞水出焉,而西流注于潏水,是多飛魚,食之已痔衕。霍山,有獸曰朏朏,養之可以已憂。郭注:謂畜養之也。陰山,少水出焉,其中多彫棠,其實如赤菽,食之已聾。鼓鐙之山,有草曰榮草,食之已風。昆吾之山,有獸曰蠪蚳,食之不眯。青要之山,有鳥曰鴢,食之宜子;有草曰荀草,服之美人色。郭注:令人更美艷。騩山,正回之水出焉,而北流注于河,其中多飛魚,服之不畏雷。首山,多䭕鳥,郭注:音如鉗鈇之鈇。郝氏曰:案:《玉篇》有「䭕〔註15〕」字,云徒賴切。食之已墊。郭注:未聞。郝氏曰:案:《尚書》云:「下民昏墊。」《方言》云:「墊,下也。」是墊蓋下溼之疾。《玉篇》說此鳥作「食之亡熱」,非郭義也。又,《說文》云:「䵮,寒也,讀若《春秋》『墊阨』。」義亦相近。厗山,有鳥曰鴒鶀,服之不眯。橐山,橐水出焉,而北流注于河,其中多脩辟之魚,食之已白癬。陽華之山,其草多苦辛,其實如瓜,其味甘酸〔註16〕,食之已瘧。休與之山,有石焉,名曰帝臺之棋,服之不蠱。鼓鍾之山,有草曰焉酸,可以為毒。郭注:為,治。姑媱之山,帝女死焉,其名曰女尸,化為䔄草,其實如菟丘,服之媚于人。郭注:為人所愛也。苦山,有木曰黃棘,其實如蘭,服之不字;郭注:字,生也。有草曰無條,服之不

〔註13〕「子」字下本衍「文」字。

〔註14〕「文」字衍。

〔註15〕「䭕」本誤作「鈇」。

〔註16〕「甘酸」當作「酸甘」。

癭。堵山，有木曰天楄，_{郭注：音鞭。}方莖而葵狀，服者不喑。_{郭注：食不噎也。}郝氏曰：案《玉篇》：「喑同咽。」《說文》云：「喑，飯窒也。」放皋之山，有木曰蒙木，服之不惑。大䂹之山，有草曰牛傷，服者不厥；_{郭注：厥，逆氣病。}狂水出焉，西南流注于伊水，其中多三足龜，食者無大疾，可以已腫。半石之山，有草曰嘉榮，服之者不霆；_{郭注：不畏雷霆辟歷也。}郝氏曰：《北堂書鈔》一百五十二_{〔註17〕}卷引此經「霆」上有「畏」字。來需之水出于其陽，而西流注于伊水，其中多鯩魚，食者不睡；合水出于其陰，而北流注于洛，多鰧魚，_{郭注：音騰。}食者不癰，可以為瘻。_{郭注：瘻，癰屬也，中多有蟲。《淮南子》曰：「雞頭已瘻。」音漏。}少室之山，有木曰帝休，服者不怒；休水出焉，而北流注于洛，其中多䲐魚，食者無蠱疾。泰室之山，有木曰栯木，服者不妒；有草曰䔄草，服之不昧。浮戲之山，有木曰亢木，食之不蠱。少陘之山，有草曰䕲草，_{郭注：音剛。}實如蘡薁，食之不愚。_{郭注：言益人智。}太山，有草曰梨，可以已疽。敏山，有木曰葪柏，服者不寒。_{郭注：令人耐寒。}大騩之山，有草曰猿，服之不夭，_{郭注：言盡壽也。}可以為腹痛_{〔註18〕}。兔牀之山，其草多雞穀，其味酸甘，食者利于人。依軲之山，有獸曰獜，食者不風。_{郭注：不畏天風。}衡案：即後世風痺之病。高前之山，其上有水焉，甚寒而清，帝臺之漿也，飲之者不心痛。從山，從水出于其上，潛于其下，其中多三足鼈，食之無蠱疫。豐山，其木多羊桃，可以為皮張。_{郭注：治皮腫起。}雲山，有桂竹，甚毒，傷人必死。《北山經》：景山，有鳥焉，其狀如蛇而四翼、六目、三足，名曰酸與。_{郭注：或曰食之不醉。}

以上諸說，本經詳載形狀臭味與所治之病甚備，疑皆據《神農本草》而言。古書泯滅，特為截錄於此，略見一斑。又補：其實如楝。_{郭注：楝，木名，子如指頭，白而粘，可以浣衣也。音練。或作簡。}郝氏曰：案「楝」當作「楝」。《說文》云：「楝，木也。」《玉篇》云：「子可以浣衣。」

可以禦火凡十見

《西山經》：小華之山，鳥多赤鷩，可以禦火。符禺之山，其鳥多鴖，可以禦火。翠山，其鳥多鸓，可以禦火。崑崙之山，有木曰沙棠，可以禦火。_{畢氏、郝氏本俱作「禦水」。案：水如何能禦？今從吳本作「禦火」。}崦嵫之山，其上多丹木，可以禦火。

〔註17〕「二」字本脫。
〔註18〕「痛」當作「病」（吳任臣本、畢沅本、郝懿行本）或「疾」（宋本）。

—11—

《北山經》：帶山，有獸曰朧疏，可以禦火。「禦」，畢氏、郝氏本俱作「辟」。
涿〔註19〕光之山，囂水出焉，而西流注于河，其中多鰼鰼之魚，可以禦火。

《中山經》：崌山，有鳥曰竊脂，可以禦火。丑陽之山，有鳥曰駅鵌，可
以禦火。即公之山，有獸曰蜼，是可以禦火。

可以禦兵凡五見

《西山經》：中曲之山，有獸曰駮，可以禦兵。郭注：養之以〔註20〕辟兵刃
也。

《北山經》：虢山，其鳥多寓，可以禦兵。

《中山經》：騩山，正回之水出焉，而北流注于河，其中多飛魚，可以禦
兵。大𦒍之山，有草曰牛傷，可以禦兵。少室之山，休水出焉，而北流注于洛，
其中多䱱魚，可以禦兵。衡案：緯書云：「鼓造辟兵。」又道書云：「咸喜辟兵。」亦
類此。

可以禦凶凡六見，可以禦百毒、可以禦疫凡一見

《西山經》：陰山，有獸曰天狗，可以禦凶。衡案：禦凶蓋如祓除不詳之義。
翼望之山，有獸曰讙，是可以禦凶；有鳥曰鴟鵂，又可以禦凶。英鞮之山，涴
水出焉，而北注于陵羊之澤，是多冉遺之魚，可以禦凶。

《北山經》：譙明之山，有獸曰孟槐，可以禦凶。郭注：避〔註21〕凶邪氣也。

《中山經》：講山，有木曰帝屋，可以禦凶。

《北山經》：丹熏之山，有獸曰耳鼠，可以禦百毒。

《中山經》：菫理之山，有鳥曰青耕，可以禦疫。

可以毒鼠凡二見，可以毒魚凡四見

《西山經》：皋塗之山，有白石焉，其名曰礜，可以毒鼠；有草曰無條，
可以毒鼠。

《中山經》：蔥山，有木曰芒〔註22〕草，可以毒魚。柄山，有木曰苃，可以
毒魚。熊耳之山，有草曰葶藶，可以毒魚。朝歌之山，有草曰莽草，可以毒魚。

〔註19〕「涿」字本誤作「逐」。
〔註20〕「以」字似衍。
〔註21〕「避」字本作「辟」
〔註22〕「芒」字本誤作「芷」。

可以走馬凡二見，可以服馬凡一見

《西山經》：天帝之山，有草曰杜衡，可以走馬。郭注：帶之令人便馬，或曰馬得之而健走。衡案：後說長。

《中山經》：高梁之山，有草焉，狀如葵而赤華，莢實，白柎，可以走馬。

《東山經》：東始之山，有木曰苴，可以服馬。郭注：以汁塗之，則馬調良。

《山海經》占驗已開後世《五行志》之先

《南山經》：柜山，有獸焉，其狀如豚，有距，其名曰貍力，見則其縣多土功；有鳥焉，其狀如鴟而人手，其名曰鴸，見則其縣多放士。郭注：放，放逐。或作「效」也。衡案：放當如放蕩之義。長右之山，有獸焉，其狀如禺而四耳，其名長右，見則其郡縣大水。堯光之山，有獸焉，其狀如人而彘鬣，其名曰猾褢，見則縣有大繇。郭注：謂作役也。或曰其縣是亂。丹穴之山，有鳥焉，其狀如雞，五采而文，名曰鳳皇，見則天下安寧。雞山，黑水出焉，而南流注于海，其中有鱄魚，郭注：音如團扇之團。其狀如鮒而彘毛，見則天下大旱。令丘之山，有鳥焉，其狀如梟，人面，四目而有耳，其名曰顒，郭注：音娛。畢氏曰：《玉篇》作「鸓」。見則天下大旱。衡案：朱國禎《湧幢小品》云：「《山經》言顒鳥如梟，人面，四目而有耳，見則大旱。萬曆壬辰七月初，豫章城中此鳥來集永寧寺屋上，高二尺許，燕雀從而羣譟之，其年五月晦至七月中，酷暑無雨，田禾盡枯。」

《西山經》：太華之山，有蛇焉，名曰肥蟥，六足四翼，見則天下大旱。郭注：湯時此蛇見于陽山下。衡案：《湧幢小品》云：「萬曆丙戌，建昌鄉民樵于山，逢一巨蛇，頭端一角，六足如雞距，見人不噬亦不驚，民因呼羣往視，亦不敢傷，徐入深林而去。」《華山記》云：「蛇六足者名肥蟥，見則千里之內大旱。戊子、己丑之災，其兆先見之矣。」女牀之山，有鳥焉，其狀如翟而五采文，名曰鸞鳥，見則天下安寧。鹿臺之山，有鳥焉，其狀如雄雞而人面，名曰鳧徯，見則有兵。小次之山，有獸焉，其狀如猿，而白首赤足，名曰朱厭，見則大兵。崇吾之山，有鳥焉，其狀如鳧而一翼一目，相得乃飛，名曰蠻蠻，見則天下大水。鍾山，其子曰鼓，是與欽䲫殺葆江于昆侖之陽，帝乃戮之鍾山之東，欽䲫化為大鶚，其狀如雕而黑文白首，赤喙而虎爪，見則有大兵；鼓亦化為鵕鳥，其狀如鴟，赤足而直喙，黃文而白首，見則其邑大旱。泰器之山，觀水出焉，西流注于流沙，是多文鰩魚，狀如鯉魚，魚身而鳥翼，蒼文而白首赤喙，見則天下大穰。郭注：豐穰收熟也。槐江之山，有天神焉，其狀如牛而八足，二首，馬尾，見則其邑

有兵。玉山，有獸焉，其狀如犬而豹文，其角如牛，其名曰狡，其音如吠犬，見則其國大穰；有鳥焉，其狀如翟而赤，名曰胜遇，郭注：音姓。見則其國大水。章莪之山，有鳥焉，其狀如鶴，一足，赤文青質而白喙，名曰畢方，見則其邑有譌火。郭注：譌，亦妖訛字。吳氏曰：案：《尚書故實》云：「漢武帝有獻獨足鶴者，人皆以為異，東方朔奏曰《山海經》云畢方鳥也，驗之，果是。」邽山，濛水出焉，南流注于洋水，其中多嬴魚，郭注：音螺。魚身而鳥翼，見則其邑大水。鳥鼠同穴之山，渭水出焉，而東流注于河，其中多鰩魚，郭注：音騷。其狀如鱣魚，動則其邑有大兵。衡案：動有跳蕩不寧之義。崦嵫之山，有鳥焉，其狀如鴞而人面，蜼身犬尾，見則其邑大旱。

《北山經》：獄法之山，有獸焉，其狀如犬而人面，其名山𤟤，其行如風，見則天下大風。渾夕之山，有蛇，一首兩身，名曰肥遺，見則其國大旱。景山，有鳥焉，其狀如蛇而四翼、六目、三足，名曰酸與，見則其邑有恐。錞于毋逢之山，是有大蛇，赤首白身，見則其邑大旱。

《東山經》：枸狀之山，有鳥焉，其狀如雞而鼠毛，其名曰蚩鼠，郭注：音咨。見則其邑大旱。犲山，有獸焉，其狀如夸父而彘毛，見則天下大水。獨山，末塗之水出焉，而東南流注于沔，其中多鯈蠵，郭注：鯈容二音。其狀如黃蛇，魚翼，出入有光，見則其邑大旱。空桑之山，有獸焉，其狀如牛而虎文，其名曰軨軨，見則天下大水。餘峩之山，有獸焉，其狀如兔〔註23〕而鳥喙，鴟目，蛇尾，名曰犰狳，見則螽蝗為敗。耿山，有獸焉，其狀如狐而魚翼，其名曰朱獳，見則其國有恐。盧其之山，沙水出焉，南流注于涔水，其中多鵹鵠，其狀如鴛鴦而人足，見則其國多土功。姑逢之山，有獸焉，其狀如狐而有翼，其名曰獙獙，見則天下大旱。硞山，有獸焉，其狀如馬而羊目，四角，牛尾，其名曰峳峳，見則其國多狡客；郭注：狡，狡猾也。有鳥焉，其狀如鳧而鼠尾，善登木，其名曰絜狗，見則其國多疫。凡東次三經之首，自尸胡之山至于無皋之山，凡九山，六千九百里，其神狀皆人身而羊〔註24〕角，是神也，見則風雨水為敗。女烝之山，石膏水出焉，而西注于鬲水，其中多薄魚，其狀如鱣魚而一目，見則天下大旱。吳氏曰：案：《異物〔註25〕志》作「見則天下大水」。欽山，有獸焉，其狀如豚而有牙，其名曰當康，見則天下大穰。子桐之山，子桐之水出焉，

〔註23〕「兔」字當作「菟」。
〔註24〕「羊」字本誤作「毛」。
〔註25〕「異物」吳書本作「物異」，陳氏是正之。

而西流注于餘如之澤，其中多鰼魚，_{郭注：音滑。}其狀如魚而鳥翼，出入有光，見則天下大旱。剡山，有獸焉，其狀如彘而人面，黃身而赤尾，其名曰合窳，_{郭注：音庾。}見則天下大水。太山，有獸焉，其狀如牛而白首，一目而蛇尾，其名曰蜚，行水則竭，行草則死，見則天下大疫。

《中山經》：鮮山，鮮水出焉，而北流注于伊水，其中多鳴蛇，其狀如蛇而四翼，見則其邑大旱。陽山，陽水出焉，而北流注于伊水，其中多化蛇，其狀如人面而豺身，鳥翼而蛇行，見則其邑大水。敖岸之山，有獸焉，其狀如白鹿而四角，名曰夫諸，見則其邑大水。凡縞羝山之首，自平逢之山至于陽華之山，凡十四山，嶽在其中，以六月祭之，如諸嶽之祠法，則天下安寧。蛇山，有獸焉，其狀如狐而白尾，長耳，名㹨狼，_{郭注：音巳。}見則國內有兵。熊山，有穴焉，夏啟而冬閉，冬啟乃必有兵。復州之山，有鳥焉，其狀如鴞而一足，彘尾，其名曰跂踵，見則其國大疫。豐山，有獸焉，其狀如蝯，赤目、赤喙、黃身，名曰雍和，見則國有大恐；神耕父處之，常遊清泠之淵，出入有光，見則其國為敗。樂馬之山，有獸焉，其狀如彙，赤如丹火，其名曰狋，見則其國大疫。倚帝之山，有獸焉，其狀如鼣鼠，白耳，白喙，名曰狙如，見則其國有大兵。鮮山，有獸焉，其狀如膜大，_{郝氏曰：案：「大」當為「犬」字之譌。}赤喙，赤目，白尾，見則其邑有火，名曰㺟即。_{郭注：音移。}歷石之山，有獸焉，其狀如貍而白首，虎爪，名曰梁渠〔註26〕，見則其國有大兵。几山，有獸焉，其狀如彘，黃身，白頭，白尾，名曰聞獜，見則天下大風。

《海外西經》：鶯鳥、鶬鳥，其色青黃，所經國亡。《大荒西經》：爰有青鴍、黃鷔，青鳥、黃鳥，其所集者其國亡。大荒之中，有赤犬，名曰天犬，其所下者有兵。

西王母

《西山經》：西王母，其狀如人，豹尾虎齒而善嘯，蓬髮戴勝。《海內北經》：西王母梯几而戴勝，杖。《大荒西經》：有人，戴勝，虎齒，有豹尾，穴處，名曰西王母。郭注《西山經》引《穆天子傳》，自「吉日甲子」至「眉曰西王母之山」，與本今《穆天子傳》大異。余有說，見《穆天子傳注補正》。

吳任臣於《西山經》注曰：「案《老君中經》《集仙傳》《諸皋記》《書記洞詮》諸書云：『西王母，九靈大妙龜山金母也，姓緱氏，名婉姈，一云姓楊名

〔註26〕「梁渠」本誤作「渠梁」。

回，與東王公共理二氣，乃西華之至妙，洞陰之極尊。』其說甚誕，不足據也。」
又於《大荒經》注云：「案胡應麟《筆叢》曰：『經稱西王母豹尾虎齒，當與〔註
27〕人類殊別。考《穆天子傳》云：天子賓于西王母，觴于瑤池之上，西王母
為天子謠，天子執白圭玄璧錦組百純組三百，西王母再拜受之。則西王母服食
語言，絕與常人無異，並無所謂豹尾虎齒之象。惟司馬《大人賦》有豹尾虎齒
之說，蓋據《山海經》耳。乃《山海經》則何所據哉？任臣竊謂：西王母，
黃帝時乘白鹿授地圖，舜時獻白玉琯，穆王時西王母來賓，特不過西方一國，
如八百媳婦名爾。若豹尾虎齒，則亦貫胸、儋耳之類，又何足怪？後世好事家
以西王母等於麻姑、上元夫人之列，甚至謂漢武帝降西王母於七夕，若果有其
事者，則文人附會之過也。《爾雅》：『觚竹、北戶、西王母、日下，謂之四荒。』
《漢書・西域傳》云：『安息長老傳聞條支有弱水、西王母，亦未嘗見也。』」

衡案：胡應麟不信《山海經》，故以虎齒豹尾為疑。考緯書云伏羲方牙，
一曰蒼牙，《白虎通》云帝嚳駢齒，則虎齒之狀亦若是而已，不過極言其大耳，
非有異焉。今人謂牙之外出者為虎牙。至所云豹尾，則其依有尾也。《後漢書・
梁冀傳》「作狐尾單衣」，注：「後裾曳地如狐尾也。」又《西南夷列傳》：「槃
瓠生子十二人，槃瓠死後因自相夫妻，好五色衣服，製裁皆有尾形。」又哀牢
夷種人皆刻畫其身象龍，衣皆有尾。此類是也。又考《後漢・輿服志》冠有燕
尾、貂尾、鶡尾之飾。又《北史・勿吉國傳》：「男子衣豬皮，裘領，插虎豹尾。」
然則，西王母之豹尾，蓋是取豹尾以為飾，而非真有尾如豹也。即永昌郡傳所
云「尾濮有尾」，扶南土俗傳所云「蒲羅人有尾」，亦不過長一二寸如贅瘤之屬，未有
若豹尾之大者。善嘯，如後世孫登、阮籍之類。蓬髮者，古人質樸，不如後世
梳作螺髻，故髮散亂下垂也。戴勝者，戴玉勝也。《海內北經》及《大荒西經》
則按圖而寫其形狀。梯几者，憑几也。杖，則所植也。穴處，蓋亦如古公亶父
「陶復陶穴」之類，本無神怪。乃道家者流，好為詭異，以為形狀陋惡。而《漢
武內傳》又以為「如三十許婦人，容顏絕世」，何不倫至此？蓋此經所云西王
母，即是舜時獻白玉琯之西王母，與黃帝時獻《益地圖》是二人。至穆王時所
見之西王母，又另一人。蓋其國猶是，其人則非也。若漢武時，則其國已絕，
《內傳》所云，皆子虛烏有之事。是知西方女國歷代相傳，皆以女為主，故皆
以母名之。其散見於《爾雅》《大戴禮》《穆天子傳》《竹書紀年》及此經者，
皆是實錄。《集仙錄》乃云「西王母至周穆王時年已千歲」，是以一人當之，誤

<hr />

〔註27〕「與」字吳書本作「是」。

之甚矣。郭注《山海經》引《穆天子傳》，其注《穆天子傳》又引《山海經》，將毋以為一人乎？何其不能分晰也。

案：後世以西王母為名者甚多。《鄴中記》：「石虎園有西王母棗；又石虎皇后浴室有二長生樹，世謂之西王母長生樹。」《伽藍記》：「華林園有仙人桃，亦曰西王母桃。」亦見《酉陽雜俎》。《酉陽雜俎》：「齊郡函山有鳥名王母使者；貝丘南有蒲萄谷，谷中蒲萄世言王母蒲萄也。」《古今注》：「虎鬚草，江東織為席，號曰西王母席。」又曰：「苦蔵有裹，形如皮弁，有實正圓如珠，長安兒童謂為洛神珠，一曰王母珠。」《抱朴子》：「枸杞或名西王母杖。」又屈翁山《廣東新語》云：「廣東有送子西王母。」則愈出愈奇矣。○《路史‧發揮》卷二四羅苹注云：「唐人至伍〔註28〕子胥廟，見其像五鬣長鬚，為奪朱之色；及鄴城西門豹祠，絳袍之下垂一豹尾。」予因西王母豹尾之說，附此以博一粲。

人魚

《西山經》：竹山，丹水出焉，東南流注于洛水，其中多人魚。郭注：如鰆魚，四腳。又《北山經》：龍侯之山，決決之水出焉，而東流注于河，其中多人魚，其狀如鰆魚，四足，其音如嬰兒。郭注：見《中山經》。或曰，人魚即鯢也，似鮎而四足，聲如小兒啼，今亦呼鮎為鰆，音啼〔註29〕。

吳任臣曰：案：《史記》：始皇之葬也，以人魚為燭。又《稽神錄》言：人魚，上身如婦人，腰以下皆魚。《臨海異物志》云：人魚長三尺餘，不可食。此名同而異物者。鰆魚、鯢魚，皆名人魚。此則鯢魚也。李時珍謂其聲如小兒，故名。陳藏器云：鯢生溪中，似鮎，有四足，長尾，能上樹。《廣志》曰：鯢四足，形如鯉〔註30〕。《爾雅》：鯢大者謂之鰕。又一名孩兒魚，秦人名鰼，蜀人名魶。《益部方物略〔註31〕記》：魶〔註32〕魚出溪谷及雅江，有足，能緣木，其聲如兒啼。是也。

郝懿行曰：案：人魚即鯢魚。「鯢」古文省作「兒」。《周書‧王會篇》云：「穢人前兒。」亦是也。兒從「儿」，即古文「人」字。又，「人」「兒」聲轉。疑經古本作「兒魚」，闕脫其上，即為「人魚」矣。

〔註28〕「伍」字本誤作「吳」。
〔註29〕「啼」當作「蹄」。
〔註30〕「鯉」字吳書作「鱧」。案：實當作「鯪鯉」。
〔註31〕「略」字本脫。
〔註32〕「魶」字本作「納」。

衡案：人魚一見於《西山經》之丹水，一見於《北山經》決決之水，而《中山經》浮濠之水、厭染之水、楊水、潕水、覗水，人魚凡五見，焉得處處皆闕脫其上乎？《周書‧王會解》：「穢人前兒，若獼猴，立行，聲似小兒。」蓋此魚有似於人，能立行，故謂之人魚。李時珍謂其音如小兒，故謂之兒魚。信如斯言，則凡《南山經》鹿吳山之蠱雕，《北山經》少咸山之窫窳，鉤吾山之狍鴞，《東山經》鳧麗山之蠪蛭，剡山之合窳，《中山經》蔓渠山之馬腹，釐山之犀渠，其音皆如嬰兒，亦可謂之兒獸乎？知諸獸不云兒獸，則知此是人魚非兒魚矣。又經文謂狀如鰩魚，非謂即鰩魚也。吳氏以鰼、魶等名為解，又引《爾雅》「鯢大者謂之鰕」，總是鰩魚注腳，與人魚無當。郝氏乃於《中山經》少室山休水鰩魚下引《周書》，直云「兒若獼猴」，誤矣。案《周書‧王會》所謂「形似獼猴」者，實是魚，不是猴。《庶物異名疏》引《王會》直云「前兒，猴屬」，《格致鏡原》列之「獸部猴類」，俱誤。郝氏又謂《北山經》歷虢之水之師魚即人魚，似不甚合。案師魚經云食之殺人，人魚食之無癡疾，顯是二物。若《北山經》諸懷之水鮨魚「魚身而犬首，其音如嬰兒，食之已狂」，正與人魚相似。「已狂」，即所謂「無癡疾」也。「犬首」，《初學記》《太平御覽》竝作「大首」，案當作「人首」，人魚貌似人故曰人首也。然經不曰人魚而曰鮨魚，當又是一物。

《太平廣記》四百六十四引《洽聞記》：「海人魚，東海有之，大者長五六尺，狀如人，眉目口鼻手爪頭，皆為美麗女子，無不具足。皮肉白如玉，無鱗，有細毛，五色輕軟，長一二寸。髮如馬尾，長五六尺。陰形與丈夫女子無異，臨海鰥寡多取得，養之於池沼。交合之際，與人無異，亦不傷人。」衡案：此說荒誕之至。謂男子與之交已不可，謂能與婦人交則更異。夫男子見婦人，必情動而後陰挺，陰挺而後能合。彼魚何知，而亦能如夫婦之交搆乎？妄也，妄也！《格致鏡源〔註33〕‧水族類‧諸異魚》內引《賢奕編》云：「侍制查道奉使高麗，見沙中一婦人，紅裳雙袖，髻鬟紛亂，肘後微有紅鬣。查命扶於水中，拜手感戀而沒，乃人魚也。」衡案：此語亦不實。夫水族之物，誰為剪裁，誰為膏沐，而乃有紅裳之衣，髻鬟之飾乎？不經甚矣。吾因說《山海經》人魚，而附辯之。

〔註33〕「源」字當作「原」。

鳥獸情狀

《南山經》：招搖之山，有獸焉，其狀如禺而白耳，伏行人走，其名曰狌狌。

《西山經》：羭次之山，有獸焉，其狀如禺，而長臂善投，其名曰囂；有鳥焉，曰橐蜚，冬見夏蟄。黃山，有鳥焉，人舌能言，名曰鸚鵡。崇吾之山，有獸焉，善投，名曰舉父。泰器之山，觀水出焉，西流注于流沙，是多文鰩魚，魚身而鳥翼，常行西海，遊於東海，以夜飛。翼望之山，有鳥焉，善笑，名曰鵸鵌。崦嵫之山，有獸焉，是好舉人，郭注：喜抱舉人。名曰孰湖。

《北山經》：石者之山，有獸焉，名曰孟極，是善伏。邊春之山，有獸焉，善笑，見人則臥，名曰幽鴳。蔓聯之山，有獸焉，見人則呼，名曰足訾。單張之山，有獸焉，名曰諸犍，善吒，行則銜其尾，居則蟠其尾。灌題之山，有鳥焉，見人則躍，名曰竦斯。獄法之山，有獸焉，善投，見人則笑，其名山㒸，其行如風。北囂之山，有鳥焉，曰鶯鶋，宵飛而晝伏。歸山，有獸焉，其名曰驒，善還；郭注：還，旋；旋，儛也。有鳥焉，其名曰鵸，善驚。馬成之山，有獸焉，見人則飛，其名曰天馬。發鳩之山，有鳥曰精衛，常銜西山之木石，以堙于東〔註34〕海。

《東山經》：餘峩〔註35〕之山，有獸焉，見人則眠，郭注：言佯死也。名曰犰狳。硬山，有鳥焉，善登木，其名曰絜鉤。

《中山經》：苦山，有獸焉，名曰山膏，善罵。放皋之山，有獸焉，反舌，善呼，其名曰文文。依軲之山，有獸焉，其名曰獜，善駚𧿒，郭注：跳躍自撲也。鞅奮兩音。

《海內南經》：梟陽，見人笑亦笑。

《海內經》：南方有贛巨人，見人笑亦笑。郭注：即梟陽也。

鳥獸異形

《山海經》之怪鳥怪獸，如三首九首、三身十身、一目四目、一足六足之類，不可勝紀。此外另有異形可紀者。

《南山經》：柢山，多水，有魚焉，狀如牛，蛇尾，有翼，其羽在魼下，郭注：亦作脅。其名曰鯥。基山，有獸焉，狀如羊，九尾，四耳，其目在背，其

〔註34〕「堙于東」本誤作「填於西」。
〔註35〕「峩」字本誤作「莪」。

名曰猈訑。洵山，有獸焉，其狀如羊而無口，不可殺也。郭注：稟氣自然。

《西山經》：三危之山，有獸焉，其毫如披蓑，其名曰徼㹶。上申之山，其〔註36〕鳥多當扈，以其髯飛。英鞮之山，涴水出焉，而北注于陵羊之澤，是多冉遺之魚，其目如馬耳。鳥鼠同穴之山，濫水出于其西，西流注于漢水，多鰩魠之魚，其狀如覆銚，鳥首而魚翼魚尾，是生珠玉。

《北山經》：涿光之山，囂水出焉，而西流注于河，其中多鰼鰼之魚，其狀如鵲而十翼，鱗皆在羽端。丹熏之山，有獸焉，以其尾飛，名曰耳鼠。大咸之山，有蛇，名曰長蛇，其毛如彘豪。鉤吾之山，有獸焉，其目在腋下，名曰狍鴞。天池之山，有獸焉，以其背飛，其名曰飛鼠。泰戲之山，有獸焉，一角，一目，目在耳後，其名曰辣辣。倫山，有獸焉，其狀如麋，其川在尾上，郭注：川，竅也。其名曰羆。

《東山經》：泰山，有獸焉，其狀如豚而有珠，名曰狪狪。葛山，澧水出焉，東流注于余澤，其中多珠蟞魚，其狀如肺而有目，六足，有珠。

《中山經》：支離之山，有鳥焉，其名曰嬰勺，其尾若勺。

鳥獸「音」與「鳴」不同

《南山經》：杻陽之山，有獸焉，其音如謠，郭注：如人歌聲。其名曰鹿蜀；怪水出焉，其中多玄龜，其名曰旋龜，其音如判木，郭注：如破木聲。柢山，多水，有魚焉，其音如留牛，其名曰鯥。青丘之山，有獸焉，其狀如狐而九尾，其音如嬰兒；有鳥焉，其音若呵，郭注：如人相呵呼聲。名曰灌灌；英水出焉，其中多赤鱬，其音如鴛鴦。柜山，有獸焉，其音如狗吠，其名曰狸力；有鳥焉，其音如痺，郭注：未詳。其名曰鴸。長右之山，有獸焉，其名長右，其音如吟。郭注：如人呻吟聲。堯光之山，有獸焉，其名曰猾褢，其音如斲木。郭注：如人斫木聲。浮玉之山，有獸焉，其音如吠犬，其名曰彘。鹿吳之山，有獸焉，名曰蠱雕，其音如嬰兒之音。禱過之山，有鳥焉，其名曰瞿如，其鳴自號也。雞山，黑水出焉，而南流注于海，其中有鱄魚，其音如豚。令丘之山，有鳥焉，其名曰顒，其鳴自號也。

《西山經》：英山，禺水出焉，其中多鮮魚，其音如羊。鹿臺之山，有鳥焉，名曰鳧徯，其名自叫也。鍾山，欽䲹化為大鶚，其音如晨鵠；鼓亦化為鵕鳥，其音如鵠。泰器之山。觀水出焉，是多文鰩魚，其音如鸞雞。郭注：鸞雞，

〔註36〕「其」字本誤作「有」。

鳥名，未詳也。或作欒。玉山，有獸焉，其名曰狡，其音如吠犬；有鳥焉，名曰胜遇，其音如錄。郭注：義未詳。章莪之山，有獸焉，其音如擊石，其名如猙；有鳥焉，名曰畢方，其鳴自叫也。陰山，有獸焉，名曰天狗，其音如榴榴。郭注：或作貓貓。翼望之山，有獸焉，名曰讙，其音如棄百聲。郭注：言其能作百種物聲也。或曰，「奪百」，物名，亦所未詳。剛山之尾，洛水出焉，其中多蠻蠻，其音如吠犬。中曲之山，有獸焉，音如鼓音，其名曰駮。邽山，有獸曰窮奇，音如獆狗；濛水出焉，南流注于洋水，其中多鱲魚，音如鴛鴦。鳥鼠同穴之山，濫水出于其西，西流注于漢水，多䰽魮之魚，音如磬石之聲。崦嵫之山，有鳥焉，其名自號也。

《北山經》：求如之山，滑水出焉，而西流注于諸毗之水，其中多滑魚，其音如梧；郭注：如人相枝梧聲，音吾子之吾。其中多水馬，其音如呼。郭注：如人叫呼。帶山，彭〔註37〕水出焉，而西流注于芘湖之水，其中多儵魚，其音如鵲。譙明之山，譙水出焉，西流注于河，其中多何羅之魚，其音如吠犬；有獸焉，其音如榴榴，名曰孟槐。涿光之山，嚻水出焉，而西流注于河，其中多鰼鰼之魚，其音如鵲。虢山，其鳥多寓，其音如羊。丹薰〔註38〕之山，有獸焉，其音如獆犬，名曰耳鼠。石者之山，有獸焉，名曰孟極，其鳴自呼。邊春之山，有獸焉，名曰幽鴳，其鳴自呼。蔓聯之山，有獸焉，名曰足訾，其鳴自呼；有鳥焉，名曰鵁，其鳴自呼。灌題之山，有獸焉，其音如訆，郭注：如人呼喚。訆音叫。名曰那父；有鳥焉，名曰竦斯，其鳴自呼。大咸之山，有蛇，名曰長蛇，其音如鼓柝。郭注：如人行夜敲木柝聲。少咸之山，有獸焉，名曰窫窳，其音如嬰兒。北嶽之山，有獸焉，其名曰諸懷，其音如鳴鴈；諸懷之水出焉，而西流注于嚻水，其中多鮨魚，其音如嬰兒。縣雍之山，晉水出焉，而東南流注于汾水，其中多鮆魚，其音如叱。敦頭之山，其中多騂馬，其音如呼。鉤吾之山，有獸焉，其音如嬰兒，名曰狍鴞。梁渠之山，其〔註39〕獸多居暨，其音如豚；有鳥焉，名曰嚻，其音如鵲。歸山有獸，其名曰䑏，其鳴自訆；有鳥焉，其名曰鷶，其鳴自詨。郭注：今吳人謂呼為詨，音呼交反。龍侯之山，決決之水出焉，而東流注于河，其中多人魚，其音如嬰兒。馬成之山，有獸焉，其名曰天馬，其鳴自訆；有鳥焉，是名曰鶌鶋，其鳴自詨。陽山，有獸焉，其名曰領胡，其

〔註37〕「彭」字本誤作「鼓」。
〔註38〕「熏」字本誤作「薰」。
〔註39〕「其」字本誤作「有」。

鳴自詨；有鳥焉，名曰象蛇，其鳴自詨。景山，有鳥焉，名曰酸與，其鳴自詨。軒轅之山，有鳥焉，其名曰黃鳥，其鳴自詨。發鳩之山，有鳥焉，名曰精衛，其鳴自詨。泰戲之山，有獸焉，其名曰〔註40〕辣辣，其鳴自詨〔註41〕。乾山，有獸焉，其名曰獂，其鳴自詨。錞于毋逢之山，洛〔註42〕水出焉，是有大蛇，其音如牛。

《東山經》：樕𧉧之山，食水出焉，而東北流注于海，其中多鱅鱅之魚，其音如彘鳴。栒狀之山，有獸焉，其名曰從從，其鳴自詨。犲山，有獸焉，其狀如夸父而彘毛，其音如呼。泰山，有獸焉，名曰狪狪，其名自訆。空桑之山，有獸焉，其音如欽，郭注：或作吟。其名曰軨軨，其鳴自叫。餘峩之山，有獸焉，名曰犰狳，其鳴自訆。耿山，有獸焉，其名曰朱獳，其鳴自訆。盧其之山，沙水出焉，南流注于涔水，其中多鵹鶘，其鳴自訆。姑逢之山，有獸焉，其音如鴻鴈，其名曰獙獙。鳧麗之山，有獸焉，名曰蠪蛭，其音如嬰兒。䃌山，有獸焉，其音如獆狗，其名曰峳峳。尸胡之山，有獸焉，名曰䍶胡，其鳴自訆。跂踵之山，有水焉，廣員四十里，其名曰深澤，有魚焉，名曰鮯鮯之魚，其鳴自叫。踇隅之山，有獸焉，名曰精精，其鳴自訆。北號之山，有獸焉，其音如豚，名曰猲狚。女烝之山，石膏水出焉，而西注于鬲水，其中多薄魚，其音如歐。欽山，有獸焉，其名曰當康，其鳴自叫。子桐之山，子桐之水出焉，而西流注于餘如之澤，其中多鮹魚，其音如鴛鴦。剡山，有獸焉，其名曰合窳，其音如嬰兒。

《中山經》：鮮山，鮮水出焉，而北流注于伊水，其中多鳴蛇，其音如磬。陽山，陽水出焉，而北流注于伊水，其中多化蛇，其音如叱呼。昆吾之山，有獸焉，其音如號，郭注：如人號哭。名曰蠪蚳。蔓渠之山，有獸焉，其名曰馬腹，其音如嬰兒。䰠山，有獸焉，其音如嬰兒，其名曰犀渠。首山，多䳋鳥，其音如錄。廆山，有鳥焉，名曰鴒䴈，其鳴自呼。密山，豪水出焉，而南流注于洛，其中多旋龜，其音如判木。橐山，橐水出焉，而北流注于河，其中多脩辟之魚，其音如鴟。支離之山，有鳥焉，其名曰嬰勺〔註43〕，其鳴自呼。堇理〔註44〕之山，有鳥焉，名曰青耕，其鳴自叫。

〔註40〕「曰」字本脫。
〔註41〕「詨」字當作「訆」。
〔註42〕「洛」字當作「浴」。
〔註43〕「勺」字本誤作「句」。
〔註44〕「理」字本誤作「里」。

衡案：鳴者，其聲無定之詞，音則聲有定準。古聖人審鳥獸之音，於此可見。《僖公二十九年左傳》：「介葛盧聞牛鳴，曰：是生三犧，皆用之矣，其音云。」賈逵解詁曰：「伯益曉是術。」蓋亦依此經而臆測之也。《周禮・秋官》：「夷隸掌役牧人養牛馬，與鳥言；貉隸掌役服不氏而養獸而教擾之，掌與獸言。」鄭司農云：「夷狄之人，或曉鳥獸之言。」衡案：《列子》謂東方介氏之國，其國人解六畜之語。蓋偏知之所得。上古神聖之人，備知萬物情態，解異類音聲，亦謂此也。

考古解鳥語者：公冶長辨雀語，白蓮水邊有車覆，粟收之不盡，相呼共啄，見《衝波傳》。侯瑾解鳥語，見《燉煌實錄》。魏尚字仲文，高皇帝時為太史，曉鳥語，見《後漢書》。孫守榮見鵲噪，知有寶物至，見《宋史》。梁秦仲知百鳥之音，與之語皆應，見《史記》。成武丁聞雀鳴，知東市肇粟車覆，見《桂陽先賢傳》。張子信聞鵲噪，知向夕有口舌，見《北齊書》。楊宣知羣雀相呼，食覆車粟，見《益部耆舊傳》。管輅見鵲鳴，知東北有婦殺夫，又聞鳴鳩，知有老翁攜酒豚來候主人，見《管輅別傳》。漢雒陽沙門安世高，鳥獸之音無不綜達，行見羣燕，知有送食者，見《高僧傳》。

解獸語者：介葛盧聞牛鳴知三牲，見《左傳》。廣陵楊翁偉解馬語，見《論衡》。李南亦解馬語，見《抱朴子》。詹尹知牛鳴，為黑牛而白裹其角，見《韓非子》。沈僧照識南山虎嘯，云國有邊事，當選人丁，見《梁典》。白龜年得李太白遺書，曰讀之可辨九天禽語、九地獸言，後聞二雀啾唧，知呼食城西民家餘粟；又聞馬嘶，知槽中料熱不可食，見羊鞭之不動，知羊言腹有羔將產然後死，見《翰府名談》。是其證也。

若《山海經》：《西山經》「槐江之山，實惟帝之平圃，神英招司之，其音如榴。」郭注：音留。或作籀。此所未詳也。「有天神焉，其音如勃皇。」「騩山，神耆童居之，其音常如鍾磬。」「剛山，是多神魑，郭注：音恥回反。其狀人面獸身，一足一手，其音如欽。」《中山經》「青要之山，䰠武羅司之，其鳴如鳴玉。」郭注：如人鳴玉佩聲。豈山神亦類鳥獸之音乎？例以《海內西經》崑崙虛開明獸守之，開明獸身大類虎，則此諸山之神，是亦獸而神者也，故其音如此。

山海經彙說卷一終

山海經彙說卷二

江都陳逢衡著

《山海經》多記日月行次

《南山經》：漆吳之山，處于東海，望丘山，其光載出載入，是惟日次。郭注：是日景之所次舍。

《西山經》：長留之山，實惟員神魂氏之宮。衡案：以上文神陸吾、神長乘，下文神江疑、神耆童推之，「員神」二字當互倒。是神也，主司反景。郭注：日西入則景反東照，主司察之。郝氏曰：是神、員神蓋即少昊也。衡案：此說非也。少昊金天氏，未聞有稱作員神者。況上文已云「其神白帝少昊居之」，而又曰「神魂氏」，則非一人可知。此蓋少昊之臣為帝司歷，居西極以測量日景者，神則「生為上公，死為明神」之神，與泑山之神紅光正是一類。泑山，西望日之所入：其氣員，神紅光之所司也。郝氏曰：案：紅光蓋即蓐收也。衡案：蓐收未聞有稱作紅光者，上文已言神蓐收居之，則非一人可知。

《海外南經》：有神人二八連臂，為帝司夜于此野。郭注：晝隱夜見。衡案：郭氏語涉神怪，非是。司夜也，察夜之漏刻與星辰也。予別有說。在羽民東。

《大荒東經》：大荒之中有山，名曰大言，日月所出。大荒之中有山，名曰合虛，日月所出。大荒中有山，名曰明星，日月所出。大荒之中有山，名曰鞠，陵于天，衡謹案：先君子曰：鞠字斷句，陵于天又句，猶峻極于天之義。東極離瞀，郭注：三山名也。音穀瞀。郝氏曰：案：《淮南‧地形訓》云：東方曰東極之山。衡案：郭意蓋以鞠陵于天並東極、離瞀為三山，郝又引《淮南》以附會之，不知鞠陵于天言其高，東極離瞀言其遠。此《大荒東經》之文，故云東極，極猶窮極之極。離瞀當是地名，取迷離蒙昧之義，即以猗天蘇門、鏨明俊疾例之，謂鞠陵于天是山名，

不得又謂東極離瞀是二山名也。日月所出。大荒之中有山，名曰猗天蘇門，日月所生。衡案：「所生」猶「所出」也。東荒之中有山，名曰壑明俊疾，日月所出。衡案：《大荒東經》言日月所出者六，蓋各于一山測量其所出之度數，以定其行次也。有人名曰鳧，郭注：音婉。是處東極隅，以止日月，衡案：止猶齊也，止日月，謂定朔望之期。使無相間出沒，司其短長。郭注：言鳧主察日月出入，不令得相間錯，知景之短長。衡案：東方各山，皆得有屬官，主其事，鳧特考其成耳。

《大荒西經》：有人名曰石夷，處西北隅，以司日月之長短。郭注：言察日月晷度之節。郝氏曰：西北隅為日月所不到，然其流光餘景，亦有晷度短長，故應有主司之者也。衡案：此《大荒西經》文也。經雖言西北隅，不過少偏於北，其實猶然在西。西與東相對，故經但於東西紀日月之行次，而南北無說焉。長短猶短長也。或曰，《大荒東經》言司其短長者，由短以至長也，所謂日長至，蓋由小寒以至夏至也。《大荒西經》言司日月之長短者，又長以至短也，所謂日短至，蓋由小暑以至冬至也。短長、長短，兼日景時刻言。西海之外，大荒之中，有方山者，上有青樹，名曰柜格之松，日月所出入也。衡案：「出」字疑衍。日沒青松，猶日出扶桑之義。大荒之中有山，名曰豐沮玉門，日月所入。大荒之中，有龍山，日月所入。大荒之中有山，名曰日月山，天樞也。吳姬天門，衡案：吳姬天門亦猶猗天蘇門、豐沮玉門，當亦是山名。經不言山者，承上文而言也。日月所入。顓頊生老童，老童生重及黎。帝令重獻上天，令黎邛下地，下地是生噎，衡案：「下地」二字不當重，句有訛誤。處於西極，以行日月星辰之行次。郭注：主察日月星辰之度數次舍也。衡案：西方各山，皆有屬官主之。噎處西極，以總其成，亦猶鳧處東極以止日月耳。止謂齊其度。此言「行日月」，如「日行中道，月行九道」之行。大荒之中有山，名曰鏖鏊[註1]鉅，日月所入者。大荒之中有山，名曰常陽之山，日月所入。大荒之中有山，名曰大荒之山，日月所入。《大荒西經》言日月所入者七，蓋各山皆在官屬，以紀其行次。然後彙而錄之，以合其晷度，如今時各省節氣不同是也。

九日居下枝，一日居上枝

《海外東經》：黑齒國在豎亥北，下有湯谷。湯谷上有扶桑，十日所浴，在黑齒北，居水中，有大木，九日居下枝，一日居上枝。郭注：《莊周》云：昔者十日並出，草木焦枯。《淮南子》亦云：堯乃令羿射十日，中其九日，日中烏盡死。《離騷》所謂「羿焉畢日，烏焉落羽」者也。《歸藏·鄭母經》云：

[註1]「鏊」字本脫。

昔者羿善射,畢十日,果畢之。《汲郡竹書》曰:胤甲即位,居西河,有妖孽,十日竝出。明此自然之異有自來矣。《傳》曰:天有十日,日之數十。此云「九日居下枝,一日居上枝」,《大荒經》又曰「一日方至,一日方出」,明天地雖有十日,自使以次第迭出運照。而今俱見,為天下妖災,故羿稟堯之命,洞其靈誠,仰天控弦,而九日潛退也。假令器用可以激水烈火,精感可以降霜回景,然則,羿之鑠明離而斃陽烏,未足為難也。若搜之常情,則無理矣。然推之以數,則無往不通。達觀之客,宜領其玄致,歸之冥會,則逸義無滯,言奇不廢矣。

衡案:本經並未言羿射日事。郭氏乃糾纏不已,若全未覩《山海經》者。夫玩所謂「九日」「一日」者,乃儀器之象,即甲乙丙丁戊己庚辛壬癸也。如當甲日,則甲日居上,餘九日居下;乙日則乙日居上,餘九日居下。推之十日皆然;周而復始;所以記日也。《莊子》虛無之言,豈可以之注書?若果「十日竝出,草木焦枯」,是不惟洪水滔天,而又有此災異,堯之時,直大亂之時矣,顯與麒麟鳳凰朱草之瑞相背。又引《淮南子》云「堯乃令羿射十日」,夫日輪天最高,羿即善射,兼有神力,何能及重霄之上而射日乎?甘泉黃又園郎中有詩,詠羿妻嫦娥竊藥奔月事,謂羿既能射日,何不能射月,而令嫦娥下耶?此語未經人道,足可解射日之說,令人無從置喙。至日中有烏之說,亦謂烏是陽精,故居日中,猶月中有兔有蟾之說,皆不可為据,故《楚辭‧天問》從而詰之,謂羿何從畢日,烏何從解羽乎?蓋亦疑之之辭;非謂實有是事也。又引《淮南子》云「中其九日,日中烏盡死」,則是日之體,全託於烏矣。案,是說則天上尚留一烏。若《歸藏》所云「羿善射,畢十日,果畢之」,則是自堯以來,天上無日矣。豈非妄誕不經之語?至夏后胤甲時,「天有妖孽,十日竝出」。夫謂之妖孽,則一為正日,餘則妖孽,王充《論衡‧日虛篇》所謂「十日似日,非實日也」,誠為卓見。然王氏此論,可以證《竹書紀年》之說;不可以解堯時之十日。夫堯時至十日,特其儀象耳。假令堯有令羿射之事,亦謂懸此儀象以為的而俾之射耳,非射天上之日也。然實無此事。故《山海經》正文不載射日事,可破其妄。至於《左傳》「天有十日」,謂甲乙丙丁戊己庚辛壬癸十日之次序,故下文即云「人有十等」,可證非謂天上實有十日也。郭氏又謂「天有十日,使以次第迭出運照」,則是十日皆懸象著明之日矣,又何以不稟天之號令,按次而出,乃一時竝出而為妖災乎?後世之「激水烈火」「降霜回景」,一係精誠所感,一有假托而言,詎可參議?且自詡「達觀」,「領其玄

致」，夫何不實事求是，而乃索之虛無惝恍之境乎？或曰：是則然矣，其與黑齒國連接，何居？予曰：是蓋其圖在黑齒國之下，又在黑齒國之北，故於黑齒國後即接云下有湯谷云云。

《竹書紀年》載：夏后帝廑十日竝出，桀時三日竝出，紂時二日竝出。《論衡》：費昌之河上，見二日，在東者爛爛將起，在西者沉沉欲滅。又見《博物志》。《尚書考靈曜》：黑帝亡，二日並出。《漢書·五行志》：周靈王時，有黑如日者五。後世所載，如漢光武建武元年三日竝出，晉元帝太興三年五日竝出，晉愍帝建興二年正月三日相承，四年三日並出，五年正月三日並炤。唐貞觀初，突厥五日並炤。唐僖宗乾符六年十一月兩日並出而鬪，占曰：眾日並出，天下分裂；三日並出，諸侯爭。

歷觀前史，似乎十日之說可信。不知此皆蒙氣凝結，為日光所射，故有似眾日耳。以為妖異則可，以為實有二日、三日、五日、十日則非也。孔子曰「天無二日」，斯語可以掃一切諸說之妄。嘗讀國朝徐蘭和《雪後行獨石口外詩》注云：「近北諸口，獨石為最冷，霧晦風冽則冷氣逼，天有如三日並出，相去僅丈許。土人云：若五日並出如梅花，則更冷。」斯則余所謂蒙氣凝結，益信。

一日方至，一日方出

《大荒東經》：大荒之中有山，名曰孽搖頵羝，上有扶木，有谷曰溫源谷。湯谷上有扶木，一日方至，一日方出，皆載於烏。郭注：言交會相代也。中有三足烏。

衡案：蓋猶前說「使以次第迭出運照」之義。夫既云「十日竝出而為妖災」矣，又何以循天之號令，次第而出乎？且羿既射去其九日矣，則來日相代之日，又為何日乎？輾轉思之，殊欠通會。不知此亦儀象之運轉耳。「一日方至」者，謂所當值之日，或甲或丙，或庚或壬，將至亥盡而退居於下枝也。「一日方出」者，謂明日相代之日，或乙或丁，或己或辛，將至子初而出居於上枝也。故曰「上有扶木」，謂方至於扶木之下，方出於扶木之上也。扶木者，扶桑木也，實與《海外東經》所云「有大木，九日居下枝，一日居上枝」一鼻孔出氣。此即司儀器之人所執掌。然《山海經》圖象不能轉運，故畫「一日方至，一日方出」之狀以形容之耳。其云「皆載于烏」者，非謂日中烏也，謂寫此十干之字，標立於烏之上，以象其飛升，故曰「載」。「載」猶「戴」也，《初學記》《太平御覽》正引作「戴烏」。是陽鳥，故取以為象，亦其圖畫如此。

帝之二女

　　《中山經》：洞庭之山，帝之二女居之。郭注：天帝之二女而處江為神，即《列仙傳》「江妃二女」也，《離騷·九歌》所謂「湘夫人」稱「帝子」者是也。而《河圖玉版》曰：湘夫人者，帝堯女也。秦始皇浮江，至湘山，逢大風，而問博士「湘君何神」，博士曰「聞之，堯二女，舜妃也，死而葬此」。《列女傳》曰：二女死于江湘之間，俗謂為湘君。鄭司農亦以舜妃為湘君。說者皆以舜陟方而死，二妃從之，俱溺死於湘江，遂號為湘夫人。按《九歌》，湘君、湘夫人自是二神。江湘之有夫人，猶河洛之有虙妃也，此之為靈，與天地竝矣，安得謂之堯女？且既謂之堯女，安得復總云湘君哉？何以考之？《禮記》曰：舜葬蒼梧，二妃不從。明二妃生不從征，死不從葬，義可知矣。即令從之，二女靈達鑒通無方，尚能以鳥工龍裳救井廩之難，豈當〔註2〕不能自免于風波而有雙淪之患乎？假復如此，《傳》曰：生為上公，死為貴神。《禮》：五嶽比三公，四瀆比諸侯。今湘川不及四瀆，無秩於命祀，而二女帝者之后，配靈神祇，無緣當復下降小水而為夫人也。參互其義，義既混錯；錯綜其理，理無可據。斯不然矣。原其致謬之由，由乎俱〔註3〕以帝女為名，名實相亂，莫矯其失，習非勝是，終古不悟，可悲矣。以上皆郭氏注。

　　吳氏曰：案：高似孫《緯略》曰：劉向《列女傳》：「帝堯之二女，長曰娥皇，次曰女英，堯以妻舜于潙汭。舜既為天子，娥皇為后，女英為妃。舜死于蒼梧，二妃死于江湘之間，俗謂之湘君。」羅含《湘中記》：舜二妃死為湘水神，故曰湘妃。韓愈《黃陵碑》：「秦博士對始皇帝云，湘君者，堯之二女，舜妃者也。劉向、康成皆以二妃為湘君，而《離騷·九歌》既有《湘君》，又有《湘夫人》，王逸注以湘君為正妃之稱，則次妃自宜降曰夫人也。故《九歌》謂娥皇為君，女英為帝子，而《山海經》亦言帝之二女者，其稱謂審矣。」陳氏《江漢叢談》曰：「沈存中云，舜陟方時，二妃皆百餘歲，豈得俱存，猶稱二女？其說誠是，但未考黃陵舜妃墓及瀟湘二女之故。惟《路史·發揮》則以黃陵為癸比之墓，瀟湘二女乃帝舜女也。癸比氏，帝舜第三妃，而二女皆癸比氏所生，一曰宵明，一曰燭光。《帝王世紀》云：舜三妃，娥皇無子，女英生商均。今女英墓在商州，蓋舜崩之後，女英隨子均徙于封所，故其卒葬在焉。而癸比氏則亦從二女徙于瀟湘之間，故其卒葬在此。《山海經》所謂『洞庭之

〔註2〕「當」字本誤作「尚」。
〔註3〕「俱」字本脫。

山，帝之二女居之』是也。若《九歌》之湘君、湘夫人，則又洞庭山神，豈謂帝女哉？」然案《博物志》云：洞庭君山，帝二〔註4〕女居之，曰湘夫人。《荊州圖經》又曰：洞庭，湘君所游，故曰君山。則更合為一矣。以上皆吳氏說。

郝氏曰：案：《初學記》八卷引此經作「帝女居之」，不言「二女」，可知帝女為天帝之女，如言「帝女化為䔄草」「帝女之桑」之類，皆不辨為何人也。郭云「生不從征，死不從葬」，或難以鄭注《禮記》云「舜死於蒼梧，二妃留江湘之閒」，又張衡《思玄賦》云「哀二妃之未從，翩繽處彼湘濱」，是二妃不從葬，而實從征也。衡案：此畢氏說。余案，此論亦非佳證。《竹書》云：帝舜三十年，葬后育于渭。注云：后育，娥皇也。《大戴禮‧帝繫篇》云：帝舜娶于帝堯之子，謂之女匽氏。女匽或即娥皇也。《藝文類聚》十一卷引《尸子》云：妻之以媓，媵之以娥。娥即女英也。《海內北經》云：舜妻登比氏，一曰登北氏。然則，舜有三妃，娥皇先卒，何言「二妃留處江湘」？假有此事，其非帝堯二女亦明矣。且舜年百有餘歲，正使二妃尚存，亦當年近百歲，生不從征。郭氏斯言，殆無可議爾。以上皆郝氏說。

衡案：郭氏多欲神奇其說，不知長江大川，所主之神皆氣化鼓盪，非有形質也。豈天帝亦如人類匹配相感而生女，且有二女乎？至於人神精氣不散，或托於日星，或托於河嶽，如傅說上騎箕尾，叔均死為田祖，是皆「生為上公，死為貴神」之證。則湘江二妃為人帝女，益信。郭氏又以河洛之虙妃比江湘之有夫人。檢《文選‧洛神賦》注引《漢書音義》如淳曰：虙妃，虙羲之女，溺死為洛水神。則猶是人帝之女之證，而非天帝女之證也。至云「二女能以鳥工龍裳救井廩之難，豈當〔註5〕不能自免於風波」，是不知大聖人神化不測，自有以脫井廩之厄，而無待他人之參畫者。此《列女傳》之妄，而郭氏信之，陋矣。惟「生不從征，死不從葬」二語，卓有定識。夫既生不從征，死不從葬，則是湘水之旁無堯女之迹矣。

然則湘江之二女為誰？羅泌《路史‧餘論》曰：「嶽之黃陵，癸北氏之墓也；湘之二女，虞帝子也。癸北氏，虞帝之第三妃，而二女者，癸北氏之出也，一曰宵明，一曰燭光，見諸《汲簡》、皇甫氏之《世紀》。《山海經》言『洞庭之山，帝之二女居之』者也。若《九歌》之湘君、湘夫人，則又洞庭山之神爾。郭景純云：『堯之二女，舜之二妃，豈應降小水而為夫人？當為天帝之女。』

〔註4〕「二」字吳書本誤作「一」。
〔註5〕「當」字本誤作「尚」。

斯亦繆者。夫使天帝之女尤不應降小水而為夫人，王逸、韓愈從而辨之，得其情矣。」衡案：洞庭、湘水自有地祇主之，而二女之得托靈於斯者，或當帝舜在時，二女釐降湘濱諸侯，死而有靈，故得預此封號。羅氏謂「使天帝之女，尤不應降小水而為夫人」，一語破的。豈天帝反不貴於人帝；人帝之女反尊於天帝之女乎？直使郭氏無可置喙。至云「《九歌》之湘君、湘夫人，則又洞庭山之神」，亦誤。蓋《九歌》所云，即是《山海經》之「二女」，非有二也。又案：《海內北經》：「舜妻登比氏，生宵明、燭光，處河大澤，二女之靈，能照此所方百里。一登北氏。」此與《中山經》「洞庭之山，帝之二女居之」同是一義。所謂「大澤」，即指「瀟湘之淵；九江之間」，以「其出入必飄風暴雨」，故曰「二女之靈能照此所」，「靈」謂死後著靈蹟於湘濱。「處河大澤」，「河」字直作「水」字解。至《淮南·地形》則云「宵明、燭光在河洲，所照方千里」，誤矣。吳任臣引顧起元《說略》曰：「大澤者，洞庭之謂。而光照者，威靈之所暨也。迄今湘神所寶靈正百里。然則湘祠為虞帝之二女，復何疑耶？」吳氏又引《蛙螢子》云：「癸比氏從子封巴陵，生二女，是為〔註6〕湘神。《楚辭》所稱湘夫人者，指宵明、燭光也。」此語明白顯暢，蓋長者為君，次者為夫人矣。郝懿行從郭氏「天帝之女」，而以《初學記》引此經「帝女」為說。夫所謂「帝」者，天帝耶，人帝耶，《初學記》未有明文。何得取以為證？又謂是「帝女化為䔍草」「帝女之桑」之類，不知此「帝女」正是人帝女；此與郭氏以處妃為說，同一謬誤。今福建海神林氏女，以其疊著靈異，稱為「天后」。后者，君也。天者，尊無與並也。抑豈天帝之后妃乎？亦豈天帝之女乎？知天后之為人女，則知湘神之為帝舜女矣。蓋當舜巡狩蒼梧之時，娥皇、女英早死，故《竹書紀年》有「帝舜三十年，葬后育于渭」之文。其有謂女英墓在商州者，亦不足据。案《太平寰宇記》：河東道蒲州河東縣二妃陵，帝舜二妃之陵在縣東十里，俗謂娥皇女英陵。斯言可信。蓋舜都蒲坂，則二妃死後就近安葬，故蒲州河東有陵在焉。其去湘江遠矣，焉得神遊洞庭，而靈照百里乎？吾故曰湘江之神非天帝女，實人帝女，亦非堯之二女，實舜之二女也。江淹《遂古篇》云：「帝之二女，遊沅湘兮。宵明燭光，何琨煌兮。」亦是二女為宵明、燭光之證。若《博物志》所云「湘妃竹」，是堯之二女哭舜，以涕揮住，竹盡斑，說亦見任昉《述異記》。不知此竹文采斑然，古必謂之「緗緋竹」，後世訛為「湘妃」，附以堯之二女，殊屬謬誤。予有說，見《博物志疏證》。

〔註6〕「為」字吳書本作「謂」。

盡十六人

《海外南經》：有神人二八連臂，為帝司夜于此野。在羽民東，其為人小頰赤肩，盡十六人。郭於「司夜」下注云：晝隱夜見。

衡案：「晝隱夜見」則是鬼魅之所為矣。上有「神人」，「神」字不可泥觀。下文「其為人」「盡十六人」可據。則明明是人，何以云「晝隱夜見」？蓋司夜者主夜漏，以驗時刻之事，如今欽天監職事官夜觀星文，察儀器，則晝或假寐者有之，未見其隱。郭又於「盡十六人」下注云：疑此後人所增益語也〔註7〕。畢氏曰：「盡」字乃「蓋」字之譌〔註8〕，是秀釋上〔註9〕「二八」之文。郝氏曰：案：此蓋校書者釋經之語。衡案：郝氏本畢氏說，不知劉秀但校書，未嘗釋書。若果是劉秀釋語，則下距景純注此經時，不過二百餘年，豈無傳文？而曰「疑此後人所增益」者，蓋謂戰國周末時人言耳。而不知亦非也。經自《海外南經》以下，類皆案圖而記。此「盡十六人」蓋「畫十六人」之譌，言其圖畫有十六人，故曰「二八」。楊氏升菴以「夜遊神」況之，則陋極矣。郝氏又謂：「薛綜注《東京賦》云：野仲、游光，惡鬼也，兄弟八人，常在人間作怪害。案：野仲、游光二人兄弟各八人，正得十六人。疑即此也。」衡案：楊氏「夜遊神」之說，仿佛俱忘卻經文有「為帝司夜於于野」七字。「司夜於于野」如《堯典》「宅嵎夷」「宅朔方」之謂，蓋於南方之地測量夜漏之長短，如所謂「日中星鳥」「宵中星虛」是也。郝氏以「惡鬼」注之，蓋以附會「晝隱夜見」之說，不知「帝」是古帝，如帝高陽、帝辛、帝堯、帝舜之類，非天帝也。惡鬼止能害人，豈能為帝司夜乎？且薛綜注「野仲、游光二人兄弟八人」郝氏於「兄弟八人」句上添一「各」字，以足「十六人」之數，巧則巧矣，其如不合何？又案：《後漢書・馬融傳・廣成頌》注云：游光，神也，兄弟八人。亦不云兄弟「各」八人。

夏后啟儛九代

《海外西經》：大樂之野，夏后啟于此儛九代。乘兩龍，在大運山北。一曰大遺之野。郭注：九代，馬名。儛，謂盤作之令儛也。《大荒經》云「大穆之野」。郝氏曰：案：「九代」，疑樂名也。《竹書》云：夏帝啟十年，帝巡狩，

〔註7〕「也」字當作「耳」。
〔註8〕此七字實不見於畢書。
〔註9〕「上」字畢書本無。

舞《九韶》于大穆之野。《大荒西經》亦云：天穆之野，啟始歌《九招》。「招」
即「韶」也。疑「九代」即「九招」矣。又《淮南·齊俗訓》云：夏后氏，其
樂《夏籥》《九成》。疑「九代」本作「九成」，今本傳寫形近而譌也。李善注
王融《三月三日曲水詩序》引此經云「舞九代馬」，「馬」字疑衍。而《藝文類
聚》九十三卷及《太平御覽》八十二卷引此經亦有「馬」字，或并引郭注之文
也。舞馬之戲，恐非上世〔註10〕所有。

衡案：郝氏謂「九代」是樂名，疑即「九成」，闢郭氏「舞馬」之說，極
為有識。或曰古字「九」與「六」多混，此云「舞九代」，疑是「六代」，謂合
黃帝、高陽、高辛、堯、舜、禹六代之樂而並作也。樂必兼舞，故曰「舞六代」。
而即以名其地曰「大樂之野」，「大樂」猶之「鈞天廣樂」云爾。郭謂「大遺」
即「大穆」，亦非。案：「舞《九代》於大樂之野」是一事，「歌《九招》於天
穆之野」是一事，兩事不同，在一時。且郭既合而為一，則不得云是「舞馬」。
若《類聚》《御覽》之引《山海經》，往往混合郭注，李善注《文選》亦然，不
得引以為證。

夏后開上三嬪于天

《大荒西經》：西南海之外，赤水之南，流沙之西，有人，珥兩青蛇，乘
兩龍，名曰夏后開。開上三嬪于天，郭注：嬪，婦也。言獻美人于天帝。得《九
辯》與《九歌》以下。郭注：皆天帝樂名也。開登天而竊以下用之也。此天穆之野，
高二千仞，郭注：《竹書》曰：顓頊產伯鯀，是維若陽，居天穆之陽也。開焉得始歌
《九招》。郭注：《竹書》曰：夏后開舞《九招》也。

吳氏曰：案：《楚辭·天問》云：啟棘賓商，《九辯》《九歌》。洪興祖引此
為注，朱子斥之，審矣。以為「啟棘賓天」當是「啟夢賓天」，然則經云「開
上三嬪于天」者，要是夏啟三夢上賓于天，得傳天帝之樂以下。如秦穆聽《鈞
天》之奏，唐皇效《霓裳》之舞也。「嬪」宜作「賓」。《楚辭》足證其誤。又
《路史注》曰：「《山海經》：上三嬪于天，得《九辯》與《九歌》以下。『天』
指舜、禹，尊其賜爾。謂天帝之樂，啟登天竊之以下，妄也。」

郝氏曰：案：《離騷》云：啟《九辯》與《九歌》。《天問》云：啟棘賓商，
《九辯》《九歌》。是「賓」「嬪」古字通，「棘」與「亟」同。蓋謂啟三度賓于
天帝，而得九奏之樂也。故《歸藏·鄭母經》云：夏后啟筮，御飛龍登于天，

〔註10〕「世」字郝書本作「古」。

吉。正謂此事。《周書‧王子晉篇》云：吾後三年，上賓于帝所。亦其證也。郭注似〔註11〕誤。

衡案：此與「舞《九代》」是一類事，而非一時事。蓋一在大運山，一在天穆山，一高三百仞，一高二千仞，顯係兩地。郭言「獻美人于天帝」，不知天帝要此美人何用？后啟獻此美人，又於何所而致之天帝乎？郭又解「九辯」「九歌」，謂是「天帝樂名」，「開登天而竊以下」。不知天從何登？而天帝之樂，又於何而竊？本經但云「得」，未云「竊」，「竊」字添設。其於「始歌《九招》」下引《竹書》，是也。夫何不暢其說，而乃作此謬悠之論乎？《竹書》：帝啟十年，帝巡狩，舞《九韶》於天穆之野。《九韶》即《九招》，《書》所謂「簫韶九成」是也。案：《韶》作於舜，禹親承之，命皋陶作《夏籥》《九成》，以昭其供，說見《呂覽》。又《路史》言：禹駢三聖，乃興《九招》。則是禹承舜作，亦啟所習聞而親見者；何必欲上賓，如《鈞天》《霓裳》之以夢示乎？抑所謂上賓者，將謂后啟為天帝之賓客耶？吳氏述朱子之言，以為「三夢上賓于天」者，誤矣。至羅苹《路史注》謂：「啟之所急，在以商均為賓，《九辨》即《九韶》。蓋商均為帝後，故得用備樂。」此說差可。然以「賓于天」之「天」為指舜言，則非。而鄭氏環注《竹書》亦惑其說，謂「天」為「天子之廷」，啟為世子時三朝於舜，故得聞《韶》樂。夫啟未命官，焉得三朝於舜？且舜於九官、十二牧，未聞賜樂，何獨賜啟於為世子之時？夫亦可以意決矣。況禹為司空，未為諸侯，焉得云「世子」？又以「賓于天」，「天」為「天子之廷」，此說益不足據。

然則，「開上三嬪于天」宜何解？曰：「開」即「啟」也，避漢諱也。「嬪」即「賓」也。「三」者，三次也。「天」者，天穆山也。不言「穆」者，省文也。「上」者，上此天穆山也。言啟上天穆之山，三以賓禮待西方之牧伯也。其必以三者何？《周禮‧秋官》掌客：三饗、三食、三燕。是其證也。或謂以賓禮待商均，亦通。故《天問》云云，此其說《紀年》亦有之。案：《竹書》：夏帝芒元年，以玄珪賓于河。又：周夷王二年，用介珪賓于河。蓋謂以賓禮親邦國于河上耳。「賓于天」猶之「賓于河」也。世人乃以上天下天為解，殊夢夢矣。即《山海經》，亦未嘗不明言其事，故下文即云「此天穆之野，高二千仞」。玩一「此」字，則所謂「上」者，上此天穆也。所謂「下」者，下此天穆也。其云「開焉得始歌《九招》」者，「焉」，於是也，見前未嘗用此盛樂，直至此始

〔註11〕「似」字郝書作「大」。

得用之於天穆耳。「得」即上文「得《九辯》與《九歌》」之「得」。蓋其地為始祖伯鯀發祥之地，即《竹書》「帝顓頊三十年，帝產伯鯀，居天穆之陽」是也。此伯鯀為顓頊之子，非禹父崇伯鯀，乃帝啟之始祖也，故於十年巡狩，至此行禘祭始祖之禮，歌《九招》於天穆之山，而因以賓禮親邦國耳。其曰「九辯」者，「辯」與「徧」通，謂九徧作樂也。即《周禮・春官》大司樂「若樂九變，則人鬼可得而禮」是也。伯鯀是人鬼，故用《九辯》。郭氏注《山海經》，「天」字「帝」字俱作「天帝」解，而不知《山海經》俱不作「天帝」也。至郝氏解「天」字，引《歸藏・鄭母經》，云「正謂此事」。不知《啟筮》「御飛龍登于天」者，乃是乘六龍以御天，謂登帝位也，與此「天」字無涉。又引《周書・王子晉篇》云「吾後三年上賓于帝所」為證。夫王子晉之謂「上賓」，猶升遐云爾，亦與此「上賓」無涉。徐文靖曰：經言「啟上三嬪于天」者，啟以黃帝、堯、舜之後為三賓，上告于天而饗之。其說亦節外生枝，非是。

怪

《山海經》寫鳥獸奇形異狀，指不勝屈，而又有非可以言語形容者，則但以「怪」志之。《南山經》：猨翼之山，其中多怪獸，水多怪魚，多怪蛇，多怪木。基山，多怪木。旄山之尾，其南有谷曰育遺，多怪鳥。灌湘之山，多怪鳥。禺槀之山，多怪獸。《西山經》：自峚山至于鍾山，是多奇鳥怪獸奇魚，皆異物焉。昆侖之丘，是多怪鳥獸。章莪之山，所為甚怪。郭注：多有非常之物。符惕之山，多怪雨，風雲之所出也。《中山經》：苟牀之山，多怪石。堵山，是多怪風雨。崛山，江水出焉，其中多怪蛇。洞庭之山，是多怪神，多怪鳥。榮余之山，多怪蛇怪蟲。凡此，皆伯益所不能名，則更有奇於九首十首十身九尾之外者，故但目之曰「怪」而已。

形夭操干戚而舞

《海外西經》：形夭與帝至此爭神，帝斷其首，葬之常羊之山。乃以乳為目，以臍為口，操干戚以舞。郭注：干，盾；戚，斧也。是為無首之民。畢氏曰：《淮南子・地形訓》云：西方有形殘之尸。高誘注云：一說曰，形殘之尸於是以兩乳為目，肥臍為口，郝氏曰：「肥臍」疑「胅臍」之譌，「肥」本亦作「腹」。操干戚以舞，天神斷其手後天帝斷其首也。

衡案：上文是「奇肱國」，在西極之地。「形夭與帝至此爭神」，「此」即指西極而言，蓋在常羊山左右。「帝」是古帝，非天帝。「爭神」，謂爭帝位也。

「帝斷其首，葬之常羊之山」，是并形夭之尸亦歸中土矣，斷無止葬其首之理。夫何有乳與臍之尚存哉？下文乃「以乳為目，臍為口」，是其圖狀如此。「操干戚而舞」，是其與帝爭神時形狀。蓋因其無首，故畫一被戮後之形夭以為戒，非謂斷其首猶活也。此是後人按圖增飾而附會其說之語，故曰「乳為目，臍為口」，其實無有是事。若謂斷其首猶活，則「葬之常羊之山」者又何人乎？郭注「是為無首之民」，則無首猶活也，不可為訓。高誘《淮南子注》即本此經，增入「天神斷其手」，又以為「後天帝斷其首」，分作兩層說，當是記憶不清耳。其謂「以乳為目，以臍為口，操干戚以舞」在「斷其首」之前，亦誤。豈忘卻首上自有目與口耶？

案：《左傳‧宣八年》：晉人獲秦諜，殺諸絳市，六日而蘇。夫所謂「殺」者，不過置之死耳。則以木刑而斃，與以帛繫頸，俱可謂之殺。若身首異處，氣顙食顙俱斷，斷無復生之理。今曰「六日而蘇」，則其死但氣閉耳，故知非駢首也。閱《太平廣記》三百七十六引《廣異記》鄭會事，引《獨異志》邵進事，引《定命錄》李太尉軍士事，引《芝田錄》五原將校事，俱斷頭後再生。此小說故事，不足信。若徐應秋《玉芝堂談薈》引《夷堅志》無頭人織草履事，引《廣五行記》崔廣宗「梟首而不死，每腹飢畫地作飢字，家人屑食頸孔中，飽即畫止字，世情不替，更生一男」事，益誕妄矣。

鵸鵌、狌狌

《西山經》：「翼望之山，有鳥焉，其狀如烏，三首六尾而善笑，名曰鵸鵌，服之使人不厭。」郭注：「不厭夢也。《周書》曰：服者不昧。」郝氏曰：「《北山經》『帶山』有鵸鵌鳥自為牝牡，與此同名。或曰，《周書‧王會篇》有『奇榦善芳』，『奇榦』即『鵸鵌』，『善芳』即『善笑』之譌。非也。高誘注《淮南子》云：楚人謂厭為昧。是則厭即昧也，故經作『不厭』。郭引《周書》作『不昧』，明其義同。」

衡案：《周書‧王會解》：都郭生生、欺羽，生生若黃狗，人面能言，奇榦善芳，善芳者，頭若雄雞，佩之令人不昧。郭注《西山經》「鵸鵌」尚不誤。郝氏引或曰「《周書》『奇榦』即『鵸鵌』，『善芳』即『善笑』之譌」，見畢氏注，其說甚是，反以為非，何哉？

又《海內南經》：「氾林方三百里，在狌狌東。狌狌知人名，其為獸如豕而人面。」郭注：「《周書》曰：鄭郭狌狌者，狀如黃狗而人面，頭如雄雞，食之

不眜。」郝氏曰:「『頭如雄雞』二句,彼文所說『奇榦善芳』,自別一物,此注不加剗削,妄行牽引,似非郭氏原文,或後人寫書者羼入之耳。」

衡案:合兩郭注考之,則《周書‧王會》之文,顯有脫誤可見。余意古本《王會》當是:都郭生生、欺羽,生生若黃狗,人面能言,鶌鶋善笑,頭若雄雞,佩之令人不眜。蓋一國貢二物,故連敘而及。孔晁注「奇榦,北狄;善芳,鳥名」亦誤。郭氏截去「欺羽」「奇榦」「善芳」等字,遂連「生生」為一條。而以「頭若雄雞」二語續之,則以為一物矣。千古未聞狌狌「頭若雄雞」者,豈非笑話?故《水經‧葉榆河》注亦云:生生甘美,可以斷穀,窮年不厭。案:「不厭」二字與狌狌無涉,又加「窮年」二字,似解作「食不厭精」之「厭」。支離附會,甚矣。則《王會》此條脫誤已久,故引用者承襲,而不知誤也。蓋《西山經》之「鶌鶋」即是《王會》之「欺羽」,鶌鶋音猗餘,與欺羽音相近。又即《春秋繁露‧郊語篇》「鴟羽去眜」是也。「鴟羽」亦「欺羽」之轉,「去眜」即「不眜」也。然則,「欺羽」轉為「鶌鶋」,「鶌鶋」誤為「奇榦」,而「善笑」又誤為「善芳」,自是定論。王融《曲水詩序》「奇榦善芳之賦」,李善注引《周書》曰:成王時貢奇榦善芳者,頭若雄雞,佩之令人不眜。竟以奇榦善芳聯名,失之。余有說,見《王會解》。又案:《一切經音義‧華手經卷八音義》引呂忱《字林》云:猩猩,能言鳥也,形如豕,頭如黃雞,出交址封溪,言聲如小兒啼也。又《中阿含經》卷十三引《字林》同,惟「能言鳥也」下有「知人名也」四字。案:此以猩猩為能言鳥,大奇。蓋以「頭如黃雞」,故謂之鳥,其誤與郭氏引《周書》同。不知「頭若雄雞」是說鶌鶋,今乃混而為一,以為是猩猩,誤矣。

鑿齒

《海外南經》:羿與鑿齒戰于壽華之野,羿射殺之。羿持弓矢,鑿齒持盾。一曰戈。郭注:鑿齒亦人也,齒如鑿,長五六尺,因以名云。

衡案:《淮南‧地形訓》有「鑿齒民」,高注:鑿齒民吐一齒出口下,長三尺也。又於《本經訓》注云:鑿齒,獸名,齒長三尺,其狀如鑿,下徹頷下,而持戈盾。其說甚悖。蓋既曰獸,則不得手持戈盾;既曰獸,則不得復謂之民。夫齒必上下相銜,而後能食物。今曰「吐一齒出口下,長三尺」,又曰「齒長三尺,下徹頷下」。若以獸而論,則幾於地;以人而論,則過於胸膈。何以能食?況食人乎?

然則,「鑿齒」果何物歟?曰:人也;非獸也。羿所射者,蓋堯時一諸侯之惡虐者也。鑿齒既為羿殺,而其國猶在,尚以鑿齒為名,故此地之民,則謂之鑿齒民,非以其民即鑿齒也。高注《淮南》既以「持戈盾」言之,則是本《山海經》為說。《山海經》曰:羿與鑿齒戰于壽華之野。夫獸則何能與人戰?蓋鑿齒之為名,亦猶讙兜、檮杌之為名耳,不必離其名字,望文生義,而曰其齒如鑿也。郭氏既不從高說,而訓鑿齒為人,是已。乃又從而倍之,以為齒長五六尺,不亦怪歟?《文選・長楊賦》注引服虔曰:鑿齒齒長五尺,似鑿,亦食人。此郭注所本。然不足据。至「羿持弓矢,鑿齒持盾」,畢氏、郝氏俱謂「圖畫如此」,信然。

窫窳

《北山經》:少咸之山,有獸焉,其狀如牛而赤身,人面,馬足,名曰窫窳,是食人。郭注:《爾雅》云:窫窳似貙,虎爪。與此錯。又《海內南經》:窫窳狀如龍首,食人。郭注:窫窳本蛇身人面,為貳負臣所殺,復化而成此物也。又《圖贊》曰:窫窳無罪,見害貳負。帝命羣巫,操藥夾守。遂淪溺淵,變為龍首。

郝氏曰:窫窳形狀又見《海內西經》。又,《北山經》「少咸之山」說窫窳,形狀復與此異。

衡案:《海內南經》之窫窳,與《北山經》所說形狀正同。蓋「龍首」如「牛首」,《北山經》云「其狀如牛」,正復相同。郝氏云不同,何也?但《北山經》多「人面馬足」四字耳。且此二經之窫窳,是獸不是人。若《海內西經》所云「窫窳蛇身人面」,是人不是獸,須分別看。郭氏合而一之,誤矣。至云「為貳負臣所殺,復化而成此物」,則是生前為「蛇身人面」之窫窳;死後又為「龍首」「其狀如牛」之窫窳;生前為人;死後為獸;而且為人此名;為獸亦此名;異矣。案《海內西經》:貳負之臣曰危,危與貳負殺窫窳,帝乃梏之疏屬之山。則是窫窳之見殺,非如渾沌、窮奇、檮杌、饕餮之為凶人也。顧乃死而變為食人之惡獸乎?又案:《海內西經》云:開明東有巫彭、巫抵、巫陽、巫履、巫凡、巫相,夾窫窳之尸,皆操不死之藥以距之。則是窫窳為貳負臣所殺,未至殊死,帝尚欲活之,故其尸尚在,而令羣巫醫之,明明有尸焉,得變而為獸。蓋上古人多取猛獸為名,如朱虎熊羆之屬,是見殺之窫窳,但取猛獸為名,而少咸山之窫窳自是惡獸。

渾沌無面目，是識歌舞

《西山經》：天山，有神焉，其狀如黃囊，赤如丹火，六足四翼，渾敦無面目，是識歌舞，實惟帝江也。楊氏曰：此豈因古昔用瞽人為樂師〔註12〕而傅會其說乎？或者實有此物，而因以瞽人為樂師乎？

衡案：楊氏直以注書為戲耳。夫「大禹行而見之，伯益知而名之」，非憑空杜撰而出，如小說家之傅會也。至瞽者無目，非無面目。後世之樂官，豈因此乎？

吳氏曰：案：《古音叢目》，渾敦音衮沌，與混沌同。《神異經》言：崑崙西有獸，兩目不見，兩耳不聞，有腹而無五臟，有腸直而不旋，名曰渾沌。楊慎《均藻》云：帝江鳥名，知歌舞之音。王氏《彙苑》云：天山之神鳥，名曰帝江。又《路史》：帝不降是為帝江。注云：《山海經》帝江也。此羅氏之誤。

郝氏曰：《初學記》八卷、《文選·王融曲水詩》注引竝作「神鳥」，今本作「焉」字，蓋譌。

衡案：《神異經》詎可取信，況云「兩目」「兩耳」，則與此經「無面目」不合。至引《均藻》《彙苑》之說帝江是鳥，此不過以帝舜《簫》《韶》之奏，鳳凰來儀，師曠《清角》之奏，玄鶴下舞，故有是說。然伯牙鼓琴而遊魚出聽，瓠巴鼓瑟而馴馬仰秣，又何以稱焉？今但以此物有四翼而謂之鳥，獨不可以此物有六足而謂之獸乎？蓋謂之為獸而有四翼，謂之為鳥而有六足，故此經但謂之神，則不知為何物也。郝氏謂今本「焉」字誤，當作「有神鳥」。然徧閱經文，俱作「有獸焉」「有鳥焉」，無有作「神鳥」者。余意作「有神焉」為是。

畢氏曰：「江」讀如「鴻」。《春秋傳》云：帝鴻氏有不才子，掩義隱賊，好行凶慝，天下謂之渾沌。此云帝江，猶言帝鴻氏子也。

衡案：此與羅氏《路史》「帝不降」同誤。夫不降，人也；帝鴻氏之子不才，亦猶是人也。無所為「如黃囊」「如丹火」也，無所為「六足四翼」「無面目」也。焉可以帝鴻氏不才子註此經之「渾沌」乎？且此物名「帝江」，不名「渾沌」。今謂「帝鴻」即「帝江」，一誤；又混「不才子」於「帝鴻」，二誤。案：經云「渾沌無面目」，是寫其形狀之蠢然。「無面目」三字不可泥。「是識歌舞」，「識」猶「知」，「知」猶「能」，猶云「是能歌舞」也。夫鸞亦能歌，馬亦能舞，帝江亦若是則已矣。而豈聽人之歌舞，識其音節哉？

〔註12〕「師」字楊慎之書本作「官」。

女丑

《大荒東經》：海內有兩人，名曰女丑。

衡案：《海內西經》有「女丑之尸」，此又一「女丑」，故曰「海內有兩人，名曰女丑」，此二句相連成文。郭乃於「有兩人」之下注云：此乃有易所化者也。案上文「有易潛出為國，名曰搖民」，與此無涉。郝懿行乃謂：兩人蓋一為搖民，一為女丑。亦因郭注而誤。夫搖民自搖民，女丑自女丑，真風馬牛不相及。經何為合而言之，而謂之曰「有兩人」？亦可以悟其說之非矣。

郭又於「名曰女丑」下注云：即女丑之尸，言其變化無窮〔註13〕也。然則，一以涉化津而遊神域者，亦無往而不之，觸感而寄迹矣。范蠡之倫，亦聞其風者也。

衡案：郭以此女丑即女丑之尸，故云然。而不知女丑之尸已為日炙而死，此又一女丑，故曰「有兩人，名曰女丑」。若謂是一人，則是以《海內西經》炙殺之女丑又活，而為《大荒東經》之女丑矣。郭又云「范蠡之倫，亦聞其風者也」，實不可解。夫范蠡與陶朱公實是二人。据《越語》：范蠡遂乘輕舟以浮於五湖，莫知其所終極。焉得又為陶朱公？即如《史記》之說，以為是一人，亦隱姓變名，始而為范蠡，繼而為陶朱，非謂其死後變化而為陶朱也。有何「聞風」之有？郭不於「有兩人」上會悟，故觸處相背。「女丑之尸」另有說。

相柳、相繇

《海外北經》：共工之臣曰相柳氏，九首以食于九山。相柳之所抵，厥為澤谿。禹殺相柳，其血腥，不可以樹五穀種。禹厥之，三仞三沮。乃以為眾帝之臺。郭注：共工，霸九州者。頭各自食一山之物，言貪暴難饜。抵，觸；厥，掘也，音撅。掘塞之而土三滔，言其血膏浸潤壞也。言地潤濕，唯可積土以為臺觀。又《圖贊》曰：共工之臣，號曰相柳。稟此奇表，蛇身九首。恃力舜暴，終禽夏后。《大荒北經》：共工臣名曰相繇，九首，蛇身，自環，食于九土。其所歍所尼，即為源澤，不辛乃苦，百獸莫能處。禹湮洪水，殺相繇，其血腥臭，不可生穀，其地多水，不可居也。禹湮之，三仞三沮，乃以為池，羣帝是因以為臺。郭於「相繇」下注云：相柳也，語聲轉耳。又於「所歍所尼」下注云：歍，嘔，猶噴吒；尼，止也。又於「其地多水，不可居也」下注云：言其膏血

〔註13〕「窮」字郭璞之書本作「常」。

滂流成淵水也。又於「禹湮之，三仞三沮」下注云：言禹以土塞之，地陷壞也。又於「羣帝是因以為臺」下注云：地下宜積土，故眾帝因來在此共作臺。

衡案：郭氏全不望文生義，悉為奇怪不測之論。即如「九首以食于九山」，「九首」是九人。蓋相柳氏之族姓甚繁，其中雄桀者實有九人，俱為共工之臣，故此經總而言之，謂之「相柳氏」，則非一人可知。以其助厥水患，故共工封以九山，各踞一方，食于九土，猶之「食于九山」也。「食」即《鄭語》「主芣騩而食溱洧」之「食」。若如郭說「九首」作「九頭」解，「頭各自食一山之物」，則頭必能飛而後能各食一山。此則如《酉陽雜俎》《搜神記》「飛頭獠子」之類方能如是。然飛頭獠子止一頭，故能飛而復續，此則九頭「自食一山」。吾不知此頭是陸續飛去，是一時飛去；又不知頭飛去之後，留此蛇身作何安置；又不知頭飛去之後，何時得還；且其還也，又不知是一時是陸續續於蛇身之上。種種悖謬，有何理說？吾故曰「九首」是九人也。果若九首共一蛇身，直是怪獸，不是人矣。而經一則曰「共工之臣」，一則曰「共工臣」，明明是人，何嘗以為獸哉？且所謂「蛇身自環」者，亦不過像形之謂，如女媧氏蛇身是已。知女媧氏非蛇，則此相繇烏得以蛇目之？經特謂其長身柔軟而便捷，故有此語。《大荒北經》之「所歍所尼，即為源澤」即《海外北經》「相柳之所抵，厥為澤谿」也。「歍」「尼」二字，即作「抵觸」解，猶言決水湧注，以為民患，不必另下箋釋，反致文義晦昧。經云「不辛乃苦」，郭注「言氣酷烈」，亦非是。蓋謂相繇役虐百姓，此九土之民受其荼毒，經乃於「辛」「苦」上加「不」「乃」二字，文法古奧，猶言「不辛即苦」耳。下云「百獸莫能處」，言鳥獸俱驚駭奔竄，無有定居也，極言相繇之暴如此。故禹特殺之，「其血腥，不可以樹五穀」。蓋合相柳氏之族，及其羣黨而駢誅之，故流血之多如此，非僅殺相柳氏之九人也。其地多水，亦謂相繇所歍所尼之處，俱為陷沒，故不可居。郭以為「膏血滂流成淵水」，非是。夫盡相柳氏之族，與其羣黨，度亦不過數百人耳。其血流膏土之上，則有之。若成淵水，非殺數萬人不可。禹斷不至戮及無辜有如長平之坑也。「禹湮之，三仞三沮，乃以為池」者，「湮」，塞也，「仞」與「牣」通，滿也，司馬相如《子虛賦》「充牣其中」是也。「三仞三沮」，蓋其土虛耗，旋塞而旋圮，故因以為蓄水之池。「乃以為眾地之臺」郭注「積土以為臺觀」，「羣帝是因以為臺」郭注「故眾帝因來在此共作臺」，俱誤尋其文義。言禹於「其血腥，不可以樹穀」之處，因築為臺陵，以祀古帝，取鎮壓凶惡之義。郭

謂是臺，觀夫血腥之地，焉可以備遊巡？若謂「眾帝來共作臺」，則禹殺相柳之時，止有堯、舜在上，無所謂眾帝也。而且曰「來共作臺」，是何言歟？不知「羣帝因是以為臺」，猶云「因是以為羣帝之臺」，此是倒裝文法，與「乃以為眾帝之臺」是一義。又案：經文兩條所說，正是一事。據此，則此書斷非成自一人之手，故互有詳略如此。若以《大荒北經》所載是釋《海外北經》之文，吾未見其中有解釋之語。蓋兩人各記其事，故語多重複也。

吳氏於《海外北經》注曰：案：「相柳」，《蛙螢子》《三才圖會》俱作「相抑」：「先是，共工，姜之裔，為太昊黑龍氏，主水職。共工薨，子康回襲黑龍氏，亦曰共工。太昊崩，女媧立，以上相不下女主，伯九有而朝同列，僭黑帝，輔以相抑，竊保冀方。」又案：陳一中曰：「共工夾輔太昊，太昊在位則相抑為陪臣。太昊既陟，則相抑於共工君臣之分既定，義不可絕嗣主，縱無道死，所事以報先君，人臣之義也。彼各為其主，精英未泯，死化九首之虺，所抵為淵澤水孽，憤戾之氣，理不盡無，故禹不得不殺。」以上俱吳氏說。

衡案：《蛙螢子》《三才圖會》及陳一中之說，何可據以注書？此「相抑」明是「相柳」之譌，以經文「緒」「柳」聲之轉可證也。若共工氏世為水患，迭見於女媧、高陽、高辛、堯、舜之世，信如斯說，相柳、共工當太昊、女媧時，則後此尚有神農、黃帝、少昊、顓頊、帝嚳，然後之堯、舜、禹，何能上越數代，而攻共工氏殺相柳乎？此皆以郭注「共工，霸九州者」一語所誤。案：此「共工」是「共工氏國」，又非堯、舜所流之「共工」，即《大荒西經》「禹攻共工國」者是也，其殺相柳即在此時。而豈「相抑」之謂哉？《路史·共工傳》謂「以浮游為卿」，「游」「柳」聲相近，尚可從。至陳一中謂「相抑死化九首之虺」，更不足道。

畢氏於「相柳氏」下引《廣雅》云：「北方有民焉，九首蛇身，其名曰相緒。」「『緒』『柳』音相近。」亦非。案：經云「共工之臣」，非「北方有民」也。若以「北方有民」有此「九首蛇身」，則更異矣。夫「九首蛇身」尚得謂之民哉？凡此，皆不細察古書之故也。惟畢氏「疑言九頭，九人也」，尚屬不誤，然亦無可疑者。

郝氏於「九首以食于九山」下注引《楚詞·天問》云：雄虺九首，鯈忽焉在？王逸注云：虺，蛇別名也，言有雄虺，一身九頭。今案，雄虺疑即此也，經言此物九首蛇身。

衡案：《天問》所云，是蛇不是人。《山海經》言相緒「蛇身」，是人不是

蛇，「蛇身」特狀其形似耳。古謂天皇、地皇、人皇皆蛇身，豈俱是蛇耶？經明云「共工之臣」，而郝氏則謂「經言此物」，經何嘗言此「物」哉？冤矣。

魚婦顓頊

《大荒西經》：有互人之國，郭注：人面魚身。炎帝之孫，名曰靈恝，靈恝生互人，是能上下於天。郭注：言能乘雲雨也。有魚偏枯，名曰魚婦顓頊，死即復蘇。郭注：言其人能變化也。風道北來，天乃大水泉，郭注：言泉水得風暴溢出。道，猶從也。蛇乃化為魚，是謂魚婦顓頊，死即復蘇。郭注：《淮南子》曰：后稷龍在建木西，其人死復蘇，其中為魚。蓋謂此也。《圖贊》曰：炎帝之苗，實生氏人。死則復蘇，厥身為鱗。雲南是託，浮遊天津。

郝氏曰：案：郭注「龍」當為「隴」，「中」當為「半」，竝字形之譌。高注《淮南·地形訓》云：人死復生，或化為魚。即指此事。然則，魚婦豈即顓頊所化，如女媧之腸化為十神者邪？又，樂浪尉化魚，事見陸璣《詩疏》。

衡案：著書先須明理，又要細看上下文義，分清段落。如此經「有互人之國」至「上下於天」，是言互人為炎帝之裔；是一事。下文「有魚偏枯」至「死即復蘇」，言魚得水復活；又一事。郭氏以「人面魚身」注此「互人國」，下亦若以「魚婦顓頊」即此互人也者。《淮南·地形訓》鈔撮《山海經》屢有譌誤，所云「其半為魚」，「半」字不可解。將謂其魚偏枯，遂目為半體歟？謬矣。抑謂其半為魚，所剩之半仍是人身，則更謬矣。蓋「中」字當是「身」字之誤，猶可解說，則猶是以人變為魚也，不可据。余謂「有魚偏枯」者，蕩而失水，故偏枯也，《莊子》所謂「涸轍之鮒」，古樂府所謂「枯魚過河泣」是也。「枯」者，不死不生之謂。「偏枯」者，半死半生之謂。本非謂已死之魚也。「魚婦顓頊」是此魚之名，經已明言之矣，非謂人死化為魚也。其謂之「魚婦」者，亦猶江東人呼青衣魚為「魚婢」云爾。「死即復蘇」，因水至也。「風道北來，天乃大水泉」言此魚所以復生之故。蛇化魚，魚化蛇，世間常事，無足異者，此其說《山海經》亦有之。案《海外南經》云：結匈國，南山在其東南，自此山來，蟲為蛇，蛇號為魚。不信然歟？故南方人食蛇以為美味。然則「蛇乃化為魚」，經又明言之矣。郭乃云「人能變化」，何哉？郝氏又謂「魚婦豈即顓頊所化」。世間化黿、化虎之事，舉不足信。豈有聖帝如顓頊，而乃有化魚之事乎？妄也，妄也。又引女媧之腸化為十神為證，有如瞽者談天，處處非是。至此魚命名「魚婦顓頊」，其義則不可知。意者或如吳王餘膾魚之類，然未敢臆斷。

總之解書當以理為斷而已。互人非氏人，及女媧之腸，予別有說。

黃鳥

《北山經》：軒轅之山，有鳥焉，其狀如梟而白首，其名曰黃鳥，其鳴自
詨，食之不妒。

吳氏曰：倉庚亦名黃鳥，倉庚即鸝也。李氏《本草》于「鸝」條下云「食
之不妒」，且引經文為證。又楊蘷《止妒論》云：梁武帝郗氏性妒，或言倉庚
為膳療忌，遂令治之，妒果減半。合觀二說，明以此鳥為倉庚矣。然經云「狀
如梟白首」，與倉庚不甚類，疑亦同名異物者也。

郝氏曰：案：《周書‧王會篇》云：方揚以皇鳥。《爾雅》云：皇，黃鳥。
蓋皆此經「黃鳥」也。郭注《爾雅》以為黃離流，誤矣。俗人皆言黃鶯治妒，
而梁武帝以倉庚作膳為郗氏療忌，又本此經及《爾雅注》而誤也。

衡案：《王會解》之「皇鳥」，蓋鸞鳳之類，故方揚以為獻。《大荒西經》：
西北海之外，赤水之西，有五采鳥三名，一曰皇鳥，一曰鸞鳥，一曰鳳鳥。又
《大荒北經》：附禺之山，爰有鸞鳥、黃鳥。據此，則皇鳥亦是瑞鳥。蓋其色
黃，故《爾雅》以為「皇，黃鳥」也。郭注《爾雅》，以為「黃離畱」，誠誤。
而郝氏以為《王會解》之「皇鳥」，《爾雅》之「皇鳥」，皆此經之「黃鳥」，亦
非。据《大荒北經》附禺之山有「皇鳥」，又有「黃鳥」，明是二鳥。蓋「皇鳥」
是鳳皇之皇，而「黃鳥」但黃色之凡鳥，故《海外西經》「黃鳥」、「青鳥」並列
也。在女祭北。然皆非所謂倉庚，故郭氏不注。吳氏以為同名異物，得之。

巴蛇

《海內南經》：巴蛇食象，三歲而出其骨。君子服之，無心腹之疾。郭注：
今南方蚺蛇吞鹿，鹿已爛，自絞於樹，腹中骨皆穿鱗甲間出，此其類也。《楚
詞》曰：有蛇吞象，厥大何如。說者云長千尋。又《圖贊》曰：象實巨獸，有
蛇吞之。越出其骨，三年為期。厥大何如，屈生是疑。

衡案：巴蛇吞象，言蛇之大，是一事。「三歲而出其骨」，又一事，言此蛇
至三年必換骨一次，如龍蛻是也。「君子服之」，謂服食巴蛇所蛻之骨，非謂象
骨也。以其骨從解脫而出，性主消導，故能已心腹之疾。郭氏《圖贊》似以「出
其骨」為象骨，誤。夫象骨在蛇腹，遲至三年，焉有不化之理？故知此骨為蛇
蛻也。案：首二句不可連讀。郭氏未會其旨，故謂是象骨。

碧

《西山經》：高山，多青碧。_{郭注：碧，亦玉類也。}涇水，多青碧。大次之山，多碧。章莪之山，多瑤碧。罷父之山，多芘碧。

《北山經》：帶山，多青碧。石者之山，多瑤碧。少咸之山，多青碧。狐岐之山，多青碧。北嚻之山，多碧。湖灌之山，多碧。歸山，有碧。虫尾之山，多青碧。繡山，有玉青碧。維龍之山，有碧玉。饒山，多瑤碧。碣石之山，多青碧。

《東山經》：枸狀之山，多青碧石。竹山，多瑤碧。耿山，多水碧。_{郭注：亦水玉類。}碧山，多碧水玉。

《中山經》：和山，多瑤碧。穀山，爽水出焉，而西北流注于穀水，多碧綠。傅山，多瑤碧。光山，多碧。龍山，多碧。玉山，多碧。柴桑之山，多碧。

《大荒西經》：有沃之國，爰有瑤碧。

《大荒北經》：附禺之山，爰有瑤碧。

衡案：碧即今之翡翠玉也。《山海經》於白玉之外，多載此玉，其貴重自古已然。

山海經彙說卷二終

山海經彙說卷三

江都陳逢衡著

《山海經》所載諸國姓氏已開《世本・氏姓篇》之先

《大荒東經》：有白民之國，銷姓。有黑齒之國，姜姓。有困民國，勾姓。

《大荒南經》：三身之國，姚姓。有盈民之國，於姓。有不死之國，阿姓。有載民之國，盼姓。有蜮民之國，桑姓。焦僥之國，幾姓。有䵚姓之國。

《大荒西經》：有西周之國，姬姓。

《大荒北經》：有胡不與之國，烈姓。有大人之國，釐姓。有北齊之國，姜姓。有毛民之國，依姓。有儋耳之國，任姓。有無腸之國，是任姓。深目民之國，盼姓。有人一目，當面中生，一曰是威姓，少昊之子。有繼無民，任姓。苗民釐姓。

《海內經》：氐羌乞姓。又云：有鹽長之國，名曰鳥氏。有國名曰流黃辛氏。《海內西經》作「流黃酆氏」。

案：大禹所到諸國，必皆有姓氏。今所存無幾，疑當日錫土姓之遺，故備錄之。

羽民國

《海外南經》：羽民國，其為人長頭，身生羽。郭注：能飛不能遠，卵生，畫似仙人也。《啟筮》曰：羽民之狀，鳥喙赤目而白首。

衡案：「身生羽」三字不可泥，猶《海外東經》「毛民身生毛」，短則為毛，長則為羽耳。郭謂「能飛不能遠」，誤矣。又謂是「卵生」，於經文外添設，更誤。張華《博物志》謂「羽民國多鸞鳥，民食其卵」，蓋得其實。如司幽國、

白民國「黍食」，不死國「甘木是食」，焦僥國「嘉穀是食」是已。蓋食鳥卵以資生，故云卵生。若云是卵生有翼，則羽民國直一飛鳥國矣。《文選‧鸚鵡賦》注引《歸藏‧啟筮》曰：金水之子，其名曰羽蒙，是生百鳥。郝懿行謂即此，亦非。案：民蒙雖聲相近。然羽蒙是人名，羽民是國名，兩不相涉。若以生百鳥當之，則更誤。案「百鳥」亦是人名，如伯益號百蟲將軍之類，知伯益不是蟲，則知「百鳥」不是鳥矣。故《大荒南經》云：有羽民之國，其民皆生毛羽。又另有卵民之國，「其民皆生卵」是也。然卵民之國生卵，亦食卵之義。高誘《呂氏春秋‧求人篇》注：羽人鳥喙，背上有羽翼。於「羽」下添「翼」字，殊屬附會。郝氏曰：郭云「畫似仙人」，謂此經圖畫如此也。衡案：「畫似仙人」，蓋狀毛羽毿毿之貌。或曰其地多鳥，緝鳥羽以為衣。如後世王恭披鶴氅之類，故曰羽民。余有說，見《博物志疏證》。

讙頭國

《海外南經》：讙頭國，其為人人面，有翼，鳥喙，方捕魚。郭注：讙兜，堯臣，有罪，自投南海而死，帝憐之，使其子居南海而祠之。畫亦似仙人也。又《大荒南經》：驩頭人面鳥喙，有翼，杖翼而行。

衡案：經文並無怪異之處，至方朔《神異經》則云：南方有人，人面鳥喙，而有翼手足，扶翼而行，有翼不足以飛，一名鵬兜。《書》曰：放鵬兜于崇山。一名驩兜。蓋因《大荒南經》而誤也。《海外南經》但謂讙頭國之人，如是非謂驩兜也。《大荒南經》不言讙頭國者，省文耳。《神異經》以為即是驩兜。夫驩兜為堯臣，雖有凶德，實非異類，何得身有羽翼？即讙頭人，亦非真有翼也。案：此「翼」字當活看，《論語》「翼如也」，謂張拱端好，如鳥舒翼，是其義。郭云「畫亦似仙人」，得之，「畫」謂圖畫，玩「方捕魚」一「方」字可見。蓋是所畫讙頭國之人，衣袖寬綽飛動，有似羽衣蹁躚之狀，因按圖而記曰「有翼」。至所云「鳥喙」，亦即禹「鳥喙」，越王勾踐「鳥喙」，秦始皇「鷙喙」之類。余有說，見《博物志疏證》。

厭火國

《海外南經》：厭火國，獸身，黑色，生「生」字衍。火出其口中。郭注：言能吐火，畫似獼猴而黑色也。

衡案：《博物志》：厭光國民光出口中，形盡似獼猴，黑色。以「光」訓

「火」，得之。此蓋形容南方酷熱之狀，所謂「爰有大暑，不可以往」也，故圖畫若有火光出其口中。景純以「吐火」為言，近於幻矣。經但云「獸身」，郭注與《博物志》云「似獼猴」，不知何据，想亦揣測之辭。吳任臣本引《本草集解》注云：厭火國近黑崑崙，人能食火炭。益不足信。余有說，見《博物志疏證》。

三苗國

《海外南經》：三苗國，其為人相隨。一曰三毛國。郭注：昔堯以天下讓舜，三苗之君非之，帝殺之。有苗之民叛入南海，為三苗國。

景純此說，蓋本之《博物志》，其說非也。當唐虞授受之際，聖人非常舉動，常人焉得不疑？其罪亦何至於殺？《書》曰：苗民逆命，苗頑弗即工。是其罪也。

郝氏曰：案：《史記·五帝紀》云：三苗在江、淮、荊州，數為亂。《正義》曰：「吳起云：三苗之國，左洞庭而右彭蠡。今江州、鄂州、岳州，三苗之地也。」高誘注《淮南·墜形訓》既云「三苗，國名，在豫章之彭蠡」，而注《脩務訓》又云「渾敦、窮奇、饕餮三族之苗裔，謂之三苗」，非也。

衡案：《淮南·脩務訓》注之誤，不辨自明，蓋三苗之本國先在中土荊州之地，後乃竄之遠方，其謂之三苗者，亦謂其種類不一，如今番有熟番、生番，夷有白夷、黑夷、紅夷之類。《書》曰：竄三苗於三危。三危山在南，故《山海經》列之《海外南經》。案圖畫不止一人，蓋狀其遷徙遠竄之像，故曰「其為人相隨」。「苗」一曰「毛」，聲之轉也。

戬國「戬」本作「裁」，今從畢本。

《海外南經》：戬國，其為人黃，能操弓射蛇。郭注：《大荒經》云：此國自然有五穀衣服。戬音秩，亦音替。又《大荒南經》：有戬民之國，不績不經，服也；不稼不穡，食也。郭注：言自然有布帛也。言五穀自生也。種之為稼，收之為穡。《圖贊》曰：不蠶不絲，不稼不穡。百獸率舞，羣鳥拊翼。是號戬民，自然衣食。

衡案：天地間豈有不績而自有布帛；不稼而自生五穀之理？言此國之人，皆自織而衣，自耕而食。不績不稼，須斷句，言非其所績則不經服；非其所稼則不收食也，文義自明。郭氏每事求異，故有斯說。

貫胸國

《海外南經》：貫匈國，其為人匈有竅。郭注：《尸子》曰：四夷之民，有貫匈者、有深目者、有長肱者，黃帝之德常致之。《異物志》曰「穿匈之國，去其衣則無自然」者，蓋似效此貫匈人也。

郝氏曰：案：《竹書》云：黃帝五十九年，貫匈氏來賓。《淮南‧地形訓》有「穿胸民」，高誘注云：穿胷，胷前穿孔達背。《藝文類聚》九十六卷引《括地圖》曰：禹誅防風氏，夏后德盛，二龍降之，禹使范氏御之以行，經南方，防風神見禹，怒射之，有迅雷，二龍升去，神懼，以刃自貫其心而死，禹哀之，瘞以不死草，皆生，是名穿胷國。《博物志》亦同茲說。然黃帝時已有貫匈民，防風之說，蓋未可信。

衡案：郝氏注本畢氏，蓋皆以「穿胷」即「貫匈」也。吳任臣《廣注》亦然。蓋以下文又云「交脛在穿匈東」也。余謂《山海經》「貫匈」之義。止言其為人匈有竅；未云其竅若何？高氏《淮南注》遂謂胷前穿孔達背異矣。郭引《異物志》「穿匈之國，去其衣則無自然」者，意謂貫匈因乎自然，穿匈則由人為。又謂「似效此貫匈人」，不知如何效法，總之於經文外添設。

又《海外南經》：有結匈國，其為人結匈。郭注：臆前胅出，如人結喉也。

衡案：既云「臆前」，則不得云「結喉」。或曰此國與貫匈相反：貫匈，謂其人多智慧；結匈，謂其人多駭蠢。此解雖鑿，可闢貫匈穿孔達背之說。

交脛國

《海外南經》：交脛國，其為人交脛。郭注：言腳脛曲戾相交，所謂「雕題」「交趾」者也。或作「頸」，其為人交頸而行也。

吳氏曰：案：《淮南子》作「交股」。今名交趾。《東漢書》：男女同川而浴，故曰交趾。畢氏曰：《淮南子‧地形訓》有「交股民」，高誘注：交股民腳相交切。

郝氏曰：劉欣期《交州記》云：交阯之人出南定縣，足骨無節，身有毛，臥者更扶始得起。

衡案：《漢‧趙充國傳》：聞苦腳脛寒泄。注：脛，膝以下骨也。《說文》：股，髀也。《詩》：赤芾在股。傳：脛本曰股。《爾雅‧釋言》：趾，足也。《禮‧玉藻》：頭頸必中。《廣韻》：頸在前項在後。据此諸義，則趾最下，脛為膝以下骨，則在趾上，股為脛本，則在脛上。若頸在頭下，則遠不相及矣。郭謂或

作「頸」，不可據。《後漢・南蠻傳》謂男女同川而浴，故曰交阯。夫「同川而浴」與「交阯」何涉？《交州記》謂是足骨無節臥者更扶始得起，則更誕妄。今之交阯人，未聞如是也。又《元和志》云：名曰交趾者，交以南諸彝，其足大指廣兩足竝立則交焉。亦屬臆測之辭。夫兩足竝立則交，安得大指之廣如是？据《安南國志》，其人席坐盤足。盤足則脛交，脛交則趾交，故古曰交脛，今曰交趾。股為脛本，故《淮南》謂之「交股」。此與郭注「腳脛曲戾相交」，亦不相背，若交頸而行，則是《爾雅》「比肩民」之謂，其義遠矣。《王制》：雕題、交趾。疏云：趾，足也，言蠻臥時頭嚮外，而足在內而相交，故云「交趾」。更屬附會。

不死民

《海外南經》：不死民，其為人黑色，壽，不死。郭注：有員丘山，上有不死樹，食之乃壽；亦有赤泉，飲之不老。《大荒南經》：有不死之國，甘木是食。郭注：甘木，即不死樹，食之不老。郝氏於《海外南經》注曰：案：《楚詞・遠遊》云：仍羽人於丹丘，留不死之舊鄉。王逸注引此經，言有不死之民。《天問》云：何所不死？王逸注引《括地象》曰：有不死之國也。《呂氏春秋・求人篇》云：禹南至不死之鄉。《淮南・地形訓》有「不死民」，高誘注云：不死，不食也。《大戴禮・易本命篇》云：食氣者神明而壽，不食者不死而神。是高注所本。然則，「不死之民」蓋以不食不飲而得之。郭云「食木飲泉」，据《大荒南經》為說也。《博物志》說「員丘」「赤泉」與郭同。

衡案：《藝文類聚・水部》引《括地圖》：員丘之山，上有赤泉，飲之不老。《太平御覽》五十三引《外國圖》：員丘之山，有不死樹，食之乃壽；有赤泉，飲之不老。此與《博物志》同。是郭所本也。夫「食之乃壽」「飲之不老」，亦謂其可以長生盡年，因而謂之不死也；非真不死也。《揚子法言》曰：仙乎仙乎，名生而實死也。何等明白？其曰「壽，不死」者，「不死」即「壽」字注解，不必他求。郝氏乃据《易本命》謂「不死」，「蓋以不食不飲而得之」，誤矣。夫郭氏明云「食甘木」「飲赤泉」，而乃云不食不飲，顯與郭背。高誘《地形訓注》不可据。

歧舌國

《海外南經》：歧舌國。郭注：其人舌皆歧。或云支舌也。

郝氏曰：案：「支舌」即「歧舌」也。《爾雅‧釋地》云「枳首蛇」，即「歧首蛇」。「歧」一作「枝」，「枝」「支」古字通也。又，「支」與「反」字形相近，《淮南‧地形訓》有「反舌民」，高誘注云：語不可知而自相曉。又注《呂氏春秋‧功名篇》云：一說南方有反舌國，舌本在前，末倒向喉，故曰反舌。是「支舌」古本作「反舌」也。《藝文類聚》十七卷引此經作：反舌國，其人反舌。《太平御覽》三百六十七卷亦引此經同，而云「一曰交」。「交」蓋「支」字之譌也。

衡案：高誘《呂氏春秋注》「一說舌本在前」云云，又見《淮南‧地形訓》注，無「末」字，「倒」作「反」，不可据。夫舌繫於心，「舌本在前」，則何所繫乎？舌尖向喉，則不能飲食矣。且既云「語不可知」，而又何以「自相曉」？案：《釋名》：物兩為歧。所謂「歧舌」者，謂輕重緩急之間，語音無定，其辭枝離是也。蓋南蠻鴃舌，猶之百舌鳥能易其舌效百鳥之聲；故《山海經》謂之「歧舌」；《呂氏春秋》《淮南子》謂之反舌也。案「反」又與「翻」通，有如水之翻瀾，如花之偏反，不可畫一也。今福建人大率類此。

三首國

《海外南經》：三首國，其為人一身三首。郭氏《圖贊》曰：雖云一氣，呼吸異道。觀則俱見，食則皆飽。物形自周，造化非巧。

衡案：此蓋依圖像而誌之。圖像秖畫一身；而旁有三首；重疊而見，故曰一身三首，非謂一人有三首也。世間斷無一人三首之理，斷無一國人俱一身三首之理。《淮南‧地形訓》有「三頭民」，高誘注云：身有三頭。誤矣。郝懿行解此，謂「《海內西經》云：有三頭人，伺琅玕樹。即斯類也。」亦誤。夫所謂「三首」者，是必立國之初，有兄弟三人，依次而立，亦如「天皇十二頭，地皇十一頭，人皇九頭」之類。上古圖畫，不能如後世完備，故但畫一身三首以見意。其「三頭人伺琅玕樹」，余別有說。

周饒國

《海外南經》：周饒國，其為人短小冠帶。一曰焦僥國。郭注：其人長三尺，穴居，能為機巧，有五穀也。《外傳》云：焦僥民長三尺，短之至也。《詩含神霧》曰：從中州以東西四十萬里得焦僥國，人長尺五寸也。《圖贊》曰：羣籟殊吹，氣有萬殊。大人三丈，焦僥尺餘。混之一歸，此亦僑如。

　　吳氏曰：《拾遺記》：遺池國、陀移國人皆長三尺。《後〔註1〕漢書》：朱儒國人長三四尺。《洞冥記》云：勒畢國人長三尺。《朝野僉載》云：罾仇國人長三尺二三寸。《職方外紀》曰：歐羅巴西海有小人國，高不二尺〔註2〕。馬端臨云：大秦有小人國，軀纔三尺。《突厥本末記》曰：突厥窟北馬行一月，為短人國，長者不踰三尺。然則人長三尺不獨焦僥也。畢氏曰：「周饒」即「僬僥」，音相近也。《周書・王會》有「周頭國」，即此。

　　郝氏曰：《初學記》十九卷引《神異經》曰：西北荒中有小人，長一寸，朱衣玄冠。與此經「短小冠帶」合也。《史記正義》引《括地志》云：小人國在大秦南，人纔三尺，即焦僥國，其人穴居也。亦與郭注合。《說文》云：南方有僬僥人長三尺，短之極。郭引「《外傳》」者，《魯語》文，「民」當為「氏」，字之譌也。韋昭注云：僬僥，西南蠻之別名也。案，《列子・湯問篇》夏革所說，與郭引《詩含神霧》同，唯「東」下無「西」字，此蓋衍文。

　　衡案：經文云「短小冠帶」，具見焦僥國人形狀；不必言其尺寸何等包括，即《魯語》「焦僥氏長三尺，短之至」。《說文》本此為言，亦云：焦僥人長三尺，短之極。夫曰「短之至」「短之極」，言世間更無有短於此國之人者；此說是也。郭既引《外傳》注此，足矣。而又引《詩含神霧》「焦僥國，人長尺五寸」以證之，何其謬也？夫《含神霧》之說，與《列子・湯問》詎可信者，而乃援以為注乎？不知「四十萬里」，雖盡域內之大，無此里數。在《列子》寓言則可，若事實求是，以之注書則不可。至郝氏引《神異經》小人「長一寸，朱衣玄冠」，謂與「短小冠帶」合，則更異矣。《神異經》之妄，更甚於《列子》。《列子》與《含神霧》尚云「長尺五寸」，已屬子虛，此乃以「長一寸」之人為證。夫曰「長一寸」，尚得謂之人乎？即有是人，則其人之手，必以必分毫計；吾不知何以製此「朱衣玄冠」也。安得與「短小冠帶」之文相提並論？

　　吳任臣又謂：人之短者，廣延國人長二尺，張仲師長一尺二寸，鵠國男女長七寸，鶴民國人長三寸，未多國長四寸，李子敖長三寸三分，黃帝時務光長七寸。《西京雜記》：東都獻短人五寸。或曰：東郡送人長七寸，名曰巨靈。較焦僥更異。

　　衡案：「長二尺」則形似猿猴，天壤間容或有之，但不得一國之人俱若是。若三寸、四寸、五寸、七寸，曾猿猴之不若矣，而亦謂之人可乎？予閱王充《論

〔註1〕「後」字本脫。
〔註2〕「歐羅巴」等十三字本脫。

衡·齊世篇》，張仲師類敘於長人之次，蓋長「一丈二寸」，今誤從《南史》及何承天《纂文》，謂長「一尺二寸」。則其不足信，可知。案：吳氏云「黃帝時務光長七寸」，大誤，說見後「菌人」下。

長臂國

《海外南經》：長臂國，捕魚水中，兩手各操一魚。郭注：舊說云，其人手下垂至地。魏黃初中，玄菟太守王頎討高句麗王宮，窮追之，過沃沮國，其東界臨大海，近日之所出。問其耆老：「海東復有人否？」云：「嘗在海中得一布褶，身如中人衣，兩袖長三丈。」即此長臂人衣也。

畢氏曰：《淮南子·地形訓》有「修臂國」，高誘注云：一國民皆長臂，臂長于身，南方之國也。

郝氏曰：案：《穆天子傳》云：乃封長肱于黑水之西河。郭注云：即長臂人也，身如中國，臂長三丈，魏時在赤海中得此人裾也。案，郭注與此注同，其「中國」當為「中人」，字之譌也。此注本《魏志·東夷傳》，彼文「布褶」作「布衣」，「中人」作「中國人」。《博物志》亦同，唯「三丈」，作「二丈」。

衡案：郭引舊說「其人手下垂至地」，此解確切不易。乃又引《東夷傳》「袖長三丈」以證之，則好奇之過也。郭此注外，於《大荒西經》「有女子之國」下引王頎事，又於《大荒西經》「有人焉三面」下引王頎事，不知《魏志》乃無稽之語。蓋沃沮耆老妄言以欺王頎，而頎遂述之於朝，以誇耀其事，陳壽又復不察，爰著之史冊耳，詎可信以為實？高誘《地形訓注》：臂長於身。是郭注所本。其注《穆傳》又云：臂長三丈。則不止下垂至地矣，不可据。至《穆天子傳》之「長肱」，郭亦引《魏志》為注。夫《穆傳》「長肱」是人名，《山海經》「長臂」是國名。穆王西巡，封長肱于黑水之西河，國在西。《山海經》「長臂」列於《海外南經》，國在南。而《魏志·東夷傳》國又在東，真風馬牛不相及矣。兩手各操一魚，蓋圖寫其捕魚之狀。如此，又《大荒南經》張弘之國，即此長臂國，說見後。

三身國

《海外南經》：三身國，一首而三身。

吳氏曰：案：《淮南子》自西北至西南方有「三身民」，注云：三身民一頭三身。《荒史·因提紀》曰：庸成氏實有季子，其性喜淫，帝放之於西南，季

子儀馬而產子，身人而尾蹄馬，是為三身之國。

郝氏曰：三身國姚姓，舜之苗裔，見《大荒南經》。

衡案：此「三身國」，猶所謂「五姓」「三姓」云爾，非謂有一人有三身也。夫上古神怪，理或有此。若是三皇五帝之子孫，亦本氣血而生，斷無有此形異。若真三身竝列，其廣何如？而以一首冒覆於上，成何體狀？即神怪亦不應至是。竊意圖像秖畫一首於上，而下則旁見側出，有三身焉。夷堅遂因而題之曰「三身國」，他國亦皆類是。《藝文類聚・人部》引《博物志》：三身國一頭三身三手，昔容成氏有季子好淫，白日淫于市，帝放之西南，季子妻馬生子，人身有尾蹄。又《路史》：庸成氏紀，實有季子，其性喜淫，晝淫於市，帝怒，放之於西南，季子儀馬而產子，身人也而尾蹄馬，是為三身之國。注：張華所記，本出《括地圖》。檢今本《博物志》無此條，其說又別。夫曰「人身而馬蹄尾」，則非「一頭三身」矣。《類聚》引《博物志》於「一頭三身」下，又添「三手」二字，愈奇。

一臂國

《海外西經》：一臂國，一臂、一目、一鼻孔。有黃馬虎文，一目而一手。吳氏曰：案：《淮南》三十六國，西南方有「一臂民」。《爾雅》：北方有比肩民焉，迭食而迭望。注云：此即半體之人，各有一目、一鼻孔、一臂、一腳。《異域志》云：半體國其人一目、一手、一足。《交州記》曰：儋耳國東有一臂國，人皆一臂也。《三才圖會》曰：一臂國在西海之北，半體比肩，猶魚鳥相合。王融《曲水詩序》：離身反踵之君。離身亦斯類也。

衡案：吳氏所引諸說，俱影響附會，而不得其實。蓋此乃圖畫旁像也。不得以《爾雅》「比肩民」為比。即《爾雅》之「比肩民」，亦非是半體之人。据《爾雅》：「比肩獸」是蛩蛩巨虛與蟨相附而行，則「比肩民」可類推。凡人必兩臂，而後有肩可比。「比肩」者，兩肩相倚相並之說也。若謂是半體之人，與比目魚同，則何能起立坐臥？且不知「半體」是男與男比，女與女比，抑男女混雜而相比乎？且既屬半體，則前陰後陰亦不能全具，吾不知何以交搆生育，而成此一國之人也？又必一無左半，一無右半，而後可相合，安得如此湊巧？且也人既如是，而所產之馬，又復一目一手；世間有半體人，世間又有半體馬乎？吾故曰此旁像，而記者因之曰「一臂國」也。若「離身」見《文選注》引《伊尹四方令》，案《王會解》本作「離丘」，亦不與此國類。吳說非是。

奇肱〔註3〕國

《海外西經》：奇肱之國，郭注：或作弘。奇音羈。其人一臂三目，有陰有陽。乘文馬。郭注：陰在上，陽在下。其人善為機巧，以取百禽。能作飛車，從風遠行。湯時得之於豫州界中，即壞之不以示人。後十年西風至，復作遣之。

吳氏曰：案：《河圖括地象》曰：奇肱氏能為飛車，從風遠行。《博物志》云：奇肱國去玉門西四萬里，善為拭扛飛車。《述異記》曰：湯時，西風吹奇肱人乘車東至豫州界，俟十年而風後至，使遣歸國。《冠編》亦云：成湯十祀，遣奇肱氏歸其國。沈思永《文苑豹班》云：奇肱氏能為飛車，乘風而飛，禹時曾至。

郝氏曰：案：注云或作「弘」，即《大荒南經》「張弘之國」也。《呂氏春秋·求人篇》云「其肱、一臂」，「其肱」即「奇肱」。《淮南·地形訓》作「奇股」，高誘注云：奇，隻也；股，腳也。與此異。《博物志》「拭扛」蓋「機巧」二字之譌〔註4〕。又云：十年東風至，乃復作車遣返。郭作「西風至」，「西」字譌也。蓋〔註5〕其國去玉門關四萬里，當須東風至乃得遣返矣。

衡案：諸說俱解郭注，於正文無涉。夫所謂「一臂三目」者，亦旁像也，與「一臂國」旁像同。「三目」之「三」當為「一」字之誤也。其云「有陰有陽」，謂所圖畫有正面有背面。郭注「陰在上，陽在下」，不可解。又案：「奇肱」，《太平御覽》七百九十九引《括地圖》作「奇恒」，「恒」字誤。「車」而謂之「飛」者，蓋於車上作轉風蓬，能御風而行，故曰「飛車」，言其有巧思，非謂其破空而來也。道光二十年，嘆吉利國六月滋事，聞有報信船，其船底有輪，中有銅柱，空其中，用煤炭灼之，運以牛，日行數千里，雖逆風亦可行。此與風車巧思相類，故附記於此。郭云「後十年西風至」，誤。湯於九年秋冬間西風時，得其車於豫州，至次年為十年，於春令東風作之時，又復令作此車遣歸，「後」字當衍。然經文但云「奇肱之國乘文馬」，並不及「飛車」事。此亦郭注好奇，惑於《括地圖》之說也。若「張肱」又另一國，即「長臂」，說見後。《大荒西經》：有人，名曰吳回，句。奇左，是無右臂。郭曰：即奇肱也。衡案：「左」，蓋脫去「月」旁而又誤「厷」為「左」耳。「是無右臂」與《海外西經》「其人一臂」合。

〔註3〕「肱」字下本有「之」字。卷前目錄無「之」字，合於陳書常例。
〔註4〕「譌」字郝書本作「異」。
〔註5〕「蓋」字郝書本作「云」。

丈夫國

《海外西經》：丈夫國，其為人衣冠帶劍。郭注：殷帝太戊使王孟採藥，從西王母至此，絕糧，不能進。食木實，衣木皮，終身無妻，而生二子，從形中出，其父即死。是為丈夫民。又《圖贊》云：陰有偏化，陽無產理。丈夫之國，王孟是始。感靈所通，桑石無子。衡案：「桑石」謂大禹、伊尹。「無子」當作「有子」。

郝氏曰：案：《淮南・地形訓》有「丈夫民」，高誘注云：其狀皆如丈夫，衣黃，衣冠帶劍。高云「狀如丈夫」，非也。《竹書》云：殷太戊三十六年，西戎來賓，王使王孟聘西戎。即斯事也。西戎豈即西王母與？其無妻生子之說，本《括地圖》。《太平御覽》七百九十卷引其文，與郭注略同，但此言「從形中出」，彼言「從背間出」。又，《玄中記》云「從脅間出」，文有不同。

衡案：本文「衣冠帶劍」四字，已寫盡丈夫國形狀，何容復贅一辭？乃取《括地圖》之妄說，以注此謬矣。夫無妻而有二子，焉知非取他人之子以為己子，如《詩》所云「螟蛉」者乎？而必以二子為王孟所親生。一不可也。古未聞有男子誕育之事，而云「從形中出，其父即死」，則是生首子時王孟已死，焉得復生第二子？二不可也。況其父即死，何人為之鞠育？則二子由嬰孩以至成人，是誰長養之，而誰保抱之？三不可也。且也《山海經》作於夷堅，夷堅是夏末人，見《列子・湯問》。其所述諸國，蓋是傳聞禹、益所歷之國，按其圖記如此。今以殷中葉時之王孟生子，是為丈夫民，取以證夏禹時之丈夫國，相隔數百餘年，古今倒置。四不可也。郭又於《大荒西經》「有丈夫之國」下注云：其國無婦人也。是不獨王孟一人生子從形中出，凡一國至男子皆誕育生子從形中出矣，且世世相沿，生子從形中出矣。有是理乎？夫女子國或有窺井成胎之說，若男子則何從受胎而產子？此皆郭氏添設，節外生枝，遂成奇怪。後人因目《山海經》為偽書，而不知《山海經》本不如是也。此不可不辨。高誘《地形訓注》「其狀皆如丈夫」，是正體貼「衣冠帶劍」四字，但其間誤衍「衣黃」二字耳。郝氏反以高注為非，何與？至《括地圖》之「從背間出」，《玄中記》之「從脅間出」，與此注之「從形中出」，文雖不同，其怪一也。吾願天下讀《山海經》者，祗讀正文，刪去郭注可也。

巫咸國

《海外西經》：巫咸國，右手操青蛇，左手操赤蛇，在登葆山，羣巫所從

上下也。郭注：採藥往來。

吳氏曰：案：《國名記〔註6〕》：巫咸國，故巫縣，今夔之巫山。又陝之夏縣有巫咸山，計其道里，非此也。董逌《廣川書跋》曰：巫咸河在女丑北，其神威靈震耀，得在祀典，世圖其象，右手操青蛇，左手操赤蛇，在保登山，羣巫所以上下，故安邑有巫咸祠祀之。畢氏曰：巫咸山在今山西夏縣。《淮南子・地形訓》云：巫咸在其北方，立登保之山。《地理志》云：安邑，巫咸山在東。《水經注》云：鹽水西北流逕巫咸山北。

郝氏曰：案：《地理志》云：河東郡安邑，巫咸山在南。非此也。此國亦當在海外，觀「登備山」在《南荒經》可見。《水經・涑水》注以「巫咸山」即「巫咸國」，引此經云云，非矣。《太平御覽》七百九十卷引《外國圖》曰：昔殷帝太戊使巫咸禱於山河，巫咸居於此，是為咸氏，去南海萬千里。即此國也。

衡案：《山海經》東南西北海外海內大荒等字，不可過泥，即如此經「巫咸國在女丑北」，蓋謂其圖畫在女丑北，非謂其立國在女丑北也。他國類是。郝謂「此國亦當在海外」，誤矣。巫咸為黃帝時醫官，或曰巫咸以鴻術為帝堯之醫，則是立國當在黃帝、帝堯之世，不得至殷太戊時始有巫咸也。蓋太戊之巫咸，乃是後裔襲其名氏者。至其封國之處河東安邑，固非。畢氏謂「在今山西夏縣」，亦誤。當以吳氏所引《路史・國名記》為得。案：《漢書・地志》：南郡有巫縣，巫山在縣西南。今湖北宜昌府巴東縣在四川夔州府巫山縣東，是必因巫咸立國於此，故其縣即以巫名，而其山亦名巫，峽亦名巫也。其地多出藥材，至今川楚猶然。若其所屬羣巫採藥往來，則不止一山，故《山海經》黑水之南有巫山。《左・襄十八年》：齊侯登巫山以望晉師。注：在盧縣東北。《地理志》：安邑有巫咸山。《郡國志》：巫西有白帝城。郭璞曰：有巫山。《水經・涑水》注：有巫咸山。蓋十巫所到之山，俱可以「巫」目之，而其封國則在今巴東縣也。「羣巫」有說，別見。

女子國

《海外西經》：女子國，兩女子居，水周之。一曰居一門中。郭注：有黃池，婦人入浴，出即懷姙矣。若生男子，三歲輒死。周，猶繞也。又《大荒西經》：有女子之國。郭注：王頎至沃沮國，盡東界，問其耆老，云國人嘗乘船

捕魚遭風，見吹數十日，東一國在大海中，純女無男。即此國也。

吳氏曰：案：《金樓子》云：女國有潢池，浴之而孕。《抱朴子》云：黃池無男。《隋書》云：女國在葱嶺南。《職方外紀》曰：直北方之西有女國，曰亞瑪作搦。疑即此也。《梁四公記》：傑公曰，今女國有六，北海之東，方外之國有女國，天女下降為其君；西南域板楯之西有女國，女為人君，以貴男為夫，置男為妾媵；昆明東南絕徼之外有女國，以猿為夫，生男類父而入山谷，晝伏夜遊，生女則巢居穴處；南海東南有女國，舉國惟以鬼為夫，夫致飲食禽獸以養之；勃律山之西有女國，山出台虺之水，女子浴之而有孕，其女舉國無夫；西海西北有女國，以虵為夫，男則為虵，不噬人而穴處，女則臣妾官長而居宮室。《唐書·西域傳》云：東女國，一曰蘇伐剌拏瞿咀羅國，皆〔註7〕別種也，西海有女國，故稱東以〔註8〕別之。又《通考》曰：扶桑東千里有女國，其人容貌端正，身體有毛，至二三月競入水則姙娠，六七月產子。《埤雅廣要》曰：女人國與奚部小如者部抵界，其國無男，每視井即生。

郝氏曰：案：《淮南·地形訓》有「女子民」，高誘注云：其貌無有鬚，皆如女子也。此說非矣。經言丈夫、女子國，竝真有其人，非但貌似之也。《太平御覽》三百六十卷引《外國圖》曰：方丘之上暑溼，生男子三歲而死，有潢水，婦人入浴，出則乳矣，是去九嶷二萬四千里。案，潢水即此注所謂「黃池」矣。《後漢書·東夷傳》云：或傳其國有神井，闚之輒生子。亦此類也。

衡案：郭氏既以「婦人入浴黃池」注「女子國」，又引《魏志·東夷傳》以注《大荒西經》，不知黃池之說，與沃沮耆老所言，皆無据之辭。吳氏引《金樓子》《抱朴子》以為「黃池」之證，謬矣。又引《梁四公記》，謂女國有六，則惑之甚者也。夫欲同人道於牛馬，已不可況，況與猿交，與蛇交乎？猿蛇猶是物類，謂與鬼交，則更奇矣。其曰「蛇不噬人而穴處，女則居宮室」，將蛇入宮室，而與女交乎？抑女入蛇穴，而與蛇交乎？抑一女子一蛇？或諸女子共一蛇乎？是真亂道矣。若鬼之為狀，無形無聲，何能與人交？且受胎必由精氣，鬼無精氣，何能生子？又何以能致飲食禽獸以養此女子？然且一國之女子眾矣，則與之配合者，何能若是之多鬼乎？噫，可怪也。郝氏引《外國圖》以證郭注「若生男子，三歲輒死」之說，是又不然。夫謂不生男子則可，若既生男子，則或夭或壽，聽命於天，何有畫一不得過三歲之理？又引《東夷傳》「或

〔註7〕「皆」字當作「羌」。
〔註8〕「以」字吳書本無。

傳其國有神井，闚之輒生子」，其曰「或傳」者，疑之也，未可据以為信也。吾聞婦人於受胎後，著婿衣冠繞井三匝照影，則生男子，蓋有之矣。未聞不受胎而有此事也。總之與入浴懷妊，俱屬影響。夫古之天地，今之天地也。今之世界，古之世界也。今一統中外，旁及戎夷屬國，未聞有純女無男之國，何吳氏徵引女子國有如是之多？余案此經本文並無奇異，所謂「女子國」，蓋女主也。《唐書》：東女國以女為王，王若死，更於王族求令女二人，而立之，大者為王，次者為小王。若大王死，則小王嗣立。《北史》：女國在葱嶺南，其國世以女為王，姓蘇毗，字末羯，女王夫號曰金聚，其俗重婦人，輕丈夫。是也。丈夫國未嘗無女；女子國未嘗無男。《山海經》既未明言，郭氏何由知之？《南史》：沙門惠深謂，女國在扶桑東千里，其人容貌端正，丈夫食鹹草如禽獸。此語頗近理。若《梁四公記》所說，殊屬荒誕。高誘《淮南注》謂「其貌無有須，皆如女子」，郝氏闢之，誠是，然不得與丈夫國之注竝譏。案：高注「丈夫國」其狀皆如丈夫，正是形容「衣冠帶劍」四字。郝氏亦以為誤，過矣。又郭氏《圖贊》曰：簡狄有吞，姜嫄有履。女子之國，浴於黃水。乃娠乃字，生男則死。夫姜嫄為高辛氏正妃，簡狄乃其次妃，其吞燕卵、履大人迹，不過偶有感觸耳；未嘗無夫也。而乃取以況純女無男之國乎？其曰「居一門中」者，蓋謂圖畫此二女之像同居門內也。郝謂所居同一聚落，失之。案：經文止云「女子國」「有女子之國」，並不云懷妊事。

軒轅國

《海外西經》：軒轅之國，其不壽者八百歲。人面蛇身，尾交首上。又《大荒西經》：軒轅之國，不壽者乃八百歲。郭注：其人人面蛇身。壽者數千歲。

衡案：黃帝都於涿鹿。此云「軒轅國」者，是必其子孫受封之地，或以為即黃帝所生，非也。《水經·渭水》注云：黃帝生於天水，在上邽城東。上邽，《漢·地理志》屬隴西郡。疑是其支派子孫世居於此，即以為國。「其不壽者八百歲」，「八」字衍，或是「人」字之誤，古文「人」作「儿」，與「八」字形近而訛。「不壽者人百歲」，則壽者百數十歲可知。郭以為壽者數千歲，近於妄矣。所云「人面蛇身」，亦如女媧氏形貌，蓋狀其長身瘦削，非真如蛇也。其「尾交首上」四字，乃下文「軒轅之丘，四蛇相繞」下脫文，誤衍於此。案：郭注云「繚繞繆纏」，故有此象，非謂軒轅國之人如是也。若果人面蛇身而尾又交於首上，則是人面蛇矣。且又至八百歲之久，安得成為軒轅國乎？

白民國

《海外西經》：白民之國，白身被髮。有乘黃，其狀如狐，其背上有角，乘之壽二千歲。郭注：言其人體洞白。《周書》曰：白民乘黃，似狐，背上有兩角。即飛黃也。

吳氏曰：案：《呂氏春秋》注：白民之國在海外極南。《淮南子》自西北至西南方有「白民」，注云：白民白身。《天寶軍錄》云：日南廠山連接，不知幾千里，裸人所居，白民之後也，刺其胸前作花，以為美飾。又《大荒東經》亦有「白民國」，計其道里，疑為二國。《博物志》：白民國，有乘黃，乘之壽三千歲。高誘《淮南注》云：飛黃出西方，狀如乘黃，背上有角，乘之壽三千歲。

畢氏曰：《淮南子‧地形訓》有「白民」，高誘注云：白民白身，民被髮亦白。「壽二千歲」，言此馬年久長。或云乘之以致壽考，非也。

郝氏曰：案：《周書‧王會篇》云：乘黃似騏。郭引作「似狐」。《初學記》引與郭同。《博物志》亦作「狐」。兩角，《初學記》引作「肉角」。皆所見本異也。

衡案：《王會解》「白民」孔晁注：東南夷。非也。東九夷是白夷，見《東夷傳》，非白民。白民在西，故《山海經》「白氏之國」列之《大荒西經》，而「白民之國」亦列之《海外西經》也。「白氏」即「白民」。《淮南‧覽冥訓》注：飛黃出西方。則白民在西，信矣。若《大荒東經》所云「有白民之國，帝俊生帝鴻，帝鴻生白民」，「白民」是人名，或即《後漢‧東夷傳》「白夷」之遠祖，以其封國於東，故《大荒東經》亦有「白民之國」，郭於《大荒東經》注云：又有乘黃獸，乘之以致壽考也。則合二國為一國矣。畢氏闕「乘之以致壽考」，其說誠是。至謂「言此馬年久長」，亦非也。蓋周末人續錄之妄語，大約据讖緯而為言耳，故《博物志》亦有「壽三千歲」之文，而《逸周書‧王會》無此語。余有說，見《王會解》及《博物志疏證》。

肅慎國

《海外西經》：肅慎之國，在白民北。又《大荒北經》：有山名曰不咸，有肅慎氏之國。郭注：今肅慎國去遼東三千餘里，穴居，無衣，衣豬皮，冬以膏塗體，厚數分，用卻風寒。其人皆工射，弓長四尺，勁彊。箭以楛木〔註9〕為之，長尺五寸，青石為鏑，此春秋時隼集陳侯之庭所得矢也。晉大興三年，平

〔註9〕「木」字郭書本無。

州刺史崔毖遣別駕高會使來献肅慎氏之弓矢，箭鏃有似銅骨作者。問，云轉與海內國通，得用此。今名之為挹婁國，出好貂、赤玉。豈從海外轉而至此乎？《後漢書》所謂「挹婁」者是也。

郝氏曰：案：郭說「肅慎」，本《魏志‧東夷傳》。今之《後漢書》，非郭所見。而此注引《後漢書》者，《吳志‧妃嬪傳》云：謝承撰《後漢書》百餘卷。其書說「挹婁」，即古肅慎氏之國也。隼集陳侯之庭，《魯語》有其事。《竹書》云：帝舜二十五年，息慎氏來朝，貢弓矢。即肅慎也。《左傳》云：肅慎、燕、亳，吾北土也。《周書‧王會篇》亦云：正北方稷慎。「稷」「息」「肅」竝聲轉字通也。《魏志‧東夷傳》云：挹婁在夫餘東北千餘里，濱大海。《史記正義》引《括地志》云：靺鞨國，古肅慎也，在京東北萬里。

衡案：《淮南‧地形訓》海外三十六國有「肅慎民」，高誘注：肅，敬也；慎，畏也。《竹書紀年》《大戴禮‧五帝德》《史記‧五帝紀》並作「息慎」，《王會解》作「稷慎」，「稷」「息」「肅」古通用。後《魏書》：勿吉國在高句驪北，舊肅慎國也，去洛五千里。《北史》：勿吉國一曰靺鞨，即古肅慎氏。案：《一統志》：盛京奉天府承德縣，秦以前肅慎氏地。又：開厚縣、鐵嶺縣、寧古塔、黑龍江等處，俱肅慎氏地。不咸山，今之長白山也。其國由山海關有陸路至中國，不必轉從海外。

長股國

《海外西經》：長股之國，被髮。一曰長腳。郭注：國在赤水東也。長臂人身如中人，而臂長二丈，以類推之，則此人腳過三丈矣。黃帝時至。或曰，長腳人常負長臂人入海中捕魚也。或曰有喬國。今伎家喬人蓋象此身。又《大荒西經》：有長脛之國。郭注：腳長三丈。

吳氏曰：案：《竹書紀年》：黃帝五十九年，長股氏來賓。《穆天子傳》：天子乃封長肱於黑水之西河，是曰留骨之邦。即長股也。喬人雙木續足之戲，今曰躍蹻。

郝氏曰：《淮南‧地形訓》有「修股民」。又，《玉篇》《廣韻》竝有「胑」，巨支切，云：長胑，國名，髮長於身。與此經「被髮」義合。疑「長股」本或作「長胑」也。「長臂國」已見《海外南經》。郭云「臂長二丈」，「二」當為「三」，字之誤也。郭注《穆天子傳》云：長腳人國又在赤海東。謂是也。今喬人之戲，以木續足，謂之蹺喬。

　　衡案：「腳長三丈」而人如中人，何以能起立坐臥。《山海經》既未明言尺寸；郭因「長臂國」以意推之，妄矣。即《海外南經》之「長臂國」，經亦未言其長若何，則「三丈」「二丈」，總屬妄測。吳氏以《穆天子傳》之「長肱」即「長股」。夫肱，臂也，與脛本曰股，兩不相涉。且「長肱」是人名；以之注「長臂」尚不可，況長股乎？郝氏以《玉篇》《廣韻》有「骹」字，又因此國之人被髮，遂疑「長股」本或作「長骹」，不知白民國人亦被髮，亦可謂之長骹國乎？且《玉篇》《廣韻》「骹」字下未引此經為說，則郝說未可信也。蓋「脛」本曰「股」，此即《大荒西經》之「長脛國」，脛則膝以下骨是也。故《海外南經》之「交脛國」，《淮南子》謂之「交股民」，顯是其證。若是「長骹」，則下文何能「一曰長腳」乎？郭又謂長腳人常負長臂人入海中捕魚，則更荒謬。夫海水深者千百丈，淺者亦數百數十丈，不等此人，即腳高三丈，近岸之海尚可循涉，何能深入海中。案：《海外南經》：長臂國捕魚水中。不云「海中」。郭以為「入海中」，奇矣。

無腎國

　　《海外北經》：無腎之國，為人無腎。郭注：音啟，或作綮。腎，肥腸也。其人穴居，食土，無男女。死即薶之，其心不朽，死百廿歲乃復更生。

　　畢氏曰：《說文》無「腎」字，當為「綮」，或作「啟」「繼」，皆是。《廣雅》作「無啟」。《淮南子》作「無繼民」。

　　郝氏曰：《淮南‧地形訓》作「無繼」，高誘注云：其人蓋無嗣也，北方之國也。與郭義異。《大荒北經》作「無繼子」，郭云即此。《廣雅》云：腓、腎，腨也。《說文》云：腨，腓腸也。《廣韻》引《字林》云：腎，腨腸。是郭注「肥腸」當為「腓腸」，因聲同而譌也。《玉篇》亦作「肥腸」，又承郭注而譌。《博物志》說「無腎民」與郭同，唯「百廿歲」作「百年」，又云：細民，其肝不朽，百年而化為人，皆穴居處，二國同類也。

　　衡案：《說文》：腓，脛腨也。《廣韻》：腳腨腸也。《莊子‧天下篇》：禹腓無胈。《廣韻》：胈，股上小毛也。然則，腎者，脛後肉，俗所云腿肚是也。字又通作「綮」。「肯綮」見《莊子‧養生主》，注：著骨肉也；肯，著也。《集韻》：肯綮，肋肉結處也。若《大荒北經》「無繼子」一曰「繼無民」，「繼」不必與「腎」通，疑另為一國。至郭注「其心不朽」之說，本之《括地圖》及《博物志》。案《太平御覽》三百七十六引《括地圖》：無咸民，民食土，死即埋之，

其心不朽，百年復生，去玉關四萬六千里。又引《括地圖》：細民，肝不朽，八年復生，穴處，衣皮。又七百九十七引《外國圖》：無繼民，穴居，食土，無夫婦，死則埋之，心不朽，百年復生，去玉門四萬六千里；錄民，穴居，食土，無夫婦，死則埋之，其肺不朽，百十年復生，去玉門萬一千里；納民，陛居，食土，無夫婦，死則埋之，其肝不朽，八年復生，去玉門五萬里。「納民」，《博物志》作「細民」，「陛居」是「陸居」之誤。然此皆無足辨。《酉陽雜俎·境異篇》亦云：無啟民，食土，其人死，其心不朽，埋之百年化為人；綠民，膝不朽，埋之百二十年化為人；細民，肝不朽，埋之八年化為人。則轉相傳述之謬也。至吳任臣《廣注》引《三才圖會》云：三蠻國民食土，死者埋之，心肺肝皆不朽，百年復化為人。「與無脅國相類。」則更異矣。衡案：人死復生，已不可据，況埋之百年乎？此種怪說，姑不具論。獨是《山海經》止言「無脅國其人無脅」，此外並不加一語。郭氏乃以無稽之談，妄為注釋，無怪乎讀《山海經》者目以為偽也。

一目國

《海外北經》：一目國，一目中其面而居，一曰有手足。又《大荒北經》：有人一目，當面中生，一曰是威姓，少昊之子。郭氏《圖贊》曰：「蒼四不多，此一不少。子野冥瞽，洞見無表。形遊逆旅，所貴維眇。」蓋真以為一目矣。

吳氏曰：「案《淮南子》海外三十六國有一目民。《抱朴子》所謂獨目也。今亞細亞之西北，歐羅巴之東，有一目國，見《兩儀玄覽圖》。」

衡案：人之一身，應乎天地。自人中以上，兩耳兩目兩鼻孔，象坤為偶；自人中以下，口及前後陰，象乾為奇。成天地交泰之象，而人以立。斷無一目中其面而居者。即倉頡四目，亦不過極言其明察，如舜目重瞳之類耳。觀於《舜典》「明四目」之說，則可以知倉頡四目之說矣。郭謂「蒼四不多，此一不少」，何其誣也。況《海外西經》「一臂國」是一目後，「深目國」是一目，此「一目國」又當面中生，何數千年來未聞有此國，而在禹益時乃一目之多如是乎？且《大荒北經》謂是少昊之子，則更不得有此異形，蓋其旁立圖像如此，故題曰一目國。吳氏不知，乃引《兩儀玄覽》以證之。夫作《兩儀玄覽》之人，果曾親見此一目國乎？抑亦傳聞之妄也。

柔利國

《海外北經》：柔利國為人一手一足，反膝，曲足居上。一云留利之國，

人足反折。郭注：一腳一手反卷曲也。《圖贊》曰：柔利之人，曲腳反肘。子
〔註10〕求之容，方此無醜。所貴者神，形於何有。

畢氏曰：《淮南子‧地形訓》有「柔利民」。

郝氏曰：《大荒北經》有「牛黎之國」，蓋此是也。「牛黎」「柔利」聲相近。
其人無骨，故稱柔利與？「留」「柔」聲亦相近。《博物志》作：子利國人一手
二足卷反曲。「二」當為「一」，「子」當為「柔」，竝字之譌也。

衡案：《大荒北經》有牛黎之國，有人無骨，儋耳之子。郭注：儋耳人生
無骨子也。推尋郭義，似與柔利之「反膝曲足」異，郝氏以「無骨」解「柔利」，
甚合。郭《圖贊》謂「所貴者神，形於何有」，則又求之虛無縹緲矣。案，所
謂「一手一足，反卻，曲足居上」者，如今畫人物半面翹足而坐之狀，蓋其圖
像如此，而按圖紀事者，依其形貌也。至所謂「無骨」，亦是狀其柔利，非真
無骨也。《尸子》謂徐偃王有筋而無骨，亦不足据。若真一手一足卷曲居上，
而又無骨，非惟不能行立坐臥，抑更無是理也。

深目國

《海外北經》：深目國為人舉一手一目，在共工臺東。

郝氏曰：案：深目國盼姓，食魚，見《大荒北經》。《淮南‧地形訓》有「深
目民」。

衡案：《逸周書‧王會解》：自深桂。孔晁注：自深，亦南蠻也。謝氏墉曰：
自深當即鼻深。案，其說非。「自」當作「目」，即此深目國也。深目、目深互
文耳。《路史‧國名紀》，高陽氏後有目深國。据孔晁注，是南蠻。今《山海經》
列於《海外北經》，疑是兩地。衡案：今西南夷洋人及西北方回人，俱是深目。
則深目應有西北二國，亦如南儋耳、北儋耳之類耳。

又經文「一目」，「目」字下郭注：一作「曰」。畢氏曰：据此則「一曰」
當為劉秀校字。郝氏曰：案：「一目」作「一曰」連下讀是也。

衡案：所謂「舉一手」者，手有所指也。「舉一目」者，揚其一目而視之
也。玩一舉字，圖畫之狀如見，可以無疑於「一手一目」之說矣。

山海經彙說卷三終

〔註10〕「子」字本作「于」。案：子求，古之醜人，見《淮南‧精神篇》。

山海經彙說卷四

江都陳逢衡著

無腸國

《海外北經》：無腸之國，其為人長而無腸。郭注：為人長大，腹內無腸，所食之物直通過。又《圖贊》曰：無腸之人，厥體維洞。心實靈府，餘則外用。得一自全，理無不共。

郝氏曰：無腸國任姓，見《大荒北經》。《淮南・地形訓》有「無腸民」。《神異經》云：有人知往，有腹無五藏，直而不旋，食物徑過。疑即斯人也。

衡案：人稟天地之氣以生，五臟六腑，缺一不可。蓋惟有大小腸，而後飲食，得以傳化輸寫，上升精液，下去渣滓，方具生理。雖下至鳥雀之微，魚鼈之細，亦無不如此，焉有人而可以無腸者？郭注「直通過」之說，已屬謬誤。郝氏又從而證之，過矣。夫《神異經》詎足信者，而乃引之以注書乎？然則「無腸」之說奈何？案：「腸」與「腹」字通。《中山經》謹舉之山「馬腸」郭以蔓渠山之「馬腹」形狀為注，是「腸」即「腹」矣。況內而腸，外而腹，本屬相連，則但舉腸而腹已見於言外。蓋圖畫者畫此國之人，身體甚長而肚腹則甚纖削，若似乎無腸者然，故題曰「無腸國」。注書不可過泥，泥則處處難通矣。吳任臣引《埤雅廣要》作「無腹國」，是為得之。

聶耳國

《海外北經》：聶耳之國，為人兩手聶其耳。郭注：言耳長，行則以手攝持之也。

郝氏曰：案：《淮南・地形訓》無「聶耳國」，而云「夸父耽耳在其北方」，

是「耽耳」即此經「聶耳」，「夸父」在下文。《說文》云：耽，耳大垂也。

衡案：郭氏此注已覺牽強，至吳任臣引牛衷《埤雅廣要》，謂聶耳「耳長及頰」，可與「耽耳」之說相應。又引朱謀瑋《異林》聶耳國「耳垂至腰」，則無據之言，信口而道矣。案：聶耳國即《逸周書·王會解》之「聑耳」。「聑」「聶」音相近。

又即《大荒北經》之「儋耳」。郭注：其人耳大，下儋垂在肩上。

郝氏曰：《淮南子》作「耽耳」，《博物志》作「檐耳」，皆「儋耳」之異文也。「儋」，依字當為「瞻」，見《說文》。此是北瞻耳也。《呂氏春秋·任數篇》曰：北懷儋耳。高誘注云：北極之國。正謂是也。其南瞻耳，經謂之「離耳國〔註1〕」，見《海內南經》。

衡案：唐李冗《獨異志》引《山海經》云：大耳國，其人寢，常以一耳為席，一耳為衾。冤哉！《山海經》何嘗有此不經之語哉？案：耳之大者，《藝文》十七引《列仙傳》，務光，夏時人，耳長七寸，《抱朴子》，老子耳長七寸，亦引見《御覽》三百六十六。又定光佛初為和尚，號法真，耳長九寸，上過於頂，下可結頤，吳越王賓禮之，居定光院，見朱國禎《湧幢小品》。

跂踵國

《海外北經》：跂踵國，其為人大，兩足亦大。一曰大踵。郭注：其人行，腳跟不著地也。

郝氏曰：案：《竹書》云：夏帝癸六年，跂踵戎來賓。《呂氏春秋·當染篇》云：夏桀染於跂踵戎。即此也。高誘注《淮南·地形訓》云：跂踵民踵不至地，以五指行也。又《文選·曲水詩序》注引高誘注作「反踵」，云：反踵，國名，其人南行跡北向也。案，跂踵之為反踵，亦猶岐舌之為反舌矣。《玉篇》說跂踵國，與郭注同。「大踵」疑當為「支踵」或「反踵」，竝字形之譌。

衡案：本文止云「兩足亦大」，並未及如何行步之狀。郭本高誘《淮南注》謂「腳跟不著地」，近於添設。郝氏引《文選注》、高誘之說，謂「其人南行跡北向」，因謂之「反踵」。此語殊費解，豈此國人足指在後，足跟在前與？吾不得而知矣。郝於《海外南經》誤解「歧舌」為「反舌」，從「舌本在前」之說，故並此亦誤。又謂「大踵」之「大」疑當為「支」字「反」字，亦非。蓋「大踵」即承上「兩足亦大」而說。案：所謂「跂踵」者，《玉篇》：踵，足後。《曲

〔註1〕「國」字郝書本無。

禮》：車輪曳踵。疏：踵，腳後也。《集韻》「跂」與「蚑」同「蟲行也」。《前漢·禮樂志》：跂行畢逮。《淮南·原道訓》：跂行喙息。又《漢書·東方朔傳》：跂跂脈脈善緣壁。皆是言此國人足大，足跟累重，行不離地，有似蟲行，故曰跂踵，正與郭注相反。

大人國

《海外東經》：大人國，為人大，坐而削船。郭氏此處無注，而於《大荒東經》「有大人之國」下注云：晉永嘉二年，有鶖鳥集于始安縣南廿里之鶖陂中，民周虎張得之。木矢貫之，鐵鏃，其長六尺有半，以箭計之，其射者人身應長一丈五六尺也。又平州別駕高會語云：倭國人嘗行，遭風吹度大海外，見一國人皆長丈餘，形狀似胡，蓋是長翟別種。箭殆將從此國來也。《外傳》曰：焦僥人長三尺，短之至也；長者不過十丈，數之極也。案《河圖玉版》曰：從昆侖以北九萬里，得龍伯國，人長三十丈，生萬八千歲而死；從昆侖以東得大秦，人長十丈，皆衣帛；從此以東十萬里得佻人國，長三十丈五尺；從此以東十萬里得中秦國，人長一丈。《穀梁傳》曰：長翟身橫九畝，載其頭，眉見於軾。即長數丈人也。秦時大人見臨洮，身長五丈，腳跡六尺。準斯以言，則此大人之長短，未可得限度也。

吳氏曰：《職方外紀》曰：智加國人長一丈許，遍體皆毛。《洞冥記》云：支提國人長三丈二尺。《嶺海異聞》云：河池州近山地有人，長二丈，面橫三尺，背有雙肉翅。《駢雅》曰：西南荒有人長丈，名曰先通。天竺、車鄰之國，男女皆長丈八尺。《雲笈七籤》云：東方銘呵羅提之國，人長二丈；南方銘伊沙陁之國，人長二丈四尺。《依立世經》云：鬱單越人長三十二肘。《通考》云：長人國在新羅之東，其人長三丈，鋸牙、駒爪，黑毛覆身。《混元真錄》：引長〔註2〕國人長四十尺。劉杳云：毗騫國王其長數丈。《博物志》曰：東北極人長九尺。衡案：所引《博物志》訛誤之至。《華陽國志》：始皇時〔註3〕有長人二十五丈，見宕渠。《東方類語》云：東方有人長七丈，名黃父，又名尺郭。《事物紺珠》云：金犀長五丈，在西方曰官外金山。《拾遺記》曰：宛渠之民，其國人長十丈。又楚《大招》曰：長人千仞，維魂是索些。《涼州異物志》：有大人在丁零北，偃臥于野，其高如山，頓腳成谷，橫身塞川，長萬餘里。《神異經》

〔註2〕「引長」吳書本作「長引」。
〔註3〕「時」字本脫。

云：西北海有人焉，長二千里，名曰無路，腹圍二千六百里，日飲天酒五斗；東南隅大荒中有林父焉，其高千里，腹圍百輔，一曰朴父。皆大人類也。語亦誕矣。

郝氏曰：《楚詞‧招魂》云：長人千仞。王逸注云：東方有長人之國，其高千仞。蓋本此經為說。郭引《外傳》者，《魯語》文，「十丈」當為「十之」之譌。《博物志》引《河圖玉版》與郭同，唯「佻人國」作「臨洮人」，「長三十丈」作「長三丈」，疑此注「佻」字譌「十」字衍也。《初學記》十九卷引《河圖龍魚》亦作「長三丈」，無「十」字，其「佻人國」作「佻國人」也。

衡案：《海外東經》止以「為人大」三字形狀大人國之人，其於《大荒東經》「有大人之國」並不加一語，何等簡淨。夫所謂「大」者，不過極言其軀幹之豐富修偉耳。郭乃引出許多長人以證之，豈非多事？吾見史冊所載，長人有九尺，有一丈者，有若丈二尺者矣。即《外傳》載「防風氏其骨專車」，未言其大若何。而人長不過三丈，亦孔子約言其理如此，未必防風氏果長三丈也。至長狄僑如，三傳所載各異，要皆傳聞之語，非得之親見，亦不可據以為實。秦時大人見於臨洮，是必始皇詐為誇大之詞以為祥瑞，而其實有不盡然者。吳氏歷引長人諸說以為誕，蓋第以《涼州異物志》《神異經》為誕，而不知《混元真錄》《華陽國志》《東方類語》之盡出於誕也，而不特此也。即《河圖玉版》《魚龍河圖》之出於緯者，亦何莫非誕也。如是以言搏，不如無搏。郝氏以王逸注《招魂》「東方長人之國，其高千仞」，蓋本此經為說。夫《大荒東經》云「有大人之國」，未嘗言其高千仞也。即求之《海外東經》，亦止云「為人大」而已，未嘗言其高千仞也。而乃云本此經以為說，豈不冤哉？至吳氏、郝氏於《海外東經》引《博物志》：大人國，其人孕三十六年而生，其兒長大，能乘雲而不能走。蓋又不足辨矣。

毛民國

《海外東經》：毛民之國，為人身生毛。郭注：今去臨海郡東南二千里有毛人，在大海洲島上，為人短小，面體盡有毛，如豬、能，穴居，無衣服。晉永嘉四年，吳郡司鹽都尉戴逢在海邊得一船，上有男女四人，狀皆如此，言語不通，送詣丞相府，未至，道死，惟有一人在。上賜之婦，生子，出入市井，漸曉人語。自說其所在是毛民也。《大荒經》云「毛民食黍」者是矣。

吳氏曰：《職方外紀》：南亞墨利加之南為智加人，遍體生毛。《洞冥記》

云：泥離國人長四尺，自乳以下有靈毛自蔽。又，烏蔗國，其人身生長毛，皆毛民類也。《神異經》：八荒之中，有毛人曰髯麗。《異苑》云：吳孫皓時，臨海得毛人。《淮南子》「東北方有毛民」，注云：體半生毛若矢鏃。羅泌《國名記》作髦民。

郝氏曰：案：《太平御覽》三百七十三卷引《臨海異物志》曰：毛人洲王張奐，毛長短如熊；周綽得毛人，送詣秣陵。即此國人也。

衡案：經文但云「身生毛」而已，未必如豬如熊，如郭氏郝氏所云也。據《大荒北經》「脩絡殺綽人，帝念之，潛為之國，是此毛民」，下至晉永嘉時已二千餘年，則海邊所得之毛人，未必即此毛民國之人。《大荒北經》別有說。

離耳國

《海內南經》：離耳國，在鬱水南。郭注：鎪離其耳，分令下垂，以為飾，即儋耳也。在朱崖海渚中。

郝氏曰：《伊尹四方令》云：正西離耳。郭云「即儋耳」者，此南儋耳也。又有北儋耳，見《大荒北經》。「儋」當為「瞻」。《說文》云：瞻，垂耳也，從耳，詹聲，南方瞻耳之國。劉逵注《吳都賦》引《異物志》云：儋耳人鎪其耳匡。《漢書》張晏注云：儋耳鎪其頰，皮上連耳，分為數支，狀似雞腸，累耳下垂。《水經注》引《林邑記》曰：漢置九郡，儋耳與焉，民好徒跣，耳廣垂以為飾。又云：儋耳即離耳也。《後漢書·西南夷傳》云：哀牢人皆穿鼻、儋耳，其渠帥自謂王者，耳皆下肩三寸，庶人則至肩而已。

衡案：離耳國列於《海內南經》，是南儋耳與？《大荒北經》儋耳之國為北儋耳，是兩國。北儋耳一曰聶耳，見《海外北經》，又即《伊尹四方令》之「闒耳」，見《逸周書·王會解》。郝氏引作「離耳」，謂即南儋耳誤。案：《四方令》有「闒耳」；有「離丘」；無所為「離耳」也。《文選·王元長曲水詩序》「離身反踵」注引《周書》曰：離身染齒之國。蓋以「離丘」為「離身」，非謂「闒耳」為「離耳」也。又案：離者，麗也。離耳蓋如今人耳環飾耳，有三套五套者，故下垂至肩。如《漢書》張晏注：鎪其頰皮連耳，狀似雞腸下垂。恐不足據。

梟陽國

《海內南經》：梟陽國，其為人人面、長脣、黑身、有毛、反踵，見人笑亦笑，左手操管。郭注：《周書》曰：州靡髯髯者，人身，反踵，自笑，笑則

上唇掩其面。《爾雅》云「髴髴」。《大傳》曰:「《周書》成王時州靡國獻之。」《海內經》謂之「贛巨人」。今交州南康郡深山中皆有此物也,長丈許,腳跟反向,健走,被髮,好笑。雌者能作汁,灑中人即病。土俗呼為山都。南康今有贛水,以有此人,因以名水,猶《大荒》說地有蜮人,人因號其山為蜮山,亦此類也。

郝氏曰:案:揚雄《羽獵賦》、《淮南・氾論訓》竝作「嘄陽」,左思《吳都賦》作「梟羊」,《說文》作「梟陽」。郭注《爾雅》引此經云「見人則笑」,劉逵注《吳都賦》引此經與《爾雅注》同。高誘注《淮南・氾論訓》亦云:嘄陽,山精,見人而笑。是古本並如此。且此物唯喜自笑,非「見人笑方亦笑」也。故《吳都賦》云:禺禺笑而被格。劉逵注引《異物志》云:梟羊善食人,大口,其初得人喜笑則脣上覆額,移時而後食之;人因為筒貫於臂上,待執人,人即抽手從筒中出,鑿其脣於額,而得擒之。是其笑惟自笑,不因人笑之證。其云「為筒貫臂」,正與此經「左手操管」合。今《周書・王會篇》作「州靡費費」,郭引作「髴髴」,《說文》引作「闖闖」,蓋所見本異也。又,所引《爾雅》當為「狒狒」。

衡案:《王會解》:州靡費費,其形人身反踵,自笑,笑則上脣翕其目,食人,北方謂之吐嘍。即是物也。蓋以地出梟陽,即以梟陽名其國,其實《大荒西經》之壽麻國也。壽麻即《王會》之州靡,州靡、壽麻,皆以聲相轉注。《呂氏春秋・任數篇》:南服壽靡。高誘注云:西極之國。是也。蓋此國地在西南,故壽麻列之《大荒西經》;而梟陽國則列之《海內南經》,其實一也。《太平御覽》九百八引《爾雅》《說文》《山海經》及《圖贊》並作「禺禺」,音翠。《說文》作「闖」,讀若費,符味切。其引《周書》《爾雅》竝作「闖闖」,郭注:南康之贛水,以有此人得名,猶之地有蜮人,因號其山為蜮山。衡謂:因贛水之旁有此物,故謂之贛巨人。巨人,則其形狀;贛,則其水名也;蜮山,亦謂其地有蜮,故人謂蜮人,山亦謂之蜮山。郭說非是。其所謂「見人笑亦笑」者,蓋此物喜食人,故得人則喜極而笑,人或以笑引之,故云「見人笑亦笑」。郝謂古本當是「見人則笑」,亦不必過泥。据《海內經》云:南方有贛巨人,人面、長臂、黑身、有毛、反踵,見人笑亦笑,脣蔽其面,因即逃也。郭注:即梟楊也。觀此經文,自是「見人笑亦笑」,無可疑矣。蓋是人欲逃走,故為笑以引誘之耳。至經文「其為人」,人猶物耳,以其狀如人,故謂之人。「左手操管」,蓋其圖畫執人而得筒之狀。又案:《王會解》云:北方謂之吐嘍。另是一

物，予有說，見《逸周書補注》。

犬封國

《海內北經》：有人曰大行伯，把戈。其東有犬封國。郭注：昔盤瓠殺戎王，高辛以美女妻之，不可以訓，乃浮之會稽東南海中，得三百里地封之，生男為狗，女為美人，是為犬封之國也。又於「犬封國曰犬戎國，狀如犬」下注云：黃帝之後卞明，生白犬二頭，自相牝牡，遂為此國。言狗國也。又《大荒北經》：有人，名曰犬戎。黃帝生苗龍，苗龍生融吾，融吾生弄郭注：一作卞。明，弄明生白犬，白犬有牝牡，是為犬戎。郭注：言自相配合也。

郝氏曰：案：《漢書·匈奴傳》注引此經作「弄明」，《〈史記·周本紀〉正義》引此經作「并明」，「并」與「卞」疑形聲之譌轉。《〈匈奴傳〉索隱》引此經亦作「并明」。又云：黃帝生苗，苗生龍，龍生融，融生吾，吾生并明，并明生白，白生犬，犬有二壯，是為犬戎。所引一人俱為兩人，所未詳聞。《〈史記·周本紀〉正義》《〈漢書·匈奴傳〉注》引此經竝作「白犬有二牝牡」，蓋謂所生二人相為牝牡也。

衡案：郝氏所引《索隱》「黃帝生苗，苗生龍」，一人俱作二人。此係《索隱》之誤，不可据。吳任臣《廣注》於《海內北經》下注曰：「《淮南子》：狗國在其東。《事物紺珠》云：狗國人身，狗首，長毛，不衣，語若嗥，其妻皆人，能漢語，穴居，食生。」此則仍附會郭注「狗國」而誤。又於《大荒北經》注曰：「白犬，黃帝之曾孫，其名若後世犬子、佛狸、虎狖，非狗犬也。又云牝牡，蓋若今之婆羅門半釋迦具陰陽二體者。應劭書遂以為高辛氏〔註4〕犬，名盤瓠，妻帝女，生六男六女，自相夫婦。趙氏《說文長箋》亦云：盤瓠之種，犬也。其說實衍於此。」此則立說正大，然以為實衍於此，亦非。案：此經「白犬有牝牡」，並不云是狗也。惟《海內北經》有「狀如犬」三字。然「如犬」之說不可泥。伏羲牛首，非真是牛；女媧蛇身，非真是蛇；體會如字則其義自見。吳氏所說，蓋本之羅泌，而取為己說。案：《路史·黃帝紀》：元妃西陵氏生龍苗，龍苗生吾融，吾融生卞明，卞明生白犬，是為蠻人之祖。下注云：見《大荒北經》。白犬乃其名爾；若前世之朱、虎、熊、羆髡、龍圉；後世之史雞、堵狗、烏麃、犬子、豹奴、虎狖之類；非實犬也。盤瓠之說，蓋因於此。

又《發揮二》論盤瓠之妄，曰：「有自辰沅來者，云盧溪縣之西百八十里，

有武山焉，其崇千仞，遙望山半，石洞罅啟，一石貌狗，人立乎其傍，是所謂槃瓠者，今縣之西南三十有槃瓠祠。予曰：是黃閔《武陵記》所志者，然實誕也。《伯益經》云：卞明生白犬。是為蠻人之祖。卞明，黃帝氏之曾孫也。白犬者，乃其子之名，蓋若後世之烏獲、犬子、豹奴、虎狨云者，非狗犬也。而應劭書遂以為高辛氏之犬名曰槃瓠，妻帝之女，乃生六男六女，自相夫婦，是為南蠻。其說原衍於此。是殆以白犬為厖爾。」

衡案：羅氏論白犬是人不是狗，其說辯矣。然以為是南蠻之祖，案《山海經》本無是說，則惑於郭氏以以「槃瓠」注「犬封國」之誤也。余謂郭氏全不理會東西南北，漫為此注，殊屬武斷。盤瓠之說，本於應氏《風俗通》。《後漢書‧南蠻傳》備載此事，然皆荒誕不經之至。案《後漢書》列之南蠻，故曰「今長沙武陵蠻是也」。其地當在今湖南，而郭注乃云浮之會稽東海中，其地在今浙江。而《山海經》犬封國則列之《海內北經》，遠不相及。蓋犬封即犬戎，北狄也。穆王時西征犬戎，是其後裔。其地在西北，故《海內北經》《大荒北經》兩紀其國，總不離乎北，則與所謂南蠻者異矣。然則白犬是犬戎之祖，盤瓠自是南蠻之祖，兩不相涉。今乃誤以盤瓠為狗，又誤以白犬為狗，遂合而一之，張冠李戴，猶如瞽者望長安，乃向東而笑是也。郭氏又載其說於《玄中記》，曰：「高辛氏犬戎為亂，帝之狗名槃瓠，殺犬戎以其首來。帝以女妻之，於會稽東海，生男為狗，生女為美人。」此說與注《山海經》同。夫既曰犬戎為亂，則是立國自高辛氏以前矣。安得引以證犬封國所托始乎？且其言曰「生男為狗，生女為美人」，是必郭意「犬封國狀如犬」下有云「有一女子方跪進杯食」，因謂女子是人，遂從而豔之曰「生女為美人」。夫女既為美人，則男子當亦如是，而乃直斷之曰為狗，則與經文之狀如犬者異矣。夫「如犬」非真犬也，「為狗」則與狗一矣。又安知此進食之女子，不亦狀如犬乎？經無明文，郭氏亦未曾目觀為狗為美人，夫孰從而知之？余謂不特犬戎之祖非狗，即南蠻之祖亦非狗也。意高辛時必有其人名盤瓠者，征伐不庭之國，因其有功，遂封於南，是為南蠻之組。蓋其人亦如柏虎、仲熊、叔豹、季貍之儔，居然可見。其傳聞乃謂之狗者，是必盤瓠之面目有似於狗，如後世所謂鳶肩燕頷者，世遠年湮，荒忽無據，遂有斯謬妄也。至魚豢《魏略》云：高辛氏有老婦，居王室得耳疾，挑之乃得物，大如繭，婦人盛瓠中，覆之以槃，俄頃化為犬，其文五色，因名盤瓠。則更異矣。陳士元《江漢叢談》所闢《南蠻傳》，其論甚快，略見余《逸周書‧王會解〉補注》，茲不具述。吳任臣以半釋迦解「有牝牡」不合。夫兩

用人道，未必能生育也。當是同產而為夫婦者，郭注言「自相配合」，可從。郝氏謂所生二人相為牝牡，則與兼男女二體相混。

少昊國

《大荒東經》：東海之外大壑，少昊之國。少昊孺帝顓頊，于此棄其琴瑟。郭注：少昊，金天氏，帝摯之號也。孺，義未詳。言其壑中有琴瑟也。

衡案：此少昊之國，蓋金天氏帝摯之後裔，降而為諸侯者，非即帝摯也。郭以「少昊孺帝顓頊於此」斷句，大誤。「於此」二字連下「棄其琴瑟」為句。「棄」猶「棄置」，蓋謂「少昊孺帝、顓頊」二人，皆升遐于此。古人文字古雅，故謂「棄世」為「棄其琴瑟」，蓋雅言也。郭注言其壑中有琴瑟，鶻突之至。

吳氏曰：楊慎《補注》曰：孺，謂長育之也。《路史》：鄒屠氏八夢而生八子，一曰蒼野，即孺帝也；顓頊崩，而元子立，襲高陽氏，是為孺帝。陳一中曰：孺帝，高陽氏元子，駱明其出，為帝後；秉其琴瑟者，用其禮樂也；秉訛為棄，是豕亥之誤。吳淑《琴賦》云：孺帝棄之大壑。謂此也。又《冠編》：顓頊三十載，帝元子孺產駱明，居天穆之陽。《續文獻通考》云：顓頊長子，孺帝之後，有孺氏。是孺帝為人名，斷已。

衡案：吳氏說更不通順。若如所說，則顓頊當在前，孺帝當在後。經不曰「少昊顓頊孺帝」，而曰「少昊孺帝顓頊」，何得取《路史》及諸說以為證？又引楊氏說「孺」是「長育」之謂，又謂「孺帝」是人名，總由錯解「孺」字，故混扯如此。

畢氏曰：高誘注《淮南子》云：少皞，黃帝之子青陽，名摯，以金德王天下，號為金天氏。宋衷云：玄囂，青陽，是為少昊，繼黃帝立。見《史記索隱》。又《帝王世紀》云：少昊是為玄囂，降居江水，邑于窮桑，以登帝位，都曲阜。案：高誘以青陽即少昊，宋衷、皇甫謐以玄囂即青陽，亦即少昊。《史記》云：玄囂是為青陽。又云：自玄囂與蟜極，皆不得在位。《大戴禮》亦云：青陽降居泜水。則疑非少昊。班固《古今人表》有「少昊金天氏」，又有「黃帝妃生玄囂，是為青陽」，亦似不以玄囂青陽為少昊，故裴駰、司馬貞注《史記》亦辨之也。

衡案：此但辨玄囂青陽之非即少昊，而不知少昊之國為少昊之後，亦非即少昊也。畢又於「少昊孺帝顓頊于此」下注曰：「《帝王世紀》云：顓頊生十年

而佐少昊。見《初學記》。是其義也。」此又以「孺帝顓頊」連文，似乎顓頊即佐金天氏帝摯者，蓋全未識「少昊孺帝」「孺」字之義，故不以「少昊孺帝」連文，而以「孺帝顓頊」為說，則上文「少昊」二字為虛涉矣。且從郭以「于此」斷句，吾不知作何解也。

郝氏曰：案：《說文》云：孺，乳子也。《莊子・天運篇》云：烏鵲孺。蓋育養之義也。此言少皞孺養帝顓頊於此，以琴瑟為戲弄之具，而留遺於此也。《初學記》九卷引《帝王世紀》云：顓頊生十年而佐少昊〔註5〕。《鬻子書》云：顓頊生十五而佐少皞。義皆與此合。《路史》諸書或以「孺帝」為顓頊長子之名，斯不然矣。郭注以少皞為金天氏帝摯之號，徵之往籍，亦多齟齬。《大戴禮・帝繫篇》云：黃帝產青陽及昌意，皆不立，而昌意產高陽，是為帝顓頊。《史記・五帝紀》同。《竹書》載昌意降居若水，產帝乾荒。乾荒即高陽，聲相近。與《帝繫》合。《周書・嘗麥篇》云：乃命少皞清司馬鳥師以正五帝之官，故名曰質。「質」「摯」亦聲相近。《張衡集》引此書以為「清」即「青陽」也。案，青陽即玄囂，玄囂不得在帝位，見《史記》，是其不立之證。高誘注《淮南子》及《史記索隱》引宋衷、皇甫謐，竝以「青陽」即「少昊〔註6〕」，與《周書》合。然則，少皞蓋以帝子而為諸侯，封於下國，即此經云「少皞之國」也。由斯以談，少皞即顓頊之世父，顓頊是其猶子，世父就國，猶子隨侍，眷彼童幼，娛以琴瑟，蒙養攸基，此事理之平，無足異者。諸家之說，多有岐出，故詳述於篇，以俟攷焉。

衡案：郝氏不明句讀，以「于此」斷句，又不解「孺」字之義，而謂少昊孺養帝顓頊于此，以琴瑟為戲弄之具，豈非夢夢？若如所言，則本文「棄其琴瑟」「棄」字作何解？不得謂留遺於此，遂謂之「棄」。不知「少昊孺帝」是一人，「顓頊」又一人。夫所謂「孺帝」者，猶《周書》之言「孺子王」；《漢書》之「孺子嬰」也。是必沖幼踐祚，歷年不久，故曰「孺帝」。据《國語》云：少昊氏之衰也，九黎亂德，顓頊受之。夫謂「少昊氏之衰」，則非止帝摯一世可知。此「少昊孺帝」雖不知為少昊之第幾世，然其為帝摯之裔，則無可疑者。蓋少昊金天氏立於窮桑，國都在西，而山東魯地曲阜亦謂少昊之墟者，是必其子孫遷國於此曲阜，正東海之濱，故少昊孺帝得棄其琴瑟於東海之大壑也。《左傳・昭十七年》郯子來朝，昭子問少昊氏，郯子曰：吾祖也，吾知之。則是少

〔註5〕此「昊」字郝書本作「皞」。
〔註6〕此「昊」字郝書本作「皞」。

昊之國在春秋末尚有子孫立國於此者。郯，今山東沂州，漢置郯縣，為東海郡治。《地理志》曰：故郯國也。此《山海經》所以列少昊國於《大荒東經》，而少昊孺帝亦得陟於此也。然則顓頊亦陟于此，何說？据《史記集解》引《皇覽》云：顓頊冢在東郡濮陽頓丘城門外廣陽里中。東郡濮陽，今山東曹州府蒲州是其地，與少昊之國相去不遠，故亦得陟于此。至羅泌《路史》謂顓頊「帝崩而元子立，是為孺帝」下注云：《山海經》所謂孺帝，顓頊是也。如是，則當云「顓頊孺帝」，不得冠孺帝於顓頊之上。吳氏所引諸說，皆本此而誤。又引吳淑《琴賦》「孺帝棄之大壑」，不知「琴瑟」二字，乃假設之言，猶云「棄而不御」耳；非真有此琴瑟棄之大壑也。郝氏從《史記》去少昊金天氏，謂少昊氏不得登帝位，引《周書·嘗麥解》為說，亦未允當。余有說，見《逸周書》及《竹書紀年》。

小人國

《大荒東經》：有小人國名靖人。郭注：《詩含神霧》曰：東北極有人長九寸。殆謂此小人也。或作竫，音同。

吳氏曰：案：《列子》云：東北極有人，名曰諍人，長九寸。《淮南子》云：南人有竫人，長九寸，即靖人也。《博物志》云：防風氏長三丈，短人，處九寸。衡案：「處」是「長」字之誤。柳宗元詩：竫人長九寸。皆此也。

郝氏曰：案：《說文》云：靖，細皃。蓋細小之義，故小人名靖人也。

衡案：經但云「小人國名靖人」，並未明言尺寸，度亦不過如焦僥國之類而已。《詩緯》詎可依据？世斷無人長九寸為一國之理。郭注殆謂此作疑辭，尚非武斷。吳氏引《列子》《淮南子》《博物志》以證之，謬矣。《大荒南經》：有小人，名曰菌人。說見後。

司幽國

《大荒東經》：有司幽之國。帝俊生晏龍，晏龍生司幽，司幽生思士，不妻；思女，不夫。郭注：言其人直思感而氣通，無配合而生子，此莊子所謂「白鶂相視眸子不運而感風化」之類也。

吳氏曰：案：《列子》云：思幽之國，思士不妻而感，思女不夫而孕。是也。《翰墨書》云：思男之國不夫，思女之國不婦，而亦自能生生。《博物志》曰：思士不妻而感，思女不夫而孕，后稷生乎巨迹，伊尹生乎空桑。李時珍《人傀論》曰：孤陽不生，獨陰不長，常理也；而有思士不妻，思女不夫之異。

郝氏曰：案：《列子·天瑞篇》云：河澤之鳥視而生，曰鶂。《莊子·天運篇》云：白鶂之相視，眸子不運而風化。《釋文》引《三蒼》云「鶂，鷁鶂也」，司馬彪云「相待風氣而化生也」。此注「鵠」疑「鶂」字之譌，「感」字衍。

衡案：本文止云「思士，不妻；思女，不夫」，《列子·天瑞》則云「思士不妻而感，思女不夫而孕」，於「不妻」「不夫」下添「而感」「而孕」四字。夫「不夫而孕」猶可言也，若「不妻而感」，則是不能用人道，而亦歆歆如有人道之感，其意又類於「靈狸一體，自為陰陽」之說，真不可解矣。《列子》又謂后稷生乎巨跡，伊尹生乎空桑，以證其事。《博物志》亦因此而誤。夫姜嫄為高辛氏妃，從祀高禖。履大人跡則有之，大人即指高辛，《詩》所謂「履帝武敏歆」是也。姜原未嘗無夫而生后稷。若伊尹生空桑，事見《呂氏春秋·本味篇》，然不足据。案：空桑是地名，陳留有伊尹村，蓋在莘陝之間。伊尹莘人，故產於此，但其父母名氏不傳耳。據《天問》「水濱之末，得彼小子」王逸注云：「小子，謂伊尹。言伊尹母妊身夢神女告之曰：臼竈生鼃亟去，毋反居。無幾何，臼竈中有生鼃，母去東走，顧視其邑，盡為大水，母因溺死，化為空桑之林。水乾之後，有小兒啼水涯，人取養之。」此語雖妄誕，不足憑信，然謂之妊身，則是非無夫也。至吳氏引《翰墨書》云：「思男之國不夫，思女之國不婦，而亦自能生生。」直是亂道。

然則「思士」「思女」宜何解？曰：思讀如塞。《書·堯典》「欽明文思」一作「欽明文塞」是也。塞，實也。言司幽所生男女二人，形體閉塞，不能用人道也，故曰「不妻」。「不夫」猶言男不能娶妻，女不能配夫也。「思士不妻」，如《史記·樊噲傳》「荒侯市人病不能為人」正義：言不能行人道。又《晉書·五行志》云：海西公不男。此類近是。「思女不夫」，如石女之類。案：《大般若經》云：「梵言擄音丑皆反。半擇迦，「擇」一作「釋」。唐言黃門，其類有五：一曰半擇迦，總名也，有男根用而不生子；二曰伊利沙半擇迦，此云妒，謂他行欲即發，不見即無，亦具男根而不生子；三曰扇擄半擇迦，謂本來男根不滿，亦不能生子；四曰博义半擇迦，謂半月能男，半月不能男；五曰留拿半擇迦，此云割，謂被割刑，名為人中惡趣。」又，玄應《一切經音義》卷十七引《阿毗曇毗婆沙論》第三卷「般吒」下注云：「此訛略也，應言般茶迦。此云黃門，其類有五，「般茶迦」總名，謂具男根而不生子。二伊利沙般茶迦，伊利沙此云妒，謂見他共妊即發情欲，不見不發。三扇茶般茶迦，謂本來男根不滿，故不能生子。四博叉般茶迦，謂半月作男，半月作女。博叉，此云助，謂兩半月

助成一滿月也。五留拏般茶迦，謂被刑男根。留拏，此云割也。」又李時珍《本草綱目·人部》云：「五不女，螺、紋、皷、角、脈也。螺者，牝竅內旋有物如螺也。紋者，竅小，即實女也。皷者，無竅如皷。角者，有物如角，古名陰挺是也。脈者，一生經水不調，及崩帶之類是也。五不男，天、犍、漏、怯、變也。天者，陽痿不用，古云天宦是也。犍者，陽勢閹去，寺人是也。漏者，精寒不固，常自遺洩也。怯者，舉而不強，或見敵不興也。變者，體兼男女，俗名二形。此皆具體而無用者也。」據此數說，是則所謂「不妻」「不夫」者矣。而豈物類風化之云乎？案：物類之相感而孕者，兔以望月，孔雀以雷，鶴以聲，鵲以意，鷄鵒、白鷺、鴟以睛，烏以涎，鰻以影，鸕鷀以足，騰蛇以聽，蝴蝶以鬚，鼈以思，龜以顧。然亦不離乎雌雄牝牡之匹偶，而謂人類之由相構而生者，下同於物乎？然則國所以名「司幽」者，蓋前此未有此國，至司幽始得封也。其曰「思士，不妻；思女，不夫」，蓋記司幽所生男女之異。至司幽沒後，或擇支子而立之，或別有所生，俱未可知。

黑齒國

《大荒東經》：有黑齒之國，帝俊生黑齒。郭注：齒如漆也。聖人神化無方，故其後世所降育，多有殊類異狀之人。諸言生者，多謂其苗裔，未必是親所產。

衡案：黑齒國已見《海外東經》。《淮南·地形訓》有「黑齒民」，高誘注：其人黑齒。《周書·王會解》：黑齒，白鹿、白馬。又《魏志·東夷傳》有「黑齒國」，是此國在三國時尚存。蓋一國之人盡如是，非一人黑齒也。是其水土使然，亦如玄股、白民之類，有何「殊類異狀」？郭以歸之「聖人神化無方」。夫聖人神化無方，道德之所至也，必所生育有殊類異狀之人，然後見聖人之「神化無方」，殊類費解。其曰「多有」者，蓋包三身、三首、三目、一目、一手、一臂而言。郭不以為圖畫之狀，而以為真有是形體，何其妄也？此則不怪異，而又以為怪異，如今南海人食檳榔，往往齒黑者有之。《文選》劉逵注《吳都賦》引《異物志》云：西屠以草染齒，染白作黑。即《周書·伊尹四方令》「正西漆齒」是也。蓋齒屬腎屬水，水色黑，故染草以黑，所以固齒。此「漆齒」在西，與在東之「黑齒」異。黑齒因乎自然，漆齒則以草染，為異耳。然可以例推之而知一國之人皆齒黑，非但帝俊之裔一人為然也。其曰帝俊生黑齒者，蓋推原黑齒之國為帝俊裔。

困民國

《大荒東經》：有困民國，勾姓而食。有人曰王亥。王亥託於有易、河伯、僕牛，有易殺王亥，取僕牛。河念有易，有易潛出為國，名曰搖民。郭注：河伯、僕牛，皆人姓名。託，寄也。見《汲郡竹書》。《竹書》曰：殷王子亥賓於有易而淫焉，有易之君綿臣殺而放之，是故殷主甲微假師於河伯以伐有易，滅之，遂殺其君綿臣也。言有易本與河伯友善。上甲微，殷之賢王，假師以義伐罪，故河伯不得不助滅之。既而哀念有易，使得潛化而出化為搖民國。

衡案：此條文義晦塞，非講明《竹書紀年》，則此事不明。据《竹書》，夏帝泄十二年，殷侯子亥賓於有易，有易殺而放之；十六年，殷侯微以河伯之師伐有易，殺其君綿臣。原注「殷王子亥賓於有易而淫焉，有易之君綿臣殺而放之，故殷侯上甲微假師于河伯以伐有易，滅之，遂殺其君綿臣」，此注即郭注《山海經》所本也。案：《竹書紀年注》凡有「約案」者是沈約注，其餘皆是原注，或即作《紀年》者自注未可知。

徐文靖《竹書統箋》曰：「《山海經》郭注云：河伯、僕牛，皆人姓名。誤。河伯，伯爵，前所云河伯、洛伯是也。僕牛，地名也。殷侯亥賓于有易，托處于河伯僕牛之地，有易乃殺王亥，取僕牛。不得以河伯僕牛皆為人姓名也。」

鄭氏環曰：「案：『河伯樸牛』疑有闕文。蓋淫于有易妻河伯女僕牛而被殺也。否則僕牛本河伯地，河伯豈聽其殺而取之？惟僕牛本河伯之女，故上甲微假師於河伯也。」

衡案：注書需就本文求索，不得另生枝節。此經云「有困民國，勾姓而食」是一條，以困民非搖民也，下文「有人曰王亥」，紀王亥滅有易，是一條，當分別觀之。其云「王亥托有易」，言賓於有易之國，是一事，「河伯僕牛」，言僕牛為河伯之地，又一事，兩句各不相涉。下文「有易殺王亥，取僕牛」，始將上兩事串入；言既見讐於上甲微，而又結怨於河伯也。故上甲微得假河伯之師，以伐有易而殺綿臣。久而河伯以綿臣身既被殺，念鄰國之誼，不忍復絕其祀，故潛為之立國以續宗祧。覈之情事，當是如此。所謂「潛」者，謂不使上甲微知也。而郭乃云「哀念有易，使得潛化而出化為搖民國」。夫立國實事也。据《竹書》，有易既滅，則其地已為上甲微所有，乃遷於異地而立其子，故曰「潛出為國」。景純動以變化為言，托之幻惑，何哉？

胡應麟不信《山海經》，而信《竹書紀年》，謂：《山海經》附會王亥有易事極可笑，非《竹書》有此文，後世莫能覺其偽也。又云：案《竹書紀年》

其文甚明，而《山海經》之言遽詭誕如此，可發一大噱也。

衡案：《山海經》之文有何詭誕，有何可笑？方之《竹書》，殆無異焉。若以其中有「兩手操鳥，方食其頭」之語，指為怪誕。不知《山海經》之圖畫如此，或是王亥當飲食時見殺於綿臣未可知，故有此圖像。至「潛出為國」下有「于獸方食之」五字，蓋是寫搖民之狀，亦圖畫也，亦無所謂詭誕。胡氏譏之，過矣。而徐文靖乃謂殷侯亥托處河伯僕牛之地，則《紀年》當云「賓于河伯」，焉得云「賓于有易」？至鄭氏環謂殷侯淫于有易妻即河伯女僕牛，則更不然。夫殷侯子亥既淫河伯之女有易之妻矣，則不特有易當殺子亥，即河伯亦當助有易以伐殷也。而乃聽上甲微之假師以滅有易；是扶讐人之子，以滅其婿，河伯不應昏瞶至此。今以《紀年》及《山海經》文覈之，王亥賓有易，是其實。至所謂淫者，係托詞以污之耳。其見殺之故事實不傳，故《山海經》與《竹書》本文俱不載。郭注謂「假師以義伐罪」得之。余有說，見《竹書紀年》。

卵民國

《大荒南經》：有卵民之國，其民皆生卵。郭注：即卵生也。

郝氏曰：案：郭注羽民國云「卵生」，是羽民即卵生也。此又有卵民國，民皆生卵〔註7〕，蓋別一國。郭云「即卵生也」，似有成文，疑此國本在經中，今逸。

衡案：郭意即謂與羽民國同是卵生，故曰「即卵生」也。蓋此經上文即是「有羽民之國，其民皆生毛羽」，下即云「有卵民之國」，郭注蓋承上文而言。羽民國已見《海外南經》。郝疑卵民國「本在經中，今逸」，非是。案《大荒經》諸國不列於《海內外經》者甚多，不獨一卵民也。郭泥於「卵民」二字，謂是卵生。然經不曰「其民皆卵生」，而曰「其民皆生卵」。「生」謂生育，蓋是國雀鳥繁多，故民皆生育其卵而食之也。上文「羽民之國」，据《博物志》謂「羽民國食卵」，此國與羽民國相近，以其地五穀甚少，專恃卵食以生，故謂之卵民國也。若謂是卵生，則是此國但有父子，全無夫婦之倫矣。吾不知所生之卵，為男子之所育乎？為婦人之所育乎？夫以牝雞之育卵也，亦必因牡雞之搆精，而其卵始得乳字而生雞。若無牡雞之搆，則雖乳不育，凡羽毛之族皆然。吾不知卵民之國之卵生，亦若是乎？世間惟羽族禽鳥及鱗介之屬是卵生，至獸畜之類，則未聞有卵生者，況人類乎？郭氏每欲同人道於畜道，不知何意。

〔註7〕「生卵」郝書本本作「卵生」。

而吳氏《廣注》又從而證之，曰：「案：中國徐偃亦卵生。又《搜神記》：高麗之先夫餘王，常得河伯女，感日光而孕，生一卵，一男子破殼而出，名曰朱蒙。《平攘錄》云：五鳳元年，朝鮮有蘇伐公者，得大卵於蘿林，有嬰兒剖卵而出，長有聖德，六村異之，立為西於方言君也。《廣志繹》云：黎人之先，雷攝一蛇卵，中為女子，是生黎人，故云黎母〔註8〕之山。《賢愚經》云：毘舍離懷妊，生三十二卵，卵中各出一兒，勇健非凡。《玄應錄》曰：世羅優波、世羅二比丘，從鶴卵生。又，彌伽羅母生三十二子，般遮羅生五百子，皆卵生。」

噫！異矣！夫釋氏之說，與夫《平壤錄》《廣志繹》等書，詎可援以為注？若夫餘、朱蒙之生於日影，据《後漢書》是日子，河伯外孫。余別有說，見《逸周書·王會解》。至徐偃王之說，事載《博物志》。夫所謂卵者，焉知非未坼未副之胞胎，以為怪異而棄之，適值后蒼之犬衛以來歸，故有斯說。若謂真從卵出，不知此卵是何物之卵。流傳荒忽，實難從信。吾故曰卵民之國非卵生也。

又《玉芝堂談薈》卷十一所載：「永嘉中，平陽韓媼拾巨卵，歸得嬰兒，字曰撅。舊記：洱海漁〔註9〕者拾雕卵，破之得嬰兒。」又云：「《杭州志》：宋儀王仲湜生，有紫光照室，及視則肉塊也。以刃剖之，遂得嬰兒。」又又云：「《陳義傳》：昔陳氏因雷雨晝冥庭中，得大卵覆之，數月卵破，有嬰兒出焉。」斯皆荒謬之論。至所云佛經之賢劫千佛，事載《水經注》，更不足辨。

釘靈國

《海內經》：有釘靈之國，其民從膝已下有毛，馬蹄，善走。郭注：《詩含神霧》曰：馬蹄，自鞭其蹄，日行三百里。

吳氏曰：案：釘靈，今丁靈國，又名丁令，亦作丁零〔註10〕，在康居北。《文献通考》曰：丁令〔註11〕國有二，在朔方北者為北丁令，在烏孫西者為西丁令。烏孫長言北丁令有馬腦國，案：「馬腦」當作「馬脛」。其人聲音似雁鶩，從膝以下生毛，馬脛馬蹄，不騎馬而走疾於馬。

郝氏曰：案：《通考》所說，見裴松之注《三國志》引《魏略》云。

衡案：裴注見《魏志·東夷傳》。《太平廣記》四百八十二引《博物志》云：

〔註8〕「母」字吳書本作「姥」。
〔註9〕「漁」字本誤作「魚」。
〔註10〕「零」字本誤作「靈」。
〔註11〕「令」字吳書本作「零」。

蹄羌之國，其人自膝已下有毛如水，蹄常自鞭其脛，日行百里。蓋亦從《含神霧》之說，而小有異同也。案：經言「釘靈國」，《魏略》作「馬脛國」，《博物志》又作「蹄羌國」。蓋「釘靈」是正名，「馬脛」「蹄羌」，則因其善走而為名也。但經云「善走」，其說已備，不必有「自鞭其蹄」之異。案：《三國志‧吳志‧虞翻傳》注：翻能步行，日行三百里。隋麥鐵杖日行五百里。杜子微服天門冬八十年，日行三百里。趙陀子服桂二十一年，毛生，日行五百里，見《抱朴子》。又東晉永和初，燉煌沙門單道開絕穀，阜陵太守迎之，道開步行，從西平一日行七百里至秦州。則日行三百里，世亦多有，不足為奇。

氐人國、互人國

《海內南經》：氐人國郭注：音觸抵之抵。其為人，人面而魚身，無足。郭注：蓋骫以上人，骫以下魚也。

吳氏曰：案：即《大荒》互人國也。羅泌云：「互人」宜作「氐人」。徐鉉《稽神錄》云：謝仲玉者，見婦人出沒水中，腰以下皆魚。《徂異記》曰：查道奉使高麗，見海沙中一婦人，肘後有紅鬣，問之，曰人魚也。《職方外紀》云：海中有海女，上體為女人，下體則魚形。又禹治洪水，觀於河，見白面長人魚身，出曰，吾河精也。形狀與〔註12〕此同。

又《大荒西經》：有互人之國。郭注：人面魚身。炎帝之孫，名曰靈恝，靈恝生互人，是能上下于天。

吳氏曰：案：《國名記》曰：炎帝孫靈恝生氐人，為氐國，俗作互，非。

郝氏曰：「氐」「互」二字蓋以形近而譌，以俗，「氐」正作「互」字也。羅泌云「互人」宜作「氐人」，非也。《周官》：鼈人掌取互物。是「互物」即魚鼈之通名。國名「互人」，豈以其人面魚身故與？

衡案：互人在《大荒西經》，氐人在《海內南經》，顯是二國，不得合而為一。氐音都奚切，氐羌也。《詩‧商頌》：自彼氐羌。正義曰：氐羌之種，漢世仍存，其居在秦隴之西。《漢書‧地理志》隴西郡有氐道、羌道二線，或即氐人國之故地未可知。郭「音觸抵之抵」非是。羅泌是氐而非互，郝氏又以為非，皆不知是二國，故牽纏無當。郭謂「骫以上人，骫以下魚」，已屬誤會，吳氏又歷引《稽神錄》諸說以為之證，甚而郝氏又以《周官》「鼈人掌取互物」，謂互人國直如魚鼈之類。信如斯說，則魚族當在水，不得陸居而為國。不知氐人

〔註12〕「與」字本誤作「如」。

魚身，亦如女媧蛇身之類，與仲雍在吳斷髮文身相似。經云「無足」者，蓋圖象不見有足故云；非畫作一魚而人面又無足也。

案：《大荒西經》互人，是炎帝神農之孫靈恝所生。夫炎帝聖人也，靈恝亦人耳；而乃生一怪魚乎？且生一怪魚，而一國之人盡若是乎？又云「是能上下于天」，郭注：言能乘雲雨。則是此魚具有神通，魚也而實龍矣。不知此「天」字即蒙上條所云「此天穆之野高二千仞」為說，言互人多力善走，能上下於天穆山耳。如此解釋，方與事理不悖。然則「人面魚身」之說，郭氏蓋誤以「魚婦顓頊」即此互人，其實經不云「人面魚身」也。案：《荀子·非相篇》云：傅說之狀，身如植鰭。楊倞注：植，立也，如魚之立也。豈傅說亦如魚身耶？蓋《大荒西經》所云「有魚偏枯，名曰魚婦顓頊，死即復蘇」，實是魚不是人。《海內南經》氐人國為氐羌之祖，與《大荒西》互人國，俱是人不是魚，不得混合為一。

流黃酆氏、流黃辛氏

《海內西經》：流黃酆氏之國，中方三百里，郭注：言國城內。有塗四方，中有山。又《海內經》：有國名曰流黃辛氏，郭注：即酆氏也。其域中方三百里，其出是塵土。有巴遂山。郭注：言殷盛也。

吳氏曰：案：《淮南子》：流黃、沃民在其北，方三百里。羅泌《國名記》云：流黃辛姓，在三巴之東。《冠編》云：帝咸鳥建福于民，功豐德隆，是曰豐隆，初國于流黃酆，其域中方三百里。

郝氏曰：案：言塵坌出是國中，謂人物喧闐也。藏經本「域」字作「城」，「出」字上下無「其」「是」二字。

衡案：此流黃辛氏蓋高辛氏之裔，其或出於高辛氏妃陳豐氏，故又曰流黃酆氏。流黃是地名。吳引《冠編》「豐隆」之說不可据。郭氏於《海內西經》「方三百里」下注云：言國城內。非是。城安得如是之大？《海內經》明云「其域中方三百里」，藏經作「城」字，誤矣。「其出是塵土」，郭於郝氏解俱就本文附會，殊欠通會。夫塵土焉能云出？案：本文當作「是出塵」三字，「其」字衍，「是」字誤倒，「土」則「塵〔註13〕」字下截之誤衍耳。蓋是國域中有山，山上所出也。《大荒南經》：黑水之南，有玄蛇食塵。《大荒北經》：大人之國，有大青蛇，黃頭，食塵。案：兩云「食塵」，即巴蛇吞象之類。《藝文類聚》卷

〔註13〕「塵」字本誤作「麈」。案：此處上圖藏本有批改。

六兩「麈」字俱誤作「塵」，且不引於「獸部」，而引於「地部‧塵類」，《御覽》三十七「地部」引同，是「麈」誤作「塵」之證。

又案：楊升菴補注本引正文云：西南有巴國，其域中方三百里，其出是塵土。於「其域中」上截去「有國名曰」八字。下注云：出是塵土，言其地清曠，無囂塵也。又云：長寧侯子啟忠與予相遇於巴東，其《詠巴峽詩》有「冰壺浸兩儀」之句，予擊節賞之。侯曰：「此句亦微有祖，子知之乎？」予曰：「豈非用《山海經》『巴國域中出是塵土』乎？」侯笑曰：「是也。」

衡案：楊氏此說，直如未嘗見《山海經》者然。何鹵莽如是？

女和月母之國

《大荒東經》：有和月母之國。

郝氏曰：案：女和月母，即羲和、常儀之屬也。謂之「女」與「母」者，《〈史記‧趙世家〉索隱》引譙周云：余嘗聞之，代俗以東西陰陽所出入，宗其神，謂之王父母。据譙周斯語，此經「女和月母」之名，蓋以此也。

衡案：《大荒南經》有羲和之國，此是羲和後所封之本國，女和則和氏之別封為國者。案：羲氏出於太昊伏羲後。又別有和氏。黃帝時羲和占日，常儀占月。以其占日，故後世有羲和為日御之說；以其占月，故《山海經》有月母之說。常儀，其即和氏之先乎？《大荒西經》有女子方浴月，帝俊妻常羲，生月十有二，此始浴之。常羲，「羲」即「儀」之轉，常儀即常娥也，又曰姮娥。姮音恒。《說文》：恒，常也。又，「和」「恒」二字音近，其曰女和者，亦猶《海外西經》「女祭女戚」云爾。國中蓋以女子為主，故曰母，西王母之稱，亦若是耳。《路史‧發揮一》引《歸藏‧節卦》云：殷王其國常母谷目。「目」是「月」之誤；「谷」乃「浴」之省。又見《周禮‧太卜》疏引《歸藏》同，「谷」下脫「目」字。常母豈即所謂女和月母者歟？郝氏引譙周之說以證之，殊不貼切。

朝鮮

《海內經》：東海之內，北海之隅，有國名曰朝鮮。郭注：朝鮮，今樂浪郡也。

吳氏曰：案：《殊域周咨錄》：以其在東，朝日鮮明，故名朝鮮。朱國貞《大事記》云：朝鮮〔註14〕，取朝日鮮明之義。錢溥《朝鮮國志》：朝鮮有三種，

〔註14〕此「朱國貞」等九字本脫。

一檀君朝鮮，一箕子朝鮮，一衛滿朝鮮；考箕子封朝鮮，傳四十一代至王準，凡九百二十八年，而失國於衛滿。

又《海內北經》：朝鮮在列陽東海北山南，列陽屬燕。郭注：朝鮮，今樂浪縣，箕子所封也。列，亦水名也，今在帶方，帶方有列口縣。

吳氏曰：《名山藏》曰：朝鮮近日本，日之所出，朝景鮮明也。《世法錄》云：朝鮮直遼東南，以日東出鮮潤，故名。陳士元《譯語音義》曰：國有汕水，汕鮮同音，因名朝鮮。黃洪憲《輶軒錄》云：堯戊辰歲，有神降太伯山檀木下，朝鮮人君之謂之檀君，此朝鮮立國之始。鄭樵《通志略》曰：朝鮮都王險，漢樂浪郡。茅氏《象胥錄》曰：檀君、箕子，並都王壤，史稱衛滿都王險，王險亦平壤也。劉會孟云：朝鮮地分八道，又名三韓。

畢氏曰：据《史記正義》云：朝音潮，鮮音仙。海，謂勃海，南至楊、蘇、台等州之東海也。《括地志》曰：高麗治平壤城，本漢樂浪郡王險城，即古朝鮮也。

衡案：《史記正義》「朝音潮」不可据，當讀如朝暮之朝。吳氏引《輶軒錄》「有神降檀木下」，為朝鮮立國之始，其說亦無從考。

明張天復《廣皇輿考》云：朝鮮在遼東南，三面濱海，北鄰女直，西北至鴨綠江。周箕子封國。秦屬遼東外徼。漢武定朝鮮，置郡。晉末，陷入高麗。其國分八道，中曰京畿；東曰江源，本穢貊地；西曰黃海，古朝鮮馬韓地；南曰全羅，本卞韓地；東南曰慶尚，乃辰韓地；西南曰忠清，古馬韓城；東北曰咸鏡，本高句麗地；西北曰平安，本朝鮮故地〔註15〕。

衡案：《一統志》：朝鮮在盛京東一千八百里，古營州外域，周封箕子於此。畢氏謂「南至楊、蘇、台等州之東海」，其地太遠。案：當指山東登、萊外之海而言。予閱偃師段長基《歷代疆域表》云：漢玄菟郡之高句驪，今朝鮮咸興府東北縣；樂浪郡之朝鮮，古箕子都列口城，在王京西南；遂成，在平壤南境；長岑，今朝鮮界內；吞列，在朝鮮京畿道王京東南；黏蟬，在朝鮮平安道平壤府南境；帶方城，在平壤府南境；增地，在平安道平壤南境；含資，在朝鮮王京南境。

又案：《海內北經》：列陽屬燕。當是周秦人續錄之語，今混入正文，凡前後類此者俱同。

〔註15〕「地」字本誤作「他」。

東胡、貊國

《海內西經》：東胡在大澤東。

郝氏曰：案：國名也。《伊尹四方令》云：正北東胡。詳《後漢書·烏桓鮮卑傳》。《廣韻》引《前燕錄》云：昔高辛氏游於海濱，留少子厭越以居北夷，邑于紫蒙之野，號曰東胡云云，其後為慕容氏。

衡案：《後漢書》：烏桓者，本東胡也；鮮卑者，亦東胡之支也，別依鮮卑山，故因號焉。《史記·匈奴傳》：燕北有東胡。服虔曰：烏桓之先也，後為鮮卑。案：《一統志》：鮮卑，今為敖漢、奈曼、喀爾喀、蘇尼特諸旗地。据偃師段長基〔註16〕《歷代沿革表》云：科爾沁，後漢為扶餘，鮮卑地；敖漢、奈曼、喀爾喀，皆古鮮卑地；喀喇沁，後漢為鮮卑地；蘇尼特，後漢烏桓、鮮卑居之；塔爾巴、噶台路，三國屬鮮卑左部；哈密，三國屬鮮卑西部。案：經所云「在大澤東」者，大澤「在雁門北」，見上文。

貊國在漢水東北。郭注：今扶餘國即濊貊故地，在長城北，去玄菟千里，出名馬、赤玉、貂皮、大珠如酸棗也。

郝氏曰：案：《魏志·東夷傳》說「夫餘」與此注同，即郭所本也。《大雅·韓奕篇》云：其追其貊。謂此。

衡案：貊國不得「在漢水東北」，「漢」字誤，當是「海」字。貊即《周書·王會解》之「濊人」。《後漢書·東夷傳》云：濊北與高句驪、沃沮，南與辰韓接，東窮大海，西至樂浪。濊及沃沮、句驪，皆朝鮮之地也。据此，則「漢」為「海」字之誤無疑。濊併入朝鮮，是後世事。《山海經》有朝鮮，又有貊國，固儼然二國也。郭謂即扶餘國。案《一統志》，扶餘今為科爾沁六旗地。又盛京奉天府鳳皇城在府東南四百二十里，周穢貊地。

天毒

《海內經》：天毒。郭注：即天竺國，貴道德，有文書、金銀錢貨，浮屠出此國中也。晉大興四年，天竺胡王獻珍寶。

吳氏曰：案：天毒，《漢書》作「天竺」，《汲冢周書》作「天竹」，《杜篤傳》作「天筑」，或作「天督〔註17〕」。《西域記》云：詳夫天竺之稱，舊云「身毒」，或曰「賢豆」，今从正音，宜云「印度」。楊文公《金沙塔記》：天毒之國，

〔註16〕「基」字本誤作「甚」。

〔註17〕「督」字本誤作「毒」。

紀于《山經》；竺乾之師，聞于柱〔註18〕史。《通志略》云：天竺，即捐毒也，去長安九千八百六十里。王崇慶《釋義》曰：天毒，疑別有意義，郭以為即天竺國；天竺在西域，漢明帝遣使迎佛骨之地。此未知是非也。

畢氏曰：《史記・大宛傳》有「身毒國」，徐廣云：「身」或作「乾」，又作「訖」。《索隱》曰：身音乾，毒音篤，孟康曰即天竺也，所謂浮圖胡也，在月氏東南數千里。萬震〔註19〕《南州志》云：地方三萬里，佛道所出。

衡案：吳氏引《汲冢》作「天竹」，檢《逸周書・王會解》止有「孤竹距虛」，又有「路人大竹」，無所為「天竹」也，此引誤。王崇慶疑郭注「天竺國」，未知是非。蓋以天竺國在西南，不應類敘於「東海之內，北海之隅」朝鮮國之次。案：此「天毒」二字當在下文「西海之內，流沙之中，有國名曰壑市」下，誤錯於此。蓋「天」「捐」「賢」「乾」「身」「印」是一聲之轉，「毒」「篤」「竺」「豆」「度」是一聲之轉，天毒即天竺，古無二說也。毒，解作亭毒之毒，不作毒害講。惟徐廣「身或作乾，又作訖」，音與形總不相通，疑「訖」是「乾」字之誤，又誤而為「乾」也。《漢書・西域傳》：皮山國，南與天篤接。《張騫傳》：吾賈人往市之身毒國。注引李奇曰：一名「天篤」。《括地志》：天竺國有東南西北中央，國方三萬里，去月氏三千里，在崑崙山南大國也。《舊唐書》：天竺或云婆羅門地，在葱嶺之南，周三萬里，其中分五天竺，又謂之五印度。

鬼國

《海外北經》：鬼國在貳負之尸北，為物人面而一目。一曰貳負神在其東，為物人面，蛇身。

吳氏曰：《玄覽》云：毗舍那有鳥語鬼形之民。楊氏《裔乘》云：鬼國在駿馬國西，或曰《易》稱伐鬼方，即此也。利瑪竇《輿圖志》云：鬼國之人噉鹿與蛇，耳目鼻與人同，惟口在頂上。此與經說全異，當別為一種耳。又劉會孟曰：羅施鬼國，今貴州。然貴州〔註20〕地屬西南，其說未是。

郝氏曰：案：《伊尹四方令》云：正西鬼親。又，《魏志・東夷傳》云：女王國北有鬼國。《論衡・訂鬼篇》引此經曰：北方有鬼國。

衡案：鬼國由來遠矣。《大戴禮・帝繫》曰：「陸終氏娶於鬼方氏之妹，謂之女潰氏。」《風俗通》曰：「陸終娶於鬼方，是謂女清。」此鬼方即鬼國也。

〔註18〕此「楊文公」等二十二字本脫。或下「史」字未刪。
〔註19〕「萬震」本誤作「震萬」。
〔註20〕「州」字吳書本誤作「竹」。

据《易》「高宗伐鬼方」干寶注曰:「鬼,北方國也。」《王會解》:「湯時正西有鬼親。」《竹書紀年》:「周公季歷伐西落鬼戎。」此則鬼國之在西北者。故揚雄作《趙充國頌》云:「遂克西戎,還師於京,鬼方賓服,罔有不庭。」師古曰:「鬼方,言其幽昧也。」李善引《世本注》曰:「鬼方於漢,則先零戎是也。」又《章帝紀》有司言孝明帝克伐鬼方,開道西域。楊用修謂即靡莫之屬,與此經「鬼國在貳負之尸北,一曰貳負神在其東」合。案:此經上文「有人曰大行伯,其東有犬封國」,犬封國即犬戎也。又云:「貳負之尸在大行伯東」,則是鬼國與大行伯不遠,當更在犬戎之西北。《易·既濟》「高宗伐鬼方」釋文引《蒼頡篇》云:「鬼方,遠方也。」《詩·大雅》:「覃及鬼方。」毛傳曰:「鬼方,遠方也。」孔穎達曰:「鬼方遠方,未知何方也。」《匡衡傳》:「成湯化異俗而懷鬼方。」應劭注亦曰遠方。又《後漢書·鮮卑傳》引音義曰:「鬼方,遠方也。」案:鬼之為遠,其訓良是。鬼國本在西北,其支派子孫或徙而之西南,故今貴州亦謂之鬼方。至《唐書·南蠻傳》云:「夷人尚鬼,謂主祭者為鬼主。」又曰:「南詔俗尚巫鬼,大部落有大鬼主,百家則祭小鬼主。又有夷望鼓路湯谷阿醯何鸎鉀蠻等十二鬼主,皆隸巂州。」此則失遠方之訓,而為鬼神之鬼矣。然則,鬼親、鬼戎、鬼方,即鬼國也。其又謂之鬼區者,班固《典引》「威靈行於鬼區」是也。區,猶方也。又,紂臘鬼侯,見《韓非子》。《史記正義》引《括地志》:「相州谷陽縣西南五十里有鬼侯城。」則冀方之鬼耳。此鬼與九通,故鬼侯亦謂之九侯。然此鬼侯之鬼是姓,或謂即鬼臾區之後。與此經所謂鬼國無涉。明乎鬼之為遠,故《魏志·東夷傳》不妨又有鬼國也。其曰「為物」者,猶云其「為人」也。「人面而一目」者,旁像也,蓋其圖畫如此。至吳氏引「鳥語鬼形之民」注此,已屬不合;又引《輿圖志》謂「其人口在頂上」,直是亂道。

山海經彙說卷四終
【維揚磚街青蓮巷內柏華陞刊】

山海經彙說卷五

江都陳逢衡著

帝俊凡十六見

《大荒東經》:「有中容之國,帝俊生中容。」郭注:「俊亦舜字假借〔註1〕也。」吳氏曰:「《路史》云:中容之國,舜之所生,或云即諸馮。《穆天子傳》有容氏國,或是。《呂覽》云:指姑之東,中容之國。即此。崔希裕《略古》云:古文俊舜同音,故帝舜作帝俊。《說文先訓》云:古文舜上从庶,下从土〔註2〕,即英俊字,故《山海經》舜作俊也。」畢氏曰:「《帝王世紀》云:帝嚳生而神異,自言其名曰夋。見《初學記》。又,《帝王世紀》云:帝嚳次妃娵訾氏女曰常儀,生帝摯。見《史記正義》。又合於此經帝俊妻常儀之說也。又,《大荒西經》云:帝俊生后稷。郭氏亦曰:俊疑為嚳,嚳第二妃生后稷也。則帝俊是嚳無疑。而曰『俊亦舜字假借音』,何所據矣?」郝氏曰:「經內帝俊疊見,似非專指一人。此云帝俊生中容,據《左傳·文十八年》云,高陽氏才子八人,內有『中容』,然則此經帝俊又當為顓頊矣。」

衡案:郝說似乎可據。然《左傳》作「仲容」,《漢書·人表》《潛夫·五德志》並作「仲容」,唯《路史·後紀七》作「中容」,「中」亦當作去聲。蓋對「叔達」而言,故曰「仲」。此經「中容」之「中」疑作平聲。據《呂覽·本味篇》「中容之國」「中」字高誘無音,此經郭注亦無音,則作如字讀可知。若謂是高陽才子之一,則《山海經》所載顓頊之子凡七見,不得於此經變文言「帝俊生中容」也。顓頊之子有說別見。吳氏引《路史》,見《國名紀六》。證

〔註1〕「借」字下郭書本有「音」字。
〔註2〕「土」字本誤作「士」。

以《孟子》「舜生于諸馮」之說，羅氏謂中容國舜之所生，得無以為舜生于中容乎？此語牽混。又，《穆天子傳》二：「至于羣玉之山，容□氏之所守。」《〈文選‧謝玄暉答呂法曹詩〉注》引作「容氏所守」，《御覽》六百十八引作「容成氏」，《路史‧前紀五》作「庸成氏」，即用《穆傳》語，云「容成」者非。吳氏截引作「容氏」以解「中容之國」，豈非憒憒？

《大荒東經》：「帝俊生晏龍，晏龍生司幽。」郭氏無注，蓋承上「舜字假借」而言。吳氏曰：「晏龍事虞為納言，是主琴瑟，封于龍。王符曰：優姓。」

衡案：吳說蓋本《路史‧後紀十》為言。其云「事虞為納言」，則以《虞書》「舜曰，龍，命汝為納言」而誤也。《尚書》止云「龍」；此經云「晏龍」，明是二人。以為「封于龍」亦非，蓋龍是人名，不得又為地名也。《路史‧後紀十》以晏龍與實沈、閼伯、叔戲、巫人、續牙、厭越為即高辛氏之八元，不足據。然以晏龍出於高辛氏，與此經合。《漢書‧人表》龍在第二格，梁玉繩《人表攷》曰：「案《海內經》有晏龍，《路史‧後紀十》以為高辛子，即《尚書》之龍，恐非。《國名紀三》引王符云優姓，亦疑。」

《大荒東經》：「有白民之國。帝俊生帝鴻，帝鴻生白民。」郭氏無注，亦承上文而言。吳氏曰：「案：經稱帝俊，或為帝嚳，或為黃帝，或為帝舜，疑有錯簡。當云「疑有誤字」。《路史‧後紀》引經云：帝律生帝鴻；律，黃帝之字也。與本文異。」郝氏曰：「帝鴻，黃帝也，見賈逵《左傳注》。然則此帝俊又為少典矣，見《大戴禮‧帝繫篇》。《路史‧後紀》引此經云：帝律生帝鴻；律，黃帝之字也。或羅氏所見本與今異。」

衡案：此斷非少典氏。《路史‧黃帝紀》注引此經「俊」作「律」，可從。又引見《黃帝紀下》「帝鴻氏」注。下句「律，黃帝之字也」是羅氏語，吳氏、郝氏俱相連而及，殊不分晰。據《路史‧後紀六》謂帝鴻是帝休，注云：「杜預以帝鴻為黃帝，陋矣。」然則郝引賈逵《左傳注》不可信。

《大荒東經》：「有黑齒之國。帝俊生黑齒。」郭注：「聖人神化無方，故其後世所降育，多有殊類異狀之人。諸言生者，多謂其苗裔，未必是親所產。」楊氏曰：「凡言生者，未必是親所產〔註3〕。《尚書》「舜別生分類」，生之為言姓也。蓋賜之姓，而別其種類，相傳既久，後世自以為聖帝之苗裔也。」

衡案：無論是親所產不是親所產，經既云「帝俊生黑齒」，則黑齒為高辛後可知。黑齒之命名，蓋像其形體，亦如春秋時黑肩、黑背、黑肱、黑臀云爾，

〔註3〕「是親所產」四字，楊書本作「其親所產」，吳書引作「為其親產」。

無所謂殊類異狀也。楊氏所說，亦涉牽混。《路史·高辛紀》云：「柔僕嬴土，亦帝之裔。」注：「《山海經》：柔僕之國，帝俊之生已，一曰嬴土。」又《國名紀》：「高辛氏後有柔僕國，一曰嬴土之國。」衡案：《大荒東經》云：「有柔僕民，是維嬴土之國。」郭注：嬴，猶沃衍也，音盈。是一條。下文「有黑齒之國，帝俊生黑齒」又一條。帝俊所生是黑齒，非柔僕也。今羅氏牽連而及，誤引《山海經》，以柔僕為帝俊之生，又誤「嬴土」為「嬴土」，豈未按書而錄乎？又《國名紀一》云：「《山海經》：黑齒之國，帝俊生其中。」此與「中容之國，舜之所生」同一混扯，豈謂帝俊生於黑齒之國乎？殊不可解。

《大荒東經》：「有神，人面、犬耳、獸身，珥兩青蛇，名曰奢比尸。有五彩之鳥，相鄉棄沙。郭注：未聞沙義。惟帝俊下友。帝下兩壇，彩鳥是司。」郭注：「言山下有舜二壇，五彩鳥主之。」吳氏曰：「案：『沙』『莎』通，鳥羽婆莎也。相鄉棄沙，言五彩之鳥相對歛羽，猶云仰伏而秣羽也。『惟帝俊下友』，言五彩鳥實司帝壇，如帝下馴撫之也。此古文倒貫語也。」

衡案：徐文靖《管城碩記》曰：「按《山海經》：帝俊生帝鴻。注〔註4〕以帝俊為黃帝。《冠編》：黃帝友奢比，友地典。即經〔註5〕所謂帝俊下友也。至人面獸身，猶後世所謂『李廣猿臂』『專諸熊背』之類，無足怪也。」案：徐氏蓋從《路史》以帝俊為帝律，故以為黃帝。據《管子·五行篇》：「黃帝得奢龍而辨於東方。」《路史》以奢龍即奢比，其說可從。若吳氏謂下友是馴撫此五彩之鳥，誤矣。案：所謂「相鄉棄沙」者，猶會稽禹墓羣鳥耘田之義，即指「帝下兩壇」言。古者，墓謂之壇。「帝下兩壇」，謂帝一壇居上。帝即指下友之帝。兩壇則一為奢比之壇，其一則不知為誰，或即如《冠編》所云之地典未可知，皆帝俊所下友者，故立二壇以陪祀。而有鳥相鄉棄沙之事，謂滌去汙濊也，亦其圖像如此。然則，此「帝俊」「俊」字亦當作「律」。郝氏以「名曰奢比尸」以上為一條，以「有五彩之鳥」以下又為一條，非是。不知帝俊下友者即友此奢比也。今從吳本。

《大荒南經》：「大荒之中，有人三身。帝俊妻娥皇，生此三身之國，姚姓。」郭注：「蓋後裔所出也。姚，舜姓也。」畢氏曰：「《說文》云：姚，虞舜居姚虛，因以為姓。《水經注》云：漢水逕魏興郡之錫縣故城北，又東歷姚方，蓋舜枝居是處，故地留姚稱也。」郝氏曰：「《竹書》云：帝舜三十年，葬后育于

〔註4〕「注」字本脫。
〔註5〕「經」字下本行「典」字。

渭。《地理志》云：右扶風陳倉有舜帝祠。蓋舜妻即后育，后育即娥皇與？《海外西經》有『三身國』而不言所生，此經及《海內經》始言『帝俊生三身』也。三身國姚姓，故知此帝俊是舜矣。」

衡案：《說文》：「虞舜居姚虛。」則姚虛之以姚名地，在舜之前矣。姚虛既在前，姚之得姓，亦不自舜始矣。此帝俊仍當是帝嚳。《大荒南經》：「羲和者，帝俊之妻。」《大荒西經》：「帝俊妻常羲。」後世因有嫦娥奔月之說。則是帝嚳之妻已先后育而有娥皇之號，蓋不知是羲和氏是常羲氏矣。《廣韻》：「娥，美好也。皇，美也。」又「媓」字下注云：「女媓，堯妻。」《世本》：「堯娶散宜氏之子，謂之女皇。」《拾遺記》謂少昊氏母「皇娥」。是「娥皇」不必專屬舜妻之證。郝氏以三身國姚姓定為帝舜之後，不可從。《漢書·人表》二「娥皇舜妃」，梁玉繩《人表攷》曰：「娥皇始見《山海經·大荒南經》。」亦誤以帝俊為舜矣。又案：羅氏《路史·前紀五·庸成氏紀》：「實有季子，其性喜淫，晝淫于市，帝怒，放之于西南。季子儀馬而產子，身人也而尾蹄馬，是為三身之國。」注：「張華所記，本出《括地圖》。」案：《括地圖》本不足信，然其不為帝舜之後，居然可見。況此經於《大荒東經》言「帝舜生戲」，《大荒南經》言「帝舜生無淫」矣；而此特變文言「帝俊」者，明與「帝舜」各異耳。《路史·國名紀三》：「搖氏，經云帝嚳子國，即搖民。」案，《大荒東經》：「帝舜生戲，戲生搖民。」經明言是舜後，而曰帝嚳子國，則又誤以舜為俊矣。又《後紀十》謂高辛氏八元有叔戲，叔戲生搖民。案《左傳·文十八年》，八元有叔獻。今以叔獻為叔戲，強附《山海經》以為說，殊不足據。《御覽》一百三十五「舜二妃」引《山海經》曰：「大荒之中有不庭之山，帝俊妻娥皇生焉。」似謂娥皇生於不庭之山，脫誤之至。不知「大荒之中，有不庭之山」是一事，下文「有人三身，帝俊妻娥皇，生此三身之國」又一事。

《大荒南經》：「有人食獸，曰季釐。帝俊生季釐，故曰季釐之國。有緡淵。少昊生倍伐，倍伐降處緡淵。有水四方，名曰俊壇。」郭注：「水狀如土壇，因名舜壇也。」吳氏曰：「案，舜生商均、季釐，又庶子七人。」郝氏曰：「案，《文十八年左傳》云：高辛氏才子八人，有季貍。『貍』『釐』聲同，當是也。是此帝俊又為帝嚳矣。」

衡案：郝說可據。吳說本《路史》，不可從。又，「俊壇」郭以為「舜壇」，亦非。案：「有人」至「緡淵」是一段，蓋紀季釐事。下文「少昊」至「降處緡淵」又一段，蓋以證緡淵之地所自始。下文「有水」至「俊壇」又一事，蓋

季釐既封國於緡淵之旁，故立父墓於此而築壇以祀之也。此所謂壇，蓋儀墓也。有水四方，「水」當是「土」之誤。郭謂水狀如土壇，亦不可解。

《大荒南經》：「羲和者，帝俊之妻，生十日。」吳氏曰：「案，羲和，常羲，有陬氏。」郝氏曰：「案，《史記正義》引《帝王世紀》云：帝嚳次妃娵訾氏女曰常儀。《大荒西經》又有『帝俊妻常羲』，疑〔註6〕與『常儀』及此經『羲和』通為一人耳。」

衡案：此帝俊是帝嚳。「生十日」另有說。吳氏以「羲和」「常羲」連敘，誤。古未聞以羲和為又娵氏也。郝氏謂常羲、羲和為一人，亦非。案，經云「羲和者，帝俊之妻」，又云「帝俊妻常羲」，明是二人，何得合而為一？此羲和非名，謂以羲和氏之女為妻也。

《大荒西經》：「帝俊生后稷。」郭注：「『俊』宜為『嚳』。嚳弟二妃生后稷也。」吳氏曰：「陳一中云：『帝佶生而神靈，自言其名曰夋。夋，俊也，古字通。帝嚳之為帝俊，此事之辨者。乃郭璞注《山海經》謂為帝〔註7〕舜，至帝俊生后稷，則曰宜為嚳，不知俊即嚳，而反疑經文為謬。經又曰「帝俊有子八人」，蓋八元，為益信。』又案：《華陽國〔註8〕志》：高辛氏名夋。《冠編》云：帝庱一名夋。是帝夋〔註9〕已有二人，而俊生季釐，則俊又似舜也。是所未解。」畢氏曰：「《大戴禮·帝繫》云：帝嚳上妃，有邰氏之女也，曰姜原氏，產后稷。《史記·周本紀》云：后稷母有邰氏之女，曰姜原，為帝嚳元妃。則郭云「第二妃」，誤也。」郝氏曰：「案：帝嚳名夋，『夋』『俊』疑古今字，不須依郭改『俊』為『嚳』也。然經中帝俊屢見，似非一人，未聞其審。」

衡案：后稷為高辛氏子，則帝俊為帝嚳無疑。吳氏謂「帝俊」生季釐是「帝舜」，誤，說見前。又引《冠編》「帝庱一名夋」，不可據。《漢書·人表》第一格「帝嚳高辛氏」，梁玉繩《人表攷》曰：嚳亦曰夋。下注云：「《史·五帝紀》索隱引《世紀》，而《史》正義引作『岌』，誤。《路史·後紀九》作『逡』。《山海經·大荒西經》作『俊』，注：俊宜為嚳。但經言帝俊處甚多，郭注謂古『舜』字借音，《路史》皆以為『嚳』，似未的。」衡案：《路史》皆以為「嚳」，是也，何「未的」之有？又於「帝舜有虞氏」攷曰：「舜」又作「俊」。下注云：「《山

〔註6〕「疑」字本脫。
〔註7〕「帝」字本脫。
〔註8〕「國」字吳書本無。
〔註9〕「夋」字本誤作「俊」。

—95—

海經‧大荒東經》蓋皆為郭注而誤。」實未將《山海經》自《大荒東經》至《海內經》凡有「帝俊」字面逐一考索也。

《大荒西經》：「帝俊妻常羲，生月十有〔註10〕二，此始浴之。」郭注：「羲與羲和浴日同。」吳氏曰：「案：常羲，有娀氏也，或作常儀，一作尚儀。《路史》云：高辛氏次妃常儀，生而能言，髮迨其踵，是歸高辛，生太子庤及月十二。」郝氏曰：「《史記‧五帝紀》云：帝嚳娶娵訾氏女。《索隱》引皇甫謐云：女名常儀也。今案，常儀即常羲，『羲』『儀』聲近，又與羲和當即一人，已見《大荒南經》。」

衡案：常儀亦非名也，亦謂是常羲氏之女。前羲和氏之女是黃帝時「羲和占日」之後；此常羲氏之女是「常儀占月」之後，明是二人。郝氏以為一人，其說非。

《大荒北經》：「大荒之中，河水之間，附禺之山，帝顓頊與九嬪葬焉。丘方圓〔註11〕三百里。丘南帝俊竹林在焉，大可為舟。」郭注：「言舜林中竹，一節則可以為船也。」郝氏曰：「案：此經帝俊蓋顓頊也，下云『丘西有沉淵，顓頊所浴』，以此知之。」

衡案：此丘方員三百里，帝俊竹林在丘南，顓頊所浴之沉淵在丘西，遠不相涉。況此條前云「帝顓頊與九嬪葬焉」，後又云「沉淵，顓頊所浴」，中間不得變文言「帝俊」。郝謂「帝俊蓋顓頊」，誤。郭云「舜林」，亦非。案：仍當屬帝嚳。

《海內經》：「帝俊生禺號，禺號生淫梁，淫梁生番禺。」郝氏曰：「《大荒東經》言黃帝生禺虢，即禺號也，『禺虢生禺京』，即淫梁也，『禺京』『淫梁』聲相近。然則，此經帝俊又當為黃帝矣。」

衡案：以《大荒東經》證之，則帝俊又疑是帝律之誤。然古人同名者甚多，安知黃帝所生之「禺虢」，與帝俊所生之「禺號」非二人耶？如共工、祝融，上世凡有數人是已。又，禺京、淫梁，聲亦不相近。

《海內經》：「帝俊賜羿彤弓素矰。」郝氏曰：「《楚詞‧天問篇》云：馮珧利決。王逸注云：珧，弓名也；決，射韘也。是即帝賜羿弓矢之事。《太平御覽》八十二卷引《帝王世紀》曰：羿，其先帝嚳以世掌射故，於是加賜以弓矢，封之於鉏，為帝司射。蓋本此經為說也。」

〔註10〕「有」字本脫。
〔註11〕「圓」字本脫。

衡案：據《世紀》所云，則帝俊亦當為高辛氏，故《說文》云：羿，嚳射官。梁玉繩《人表攷》曰：「嚳時有羿，堯時亦有羿，則羿是善射之號，非人名字，不知羿名為何。蓋其字从羽从廾，廾即拱字。拱羽為羿，是指其人而制字也。」衡案：此說附會。蓋帝嚳時之羿，羿是其名，後世誤以為在堯時。因其善射，故有窮后羿慕其名而亦名羿也。此其說，見下文。郭注、《淮南子》、《路史》謂羿在堯世，非，有說別見。郝〔註12〕氏以《天問》「馮珧利決」是即「帝賜羿弓矢」之事。案：《天問》所云是夷羿事，非高辛時之羿也。其說誤。

《海內經》：「帝俊生晏龍，晏龍〔註13〕是為琴瑟。」郭注：「《世本》云：伏羲作琴，神農作瑟。」吳氏曰：「案：虞汝明《古琴疏》：晏龍者，帝俊之子也，有良琴六，一曰菌首，二曰義輔，三曰蓬明，四曰白民，五曰簡開，六曰垂漆。」

衡案：琴瑟作於伏羲、神農，晏龍特踵而為之，故但云是「為琴瑟」，不云「始為」。吳氏引《古琴疏》「六琴」之名，殊屬杜撰。郝氏引《說文》「琴，神農所作；瑟，庖犧所作」，謂郭注傳寫之譌。不知作琴者未始不可作瑟，作瑟者未始不可作琴，此辨亦可不必。

《海內經》：「帝俊有人八人，是始為歌舞。」吳氏曰：「案：《路史注》作『舜有子八人，始歌舞』。然舜有庶子圭胡、負遂等七人。《帝王世紀》又云九人，豈即經所指歟？」郝氏曰：「案：《初學記》十五卷、《藝文類聚》四十三卷、《太平御覽》五百七十二卷引此經竝云：帝俊八子，是始為歌。無『舞』字。」

衡案：此即八元也。據《左傳‧文十八年》，是伯奮、仲堪、叔獻、季仲、伯虎、仲熊、叔豹、季貍。《路史‧後記十》謂八元是實沈、閼伯、晏龍、叔戲、巫人、續牙、厭越，所說止七人，尚缺其一。注謂：「姓書以貍、虎、豹為八元後氏，宜非。」案：此顯與《左傳》相背，注又引劉敬叔《異苑》云：「陬訾氏八夢日而生八子，皆有賢智，世號八元。」皆不足據，其曰是始為歌舞者，蓋謂始作《五英》之樂，以祀天神地祇人鬼也，非為耳目之玩。《初學記》《藝文類聚》之無「舞」字者，以載於「歌類」，故截去此字。《御覽》亦然，非有義例也。觀《北堂書鈔》於「樂部‧歌篇」引《山海經》「帝俊八子，是始為歌」，又於「舞篇」引《山海經》「帝俊八子，始為舞」，可以知矣。

〔註12〕「郝」字本誤作「郭」。案：此處上圖藏本有批改。
〔註13〕此二「晏龍」本脫其一。

《海內經》：「帝俊生三身，三身生義均。」吳氏曰：「案：《學海》曰：經所紀諸國，多云帝俊之後，而所謂帝俊者，或以為黃帝，或以為嚳，或以為舜。要之聖德廣被，無遠弗屆，相傳謂其後代，未必皆子孫也。而神明之冑，亦多轉旋異域，有不可以概論者。又，《路史》曰：續牙友舜于貧，貴而棄之，為續氏。注云：《山海經》『帝俊生身』是也，蓋隸者多以『牙』為『身』云然。《南荒經》言娥皇生三身，則三身非續牙，明已。未可據也。」郝氏曰：「義均者，《竹書》云：帝舜二十九年，帝命子義鈞封于商。《楚語》云：舜有商均。韋昭注云『均，舜子，封於商』是也。此經又云『三身生義均』，與《竹書》《國語》俱不合。」

衡案：此義均是高辛氏之孫，與舜子商均名義鈞者是二人。古今同名者甚多，況「均」「鈞」異字乎。娥皇生三身，說見前。若《路史》「續牙」之妄，不辨自明。《學海》謂「帝俊或以為黃帝或以為嚳或以為舜」，亦非。案：經明言「黃帝生苗龍；黃帝生昌意；黃帝生駱明；帝舜生戲；帝舜生無淫」；不得又變文稱帝俊。至於少昊之子，顓頊之子，亦屢載於經。而獨於帝嚳之子不一見，豈高辛之苗裔，獨闕而不錄乎？吾以為經言帝俊俱指帝嚳。若其中不無有「帝律」之誤，參觀《路史》所引自明。

生十日　生月十有二

《大荒南經》：有羲和之國，有女子名曰羲和，方日浴于甘淵。羲和者，帝俊之妻，生十日。郭注：羲和，蓋天地始生，主日月者也。故《啟筮》曰：空桑之蒼蒼，八極之既張，乃有夫羲和，是主日月，職出入，以為晦明。又曰：瞻彼上天，一明一晦，有夫羲和之子，出于暘谷。故堯因此而立羲和之官，以主四時，其後世遂為此國。作日月之象而掌之，沐浴遷轉之於甘水中，以效其出入湯谷、虞淵也。所謂世不失職耳。又於「生十日」下注云：言生十子各以日名名之，故言生十日，數十也。案：「日」字當重。

《大荒西經》：有女子方浴月。帝俊妻常羲，生月十有二，此始浴之。郭注：義與羲和浴日同。

衡案：《大荒南經》「方日浴于甘淵」，「日浴」二字誤倒，例以《大荒西經》之「方浴月」可證。「生十日」「生月十有二」，兩「生」字俱「主」字之譌。郭注：主日月者也。又引《啟筮》「乃有夫羲和[註14]，是主日月」，是此處切

〔註14〕「和」字下本衍「之子」二字。

據。主，謂專司其事。《山海經》多言是生，因此而誤。十日者，甲乙丙丁戊己庚辛壬癸也。月十有二者，子丑寅卯辰巳午未申酉戌亥也。蓋黃帝時羲和占日，常儀占月，世守其業，故後世羲和氏之女，常儀氏之女，亦得傳其家學，以佐高辛之內政。其曰「有羲和之國」者，明乎羲和氏之女所從生也。《大荒西經》不言「有常羲之國」者，以常儀是羲和支庶，未聞別封，或同居一國，此常羲之女，亦出羲和之國可知。郭謂「羲和，蓋天地始生，主日月者」。夫曰「天地始生」，則是自天皇、地皇、人皇以前矣，其說無據。浴日、浴月，是取儀象之器而浴之於水中，以去其塵晦。此亦據圖而寫之，故云「方浴日」「方浴月」。若如郭氏所云「生十子各以日名名之」，則於「生月十有二」下，郭雖不云「生十二子」，然以此注推之，亦當云「各以月名名之」。如是，則高辛於摯、堯、稷、契之外，另有二十二子矣。歷觀古紀，止云高辛氏有才子八人，未聞有此說也。後此惟殷商一代以生日名子，然亦以生日之天干所值名之，未有順次排比，從甲至癸者。今必以從甲至癸，從子至亥，次敘不亂，按年而生，因以十日、十二月名之。則是間一天干，間一地支，即不得順次名子矣。抑又思之，假如羲和氏女止生八子九子，將數止於庚辛乎？常羲氏女止生十子十一子，將數止於酉戌乎？又假如羲和氏女生十一子，常羲氏女生十三子，吾不知又何以名之。凡此皆不待辨而自明者也。案：浴日、浴月是儀器。若謂取此十子、十二子而浴之，幾成笑柄。且郭既云「作日月之象而掌之，沐浴遷轉之於甘水中」是已，乃又云「言生十子各以日名名之」，豈非自亂其例乎？噫，異矣。又羲和，余別有說。

生歲十有二

《海內經》：共工生后土，后土生噎鳴，噎鳴生歲十有二。郭注：生十二子皆以歲名名之，故云然。吳氏曰：案：羲和以為十日名子，商代以為十干紀名，即此義。

衡案：郭氏、吳氏之說俱非也。《爾雅》：太歲在甲曰閼逢，在乙曰旃蒙，在丙曰柔兆，在丁曰強圉，在戊曰著雍，在己曰屠維，在庚曰上章，在辛曰重光，在壬曰玄黓，在癸曰昭陽。此歲陽也。大歲在寅曰攝提格，在卯曰單閼，在辰曰執徐，在巳曰大荒落，在午曰敦牂，在未曰協洽，在申曰涒灘，在酉曰作噩，在戌曰閹茂，在亥曰大淵獻，在子曰困敦，在丑曰赤奮若。此歲名也。歲陽之數止十，唯歲名之數十有二。此言歲十有二者，舉歲名以包歲陽也，故

得統之曰歲。若如郭說止取名於歲名，與「月十有二」何分別？且如郭說，則必噎鳴所生之子恰是十二則可，若是十一子則缺一，若是十三子則又多其一，焉得恰如其數？而於初生首子時，即〔註15〕被以困敦之名乎？至商代之名子俱以天干，是以所值之日干名子，不排比類敘也。吳氏謂即此義，亦非。檢《路史·後記一》：太昊母華胥孕十有二歲，以十月四日降神，得亥之應，故謂曰歲。此謂伏羲氏名歲，亦是臆度之辭。蓋伏羲以木德王，故曰歲。以為孕十有二歲者，妄也。此遠在共工、后土之前，與「噎鳴生歲十二」無涉。又《後記三》「炎帝神農乃命赤冀」下注云：赤冀即赤冀，赤冀若也，一作赤制，炎帝之臣，與攝提、諸稽、玄囂，皆十二枝神。據此，則攝提、赤冀即赤奮。皆是人名，郭注似可從，而有不必然者。蓋生子必以年分，得名前後不容倒置。假如噎鳴有數妻，則於一年中，或產二子三子，將毋二子三子共此一名乎？若止有一妻，則於十七八年二十餘年內生此十二子，不又重名者纍纍乎？凡此皆不足據者也。《路史·後記四》又云：祝庸生后土，后土生垂，垂臣高辛，為堯共工，生噎鳴，是為伯夷，封呂，生歲十二泰嶽。此與《海內經》亦同亦異，又以「歲十二泰嶽」蟬聯而下，未之分析，將毋以「歲十二」即「泰嶽」乎？抑或謂生此「歲十二」又生「泰嶽」乎？牽混之至。

然則「生歲十有二」作何解？曰：「生」者亦「主」字之譌也；「歲」謂十二次之分，星紀、玄枵、娵訾、降婁、大梁、實沈、鶉首、鶉火、鶉尾、壽星、大火、析木是也。據《左傳》云「歲在星紀」「歲在娵訾」「歲在降婁」「歲在大梁」，故謂十二次為歲。主者，主其事，如《周禮·春官》馮相氏、保章氏之所掌，「以辨四時之敘，以觀天下之妖祥」。春秋時梓慎、裨竈亦居是職。或曰「歲」謂太歲。太歲為陰，左行於地，十二歲而一周天。亦通。然則，主歲十有二者，即噎鳴也。非謂噎鳴之子，審矣。如曰「生十二子皆以歲名名之」，吾不謂然。

三首九首三面

神怪形狀，離奇詭誕，吾不得而知也。若是人類，斷無此怪異不經之事。《海外南經》：三首國，其為人一身三首。《海內西經》：服常樹，其上有三頭人伺琅玕樹。《大荒西經》：大荒之山，有人焉，三面，是顓頊之子。《海外北經》：共工之臣相柳氏九首。又見《大荒北經》。

〔註15〕「即」字本誤作「節」。案：此處上圖藏本有批改。

　　衡案：凡所謂「頭」者，猶《孟子》所云「八口」也。古人語質，如幾頭馬、幾頭羊之類。頭猶個；天皇氏十三頭、地皇氏十一頭、人皇氏九頭，非謂頭目之頭有如此之多也。郭於《海內西經》注云：「《莊周》曰：有人三頭，遞臥遞起，以伺琅玕與玗琪子。謂此人也。」郝氏謂《海外南經》「三首國一身〔註16〕三首」亦類此，大誤。夫惟是三個人，故能遞臥遞起；若是一人三頭，則何能如是？《莊子》語義明白，而猶不解，毋惑乎？其多怪也。若《大荒西經》「三面人」是顓頊之子，則更異。夫顓頊，聖人也。《內傳》云高陽氏有不才子，謂之不才洵有之，果是三面，則面於何屬？將一面一頸乎？抑三面共繫一頸乎？檢《漢書·五行志》，平帝元始元年，長安女子生兒兩頭異頸。《後漢書·五行志》：靈帝光和二年，雒陽女子生兒兩頭異肩；中平元年，雒陽劉倉妻生男兩頭共身；獻帝建安中，女子生男兩頭共肩。後世《五行志》亦頗有之，是皆產出即死，未聞有活者。且是「兩頭」，不云「三頭」也。若共工之臣九頭，則異之異者矣。夫相柳亦人耳，人而九頭，則飲食言語，胥無是處，余有說另見。至《南山經》之鶹鵂鳥三首，《西山經》之鸚鵒鳥三首，《北山經》鯈魚四首，《東山經》之蠱〔註17〕姪獸九首，《海內西經》之開明獸九首，《大荒西經》之鸓鳥六首，則怪鳥怪獸，容或有之。然吾以人相、眾生相論之，猶以為圖畫之形；多而蹙狹，故但畫其首如此也。若夫《西山經》有天神焉，二首；《中山經》苦山、少室、太室皆冢也，其神狀皆人面而三首；又平逢〔註18〕之山有神焉，其狀如人而二首，名曰驕蟲；又朝陽之谷，神曰天吳，八首，又見《大荒東經》；《大荒北經》有神九首，名曰九鳳：此皆神而涉於怪者也，故不必為之辯。然以九首九鳳言之，則似非一身而九首矣。余雖不辯論，亦須當活看。《尸子》：「子貢問孔子曰：古者黃帝四面，信乎？孔子曰：黃帝取合己者四人，使治四方，不謀而親，不約而成，大有成功，此之謂四面也。」其說亦見《呂氏春秋·本味篇》。觀於孔子之論黃帝，則可以讀《山海經》矣。

三身十身

　　《西山經》：三危山有鳥焉，一首而三身，其名曰鴟。《北山經》：譙明之山，譙水出焉，其中多何羅之魚，一首而十身。渾夕之山，有蛇，一首兩身。

〔註16〕「身」字本誤作「人」。
〔註17〕「蠱」字本誤作「龍」。
〔註18〕「逢」字本誤作「蓬」。

　　案：此蛇鳥之類，無足異者。然吾以為《山海經》前五卷亦是圖畫所傳，古畫簡略，但寫其形，似不若後世畫工之分明，故但畫一首而三身、一首而十身，而三鳥、十鳥，可以意會。此唯明者解之，然亦不必深為之辯也。惟《海外西經》三身國「一首而三身」，此與《大荒南經》「有人三身，帝俊妻娥皇，生此三身之國，姚姓，黍食」是一事，則不可以不辨。夫三身既由父精母血而生，則猶是人耳，焉得一首而三身？況是帝俊所生，無論為嚳為舜，總是聖帝，豈有聖帝而生此精怪之理？據《海內經》：帝俊有子八人，是始為歌舞；帝俊生三身，三身生義均。則是所生之三身，或即在此八人之中，或不在此八人之中，然總是一父所生，何八人者未聞類此，而此獨賦形大異也？且一首三身，又何能夫婦配合而生子義均乎？《莊子》曰：「厲人夜半生子，取火視之，恐其似己也。」《左傳・宣四年》：「楚司馬子良生子越椒。子文曰：是子也，熊虎之狀而豺狼之聲，弗殺，必滅若敖氏矣。」豈有生子一首而三身，如此奇怪，尚有舉而育之之理？此其必不然者也。且身必有頸，方能聯屬於首。今以一首冠於三身之上，吾不知此頸如何安置，又不知此身是左右排列而為三，抑或前後重疊而為三也。若是則起立坐臥，動輒相連，如何平妥？總之無有是處。以致《淮南・地形訓》有「三身民」，《博物志》又於「三身國一頭三身」之外，復加「三手」二字，皆未細核《山海經》，故有斯謬說。不知《大荒南經》與《海內經》止云「帝俊生三身」，並無怪異，惟《海外西經》有此不經之語。意《海外西經》原文止「三身國」三字，後人不得其解，遂附會，其下曰「一首而三身」，今則連接成文，遂致不可究詰。而究之三身之國，據《大荒南經》明云「姚姓」，明云「黍食」，與下文季禺之國、盈民之國、季釐之國，同是人類，有何疑義？

　　然則「三身」之說何居？案：「三身」是人名，如伯益號百蟲將軍，百里奚號五羖大夫之類。謂予言非是，則請還以《山海經》證之。經言「帝俊生中容」「帝俊生晏龍」，「中容」「晏龍」是人名，誰謂「三身」獨非人名乎？

羽山

　　《南山經》：南次二經之首曰柜山，東南四百五十里曰長舌〔註19〕之山，又東三百四十里曰堯光之山，又東三百五十里曰羽山。郭注：今東海祝其縣西

南有羽山，即鯀所殛處，計其〔註20〕道里不相應，似非也。

　　吳氏曰：案：《禹貢注》：羽山在郯城縣七十里。《十道志》：羽潭一名羽池，東有羽山。《郡國志》云：鍾離泳城有羽山。劉會孟曰：淮安贛榆縣有羽山。所紀未詳是非。

　　郝氏曰：案：《地理志》：東海郡祝其，《禹貢》羽山在南，鯀所殛。郭以為非此經羽山，是矣。

　　衡案：讀書要細讀上下文。據此經「南山之首曰䧿山，其首曰招搖之山，臨于西海之上」，此南而兼西言之者也。下文云「又東三百里曰堂庭之山，又東三百八十里曰猨翼之山，又東三百七十里曰杻陽之山，又東三百里曰柢山，又東四百里曰亶爰之山，又東三百里曰基山，又東三百里曰青丘之山，又東三百五十里曰箕尾之山，其尾踆于東海」，此由西而至東，總屬南戎〔註21〕，故曰《南山經》。經又云：「凡䧿山之首，自招搖之山以至箕尾之山，凡十山，二千九百五十里。」今按里數，止二千七百里，其中數目或有譌誤。其下南次二經自柜山至羽山，又一千一百四十里，加以南山經之首二千九百五十里，總共四千零九十里。中間箕尾山至柜山，又不知相去若干里，不過稍迤而南。約而言之，則羽山距招搖之山，不下五千里。郝氏謂招搖山臨于西海，案郭注「蜀伏山」，「伏」是「汶」字之譌，說本畢氏。則由蜀之汶阜山以至東海之羽山，直西直東，除去迂回曲折，亦不過五千里耳。郭謂「計其道里不相應」，吾謂記此道里正相應。郝氏引《漢志》證之，不誤，而又以郭注為是，何其無特識也？漢東海祝其縣，今海州贛榆縣。吳氏引劉會孟說，而不能斷，何哉？要旨皆不能將本書之上下文細讀，而又惑於郭注故也。又，吳氏引《郡國志》「鍾離泳城有羽山」，檢《郡國志》，鍾離侯國屬九江郡，並無「泳城有羽山」之說。案：鍾離，《前漢志》亦屬九江郡，其地在今安徽鳳陽府東。檢《郡志》，東海郡祝其縣有羽山，劉昭注：殛鯀之山。杜預曰：在縣西南。《博物記》曰：東北獨居山西南有淵水，即羽泉也。案：祝其地在今江蘇海州贛榆縣西南五十，即是此經之羽山。吳氏不引以為證，而引「鍾離泳城」，不知何據。

禹父之所化

　　《中山經・中次三經》：青要之山，北望河曲，是多駕鳥；南望墠渚，禹

〔註20〕「其」字郭書本作「此」。下同。
〔註21〕「戎」字本誤作「戒」。

父之所化,是多僕纍、蒲盧。郭注:河千里一曲一直也。水中小洲名渚。鯀化於羽淵為黃熊,今復云在此,然則一已有變怪之性者,亦無往而不化也。

　　吳氏曰:案:《竄凡》云:人之化者,鯀化黃熊,望帝化杜鵑,褒君化龍,牛哀化虎,黃母化黿,徐君化魚。《路史注》云:今陸渾東有禪渚,即鯀化之所;河南密縣亦有羽山,縣化羽淵,一或在此;神則無不在也。

　　畢氏曰:《水經注》云:「墠渚水上承陸渾縣東墠渚,渚在原上,陂方十里,佳饒魚葦。」即引此經云云。「鯀化羽淵而復在此,世謂此澤為慎望陂,陂水南流注于涓陽水。渚在今河南嵩縣。」

　　郝氏曰:《水經·伊水》注引此經「墠」作「禪」,又引郭注云:鯀化羽淵而復在此,然已變怪,亦無往而不化矣。又案,《山海經》,禹所著書,不應自道禹父之所化,疑此語亦後人羼入之。

　　衡案:「禹父之所化」,始見於《中山經》。前卷並無有鯀化羽淵事,何以言「今復云在此」。郭蓋泥於《晉語》「鯀違帝命,殛之于羽山,化為黃熊,以入于羽淵」,而不知「化為黃熊」之說,《山海經》無是語也。據《左傳·昭二年》子產曰:昔堯殛鯀于羽山,其神化為黃熊。玩「其神」二字,是蓋其沒後,靈或有所憑依。如「石不能言或憑焉」「丹朱憑身以儀房后」之類,亦非謂其身化為黃熊也。郭止知「化」為「變化」。案:「化」有消滅之義,自有而無謂之化,化猶死也。《莊子》云:其形化,其心與之然。非其證歟?蓋「禹父之所化」與《西山經》「后稷之所潛」同義。郭注《山海經》,動以變化為說,吳氏又從而證之。吾見《太平廣記》及《玉芝堂談薈》所云人化異類甚多,然皆不足信。至有以虎皮羽衣為說者,總屬不經之論,儒者所不道。《水經注》所云陸渾縣東之「禪渚」,當與此經之「墠渚」異地,河南密縣之「羽山」,亦與殛鯀之「羽山」無涉。蓋羽山在東極,羽淵亦在東極,鯀之所殛,不當在兩地也。又此經「北望河曲」,郭以「河千里一曲一直」注之,太泛。檢《春秋·文公十二年》:晉人、秦人戰于河曲。杜注:河曲在河東蒲坂縣南。漢蒲坂,今山西蒲州府治。則是河曲實有定名,非虛指河之一曲也。青要山在今河南新安縣,河曲實在其西北,而僅曰「北望」者,舉北以見西也。墠渚當在今海州贛榆縣羽山之旁,實在青要山之東南,而僅曰「南望」者,舉南以見東也。郭於「墠渚」下,亦未注明定處,是皆游移其見,故恍惚而不得其準,不然以上文「北望河曲,是多駕鳥」例之,則下云「南望墠渚」,宜即緊接「是多僕纍、蒲盧」,何不直捷?中間又插一句「禹父之所化」,其確有所指,亦可見矣。郝

氏云：禹所著書，不應自稱禹父之所化。案：《山海經》非禹所自著，實成於夷堅之手。夷堅是夏末殷初人，故有斯語。即依王充《論衡・別通篇》云：「禹主治水，益主記異物，海外山表，無遠不至，以所聞見作《山海經》。」謂是益所作，在益亦何妨稱禹父也。案：禹主治水，隨山刊木，手胼足胝，何暇作《山海經》？蓋是益述之，而成於夷堅也。

息壤

《海內經》：洪水滔天，鯀竊帝之息壤，以堙洪水，不待帝命，帝令祝融殺鯀于羽郊。郭注：息壤者，言土自長息無限，故可以塞洪水也。《開筮》曰：滔滔洪水，無所止極，伯鯀乃以息石息壤以填洪水。漢元帝時，臨淮徐縣地涌，長五六里，高二丈，即息壤之類也。

吳氏曰：案：《丹鉛摘錄》曰：「《說文》：壤，柔土也。《山海經》云：竊帝之息壤。蓋指桑土稻田可以生息者〔註22〕，皆君所授於民者，故曰『帝之息壤』。鯀治水不順水性，決耕桑之畎畝，坊淫潦之洪流，是竊帝之息壤。」楊氏之言誠辨矣，然《淮南子》云，禹以息壤堙洪水。羅泌《路史》云：江漢之壤，鎮鎖水旱。蘇軾《息壤詩序》：息壤旁有石，不可犯畚插，所及輒復如故。高子勉《息石序》：息石在江陵莊嚴寺。又，《溟洪錄》云：唐元和初，裴宇鎮荊州，掘深六尺，得一石，規模悉倣江陵城制，命徙置藩籬間，毀之，是春淫雨四月不止，裴復舊石，雨止，厥後，高從誨鎮荊州，出經其處，問書記孫光憲，對曰：「伯禹治水，自岷至荊，定彼原泉之穴，慮萬世下，或有汎濫，爰〔註23〕以石屋鎮之耳。」《玉堂閒話》云：江陵南門外雍門內，禹鐫石造龍宮實於穴中，以塞水脈。《江陵圖經》亦言：子城南門地隆起如伏牛馬狀，去之一夕如故。是鯀用息壤而殛死，禹用息壤而成功，則息壤實在江陵之地，非泛言生息之壤也。又永州龍興寺東北亦有息壤，平之而又高，見柳宗元記。秦邑亦名息壤，《甘茂傳》所謂「秦王迎甘茂于息壤」是也。《真誥》曰：玄帝四行天下，周旋八外，諸有洞臺之山，陰宮之丘，皆移安息之石封而鎮之。是息壤、息石之名，其來舊矣。

郝氏曰：案：《竹書》云：周顯王五年，地忽長十丈有餘，高尺半。《天文志》云：水澹地長。地長即息壤也。《淮南・地形訓》云：禹乃以息土填洪水

〔註22〕「者」字吳書本無。
〔註23〕「爰」字本脫。

以為名山，掘昆侖虛以下地。高誘注云：「地」或作「池」。據《淮南》斯語，是鯀用息壤而亡，禹亦用息壤而興也。

衡案：息壤之說，升庵楊氏頗有見解。又，朱國楨《湧幢小品》亦以息壤為柔土。雖其說不甚暢，然皆本之經訓。若郭注，則有異焉者矣。夫土自長養無限，取以塞洪水，鯀亦何罪而至於殛死乎？又引漢元帝臨淮地踊以證之，臨淮地踊事不載於《漢書・元帝紀》。郝氏又證以《竹書》周顯王五年之事，不知地踊當屬地異。案：周顯王二年，齊地暴長，長丈餘，高一尺五寸。漢成帝和平四年，臨淮縣土踊起，高二丈。見《御覽》八百八十。「和」當作「河」。又唐建中初，魏縣西四十里，地數畝忽長高尺餘。宋真宗天禧五年，襄州鳳林鎮道側地湧起高三尺，廣八尺，皆是一例，當入《五行志》。《春秋考異郵》云：后族崇則土踊。俞文俊所謂「人氣不和而贅疣生，地氣不和而堆阜起」是也，此與息壤何與？蓋息壤是安息之義。土踊則不安矣，焉得取以為證？惟鯀取耕桑可種之土，築堤禦水，所謂鯀之治水也，障之是也。《太平寰宇記》：河北道澶州臨河縣，堤在縣西一十五里，堯命鯀治水，築堤無功，其堤即鯀所築也。又貝州清河縣，鯀堤在縣西三十里，鯀治水時所築。是鯀築堤之證。蓋隄愈高則水勢愈激而易崩，所以無成。《洪範》所謂「鯀陻洪水」，孔傳：陻，塞也。是已。其謂之竊者，以不上聞於帝堯，不待堯命而奮其私智，民為魚鱉，蒼生受其毒，是以帝堯殛之。若鯀申之於帝，帝必阻之，惟竊而用之，則方命之罪己無可逃。若謂同一息壤，鯀用之而獲罪，禹用之而奏功，殊屬費解。蓋禹之治水，行所無事，疏淪決排而已，安事此息壤？為今姑就郭注言之，則禹所用者，或是息石，取以鎮水泉則有之，如後世李冰鑿石為犀牛以厭水之義。相傳揚州禹王廟浮山石亦是鎮壓水泉。《淮南・地形》誤以息石為息壤，其辭亦不甚明晰。夫治水當導之歸海，乃當此洪水滔天之際，而欲用息土以填之，即愚者亦不至此，況禹之大聖乎？且既云「以息土填洪水」，下忽接「以為名山」，豈築土為山以禦水乎？亦太幻矣。蓋《淮南》之可信者半，其不可信者亦半。故王充著《論衡》多闢之，未可取以為據也。案：當日帝都三面距河，河患為最；而江其緩者也。吳氏乃歷引荊州江陵之事，以為郭注之證，亦似當日鯀禹治水，崇以治江為急務者，何其誣也。予有辯，載《博物志疏證》及《續博物志疏證》，茲不復贅。

至吳氏引陶弘景之《真誥》以為言，則亦徒取博記而不衷諸道，亦可見矣，予故不屑辯之。乃又於經文「殺之羽郊」下引朱子《楚辭辨證》曰：「經云鯀

竊帝之息壤，以湮〔註24〕洪水，帝令祝融殛之羽郊。詳其文義〔註25〕，所謂帝者，似指上帝。蓋上帝欲息此壤，不欲使人干之，故鯀竊之而帝怒也。」

衡案：讀書須將上下文讀透，方可作解。如謂帝是上帝，則上文「不待帝命」，亦謂是不待天帝之命乎？下文「帝令祝融殺鯀於羽郊」，亦謂是上帝令殺鯀乎？不知普天之下莫非王土，故曰「帝之息壤」，則帝是帝堯，斷無疑義，且也息壤二字連文，猶云息土。今乃云上帝欲息此壤。若以《開筮》之言息石息壤證之，則是上帝既欲息此石，又欲息此壤矣。解書如此，不如無解。又《辯證》謂祝融顓帝之後，死而為神。蓋言上帝使其神誅鯀也。若堯舜時，則無此人久矣。此真信口亂道，不知《山海經》祝融有二，一為炎帝之後，戲器之子，一為顓頊之子吳回，堯時祝融當是吳回祝融氏之後。明明是生人，何得謂使其神誅鯀？其曰「帝令祝融殺鯀于羽郊」者，案《洪範》曰鯀則殛死，殺猶殛也，謂先殛後死，故亦謂之殺。帝令祝融，蓋如後世遣發罪人押解之類。《竹書》：帝堯五十八年，帝使后稷放帝子朱于丹水，即此義也。

鯀復生禹

《海內經》：帝令祝融殺鯀于羽郊，鯀復生禹。郭注：《開筮》曰：鯀死三歲不腐，剖之以吳刀，化〔註26〕為黃龍也。

郝氏曰：案《初學記》二十二卷引《歸藏》云：大副之吳刀，是用出禹。《呂氏春秋·行論篇》亦云「副之以吳刀」，蓋即與郭所引為一事也。《楚詞·天問》云：永遏在羽山，夫何三年不施；伯禹腹鯀，夫何以變化？言鯀死三年不施化，厥後化為黃熊。故《天問》又云：化為黃熊，巫何活焉？郭引《開筮》作「黃龍」，蓋別有據也。「伯禹腹鯀」即謂「鯀復生禹」，言其神變化無方也。

衡案：郭注但引《開筮》，並未神奇其說。郝氏從而甚之，歷引諸說，雖未明言鯀死之後復生大禹，案其文義，似謂如此。不知《開筮》即《歸藏》，其與《呂氏·行論》皆子虛烏有之事，《天問》之「永遏在羽山」即所謂「殛鯀于羽山」也。永遏者，幽禁之謂。《書》所云「殛」者，極也，謂窮極至東裔云爾，與流、放、竄是一例事，非謂殺之也。《山海經》之所謂「殺」者，謂鯀被殛後，即死於羽山，故曰「殺」。要其終而言，非真駢首之謂。《天問》

〔註24〕「湮」字吳書本作「堙」。
〔註25〕「義」字吳書本作「意」。
〔註26〕「化」字上本衍「死」字。

又云：夫何三年不施？謂帝既殛之羽山，幽禁之三年之久，何不明正其罪而誅之。不施，猶言不肆諸市朝也。施猶肆，謂陳尸也。《左傳》「乃施邢侯」，即此「施之」之義。或作施舍講，謂赦之也，非是。下又云：伯禹腹鯀，夫何以變化？謂大禹神聖，乃是伯鯀所生之子。子既神聖，則鯀焉有變化黃熊之事？疑而怪之之辭。此其說在春秋子產時已有，然但云其神化為黃熊，非謂死之日其身化為黃熊也。夫鯀亦人耳，帝殛之羽山，與共工、驩兜、三苗等。共工、驩兜、三苗，未聞化為異類。何獨神禹之父有此奇事？《天問》又云：化為黃熊，巫何活焉？是皆不信斯事，而怪而問之也。若如《開筮》所言，則是鯀死之後，無人收斂，直至三年之久，因其不腐而剖之以吳刀，有是理乎？且「剖之以吳刀」，誰剖之？若謂是帝堯、帝舜，夫何不明正典刑，誅之三年之前，而必俟其不腐，追其既往，而後剖之乎？且鯀之罪，亦何至戮尸？戮尸是後世之事，古無有也。《初學記》引「副之以〔註27〕吳刀」下又加以「是用出禹」四字，亦若禹之生竟似出於鯀之腹者，則更異矣。至於鯀化之說亦不一，《左傳》《國語》言化「黃熊」，郭引《開筮》作「黃龍」，與《水經・淮水》注同，《拾遺記》又云「化為玄魚」，《夏本義》正義又謂是「三足鱉」，「熊」又或作「能」，或云水族，或云陸獸，紛紛附會，俱歸誕妄。《太平寰宇記》、《路史・后紀十三》注，並謂鯀墓在臨沂縣東南百里，諸說可廢矣。考臨沂，西漢東海郡，東漢琅邪國，今山東沂州蘭山縣北五十，正與贛榆之羽山相去不遠。《寰宇記》：河南道沂州，羽山在臨沂東南一百一十里。不信然歟？

然則「鯀復生禹」當作何解？余謂此四字與下文「帝乃命禹卒布土，以定九州」為一事，上文「鯀竊帝之息壤」至「殺鯀于羽郊」是一事，上下各不相蒙，言鯀之後復有禹以成厥功也。案：《史記・夏本紀》：舜巡狩，行視鯀之治水無功，乃殛鯀于羽山以死，於是舜舉鯀之子禹，而使續鯀之事。據《竹書》，帝堯六十九年，黜崇伯鯀；七十五年，司空禹治河。上距黜鯀之年六載耳。此時禹已為司空，則非生於鯀死之後為遺腹子可知。荀仲豫稱「禹十二為司空」，非是。考《吳越春秋》，禹年三十，始娶塗山氏，則「十二」當是「二十」。蓋禹行至塗山，正《孟子》所云「八年於外」之時，此時已年三十，則為司空時焉得云十二哉？《路史》注云「十四為司空」，亦誤。計禹二十為司空，當黜鯀之時年已十四；又三年而鯀死，據《天問》「夫何三年不施」。禹年已十七矣；

〔註27〕「副之以」據前引當作「大副之」。

又三年為司空，年正二十。郝氏言「鯀復生禹，言其神變化無方」，殊不可解。夫生子亦人道之常，有何變化無方？若因《天問》有「伯禹腹鯀」，謂大禹從鯀腹中出，獨不聞禹生於石紐，其母女志有吞神珠而孕之事乎？若因「巫何活焉」，謂鯀死復活而復生禹，則更屬不經矣。郭氏好言「變化」，幸此處不見。郝氏又從而為之辭，豈非欲傳此書，而反欲廢之乎？至《歸藏》所云「大副之吳刀，是用出禹」，與《竹書紀年》注「修己剖背而生禹」，《吳越春秋》「女嬉剖脅而生高密」，是一是二，舉不足辨。

雷神

《海內東經》：雷澤中有雷神，龍身而人頭，鼓其腹，在吳西。郭注：今城陽有堯冢、靈臺，雷澤在北也。《河圖》曰：大迹在雷澤，華胥履之，而生伏羲。

吳氏曰：案：雷澤在濟陰城陽縣西北。《禹貢》作「雷夏」，《周禮》作「盧維」，鄭玄作「雷雍」。昔舜漁於雷澤，即此地。金氏云：今濮州雷澤縣西北雷夏陂，東西二十里，南北十五里，蓋古雷澤也。

畢氏曰：《淮南子・地形訓》云：雷澤有神，龍身〔註28〕人頭，鼓其腹而熙。高誘注：雷澤，大澤也。

郝氏曰：《地理志》云：濟陰郡成陽，有堯冢、靈臺，《禹貢》雷澤在西北。《〈史記・五帝紀〉正義》引《括地志》：雷夏澤在濮州雷澤縣郭外西北。又引此經云：雷澤有雷神，龍首人頰，鼓其腹則雷。與今本異。

衡案：《山海經》之「雷澤」，與《禹貢》兗州之「雷澤」，判然兩地，諸說俱忘卻此經「在吳西」三字，又以蔡氏《書傳》引此經云云，故相襲而不知其謬也。而蔡氏之誤，又以郭注《山海經》而然。案：《禹貢》「雷夏既澤」蔡氏傳曰：「雷夏，地志在濟陰成陽西北，今濮州雷澤縣西北也。《山海經》云：澤中有雷神，龍身而人頰，鼓其腹則雷。然則本夏澤也，因其神名之曰雷夏也。」又案：《寰宇記》：「河南道雷澤縣，雷夏澤在縣北郭外。《山海經》曰：雷澤有雷神，龍首人頰，鼓其腹則雷。」俱於「鼓其腹」下妄添「則雷」二字，與《括地志》同誤。《山海經》則何嘗有「則雷」二字哉？蓋諸說之誤以經文有「鼓其腹」三字，遂因而附會。不知「鼓其腹」是其圖像，以手按摩其腹之狀，有似乎鼓腹者然。或曰其腹之大，隆然如鼓。「鼓其腹」，猶《左傳》所云「皤其

〔註28〕「身」字畢書本脫。

腹」也。如謂「鼓其腹則雷」，是以雷神比諸「以翼鳴」「以胷鳴」之類矣。《淮南・地形訓》作「鼓其腹而熙」，高誘注：鼓，擊也；熙，戲也。案：擊打其腹而戲，其辭亦費解。又引〔註29〕《地理志》「《禹貢》雷澤在濟陰城陽西北」，郭注《山海經》因此而誤。余謂雷之成聲，以陰陽相激而發。王充《論衡・雷虛篇》云：今之圖畫雷公，為連鼓推椎若擊之狀。非是。設王充所見《山海經》本有「則雷」二字，寧有不辭而闕之者乎？

徐文靖《管城碩記》曰：「案：《郡國志》：吳郡吳縣，震澤在西。劉昭注引《越絕書》云：湖周三萬六千頃，又有大雷山、小雷山。《山海經》言雷澤在吳西，此蓋震澤在吳西，有大雷山、小雷山，澤亦謂之雷澤；非《禹貢》之雷澤也。蔡傳引之大誤。」

衡案：《易》「震為雷」，故震澤亦謂之雷澤，蓋以波濤震撼之聲有似於雷也。案：《漢志》，會稽郡吳縣，具區澤在西，古文以為震澤。與此經「在吳西」合。蓋濮州之雷澤是「雷夏既澤」之澤，而吳西之雷澤則震澤也。至於雷者，天之號令，故當有神。而此經所云雷澤，則吳西雷澤之神，謂水神也，與江神、海神同其例耳；而豈在天之雷公哉？

又《大荒東經》云「雷獸」，郭注：雷獸，即雷神也，人面龍身，鼓其腹者。是既誤以雷神為雷獸，又誤以水神為雷神。不知雷形如豕，歷觀說部皆然，而豈龍身人面之狀哉？余有說別見。

燭陰　燭龍

《海外北經》：鍾山之神名曰燭陰。視為晝，瞑為夜，吹為冬，呼為夏。不飲，不食，不息。息為風。身長千里，在無晵之東。其為物，人面蛇身赤色。居鍾山下。郭注：燭龍也，是燭九陰，因名云。《淮南子》曰：龍身一足。又《圖贊》曰：天缺西北，龍銜火精；氣為寒暑，眼作昏明；身長千里，可謂至神。

衡案：如郭氏說，則此物居然一天地矣。不知此經既曰「鍾山之神」，則當云「其為神人面蛇身」，而曰「其為物」者，明乎此非天神之神，乃神怪之神，如《海外東經》所云「神曰天吳」是也。蓋此物居北方幽暗之地，故曰「陰」。以其色赤，赤則有光，故曰「燭陰」。以其蛇身，故又曰「燭龍」。此無可疑者。至於「視為晝，瞑為夜」，言晝則開目而視，夜則合目而瞑也。「吹為冬，呼為

〔註29〕「引」字疑衍。

夏」，冬冷收藏故聲小；夏熱發揚故聲大。此亦無可疑者。至「不飲，不食，不息」，乃神怪之常，故其偶爾為息也則為風。此與「虎嘯而風生」同，亦無可疑者。其曰「身長千里」，則傳聞之妄耳。《藝文類聚》七十九引《大荒北經》作「千尺」，則比之「千里」為太小。《太平御覽》九百二十九引「鍾山之神名曰燭龍，身長三千里」，則較之「千里」又過大。總之皆不足據也。此其圖象列在無脋國之東，以其「居鍾山下」，故曰「鍾山之神」。案：《山海經》本文止「鍾山之神名曰燭陰」八字，下則後人附注之語。《大荒北經》所云，則又沿誤而不知其非也。

《大荒北經》：西北海之外，赤水之北，有章尾山。有神，人面蛇身而赤，_{郭注：身長千里。}直目正乘，其瞑乃晦，其視乃明，不食不寢不息，風雨是謁，是燭九陰，是謂燭龍。_{郭注：直目，目從也。正乘，未聞。言能請致風雨。}《離騷》曰：日安不到，燭龍何燿？《詩含神霧》曰：天不足西北，無有陰陽消息，故有龍銜精以往照天門中云。《淮南子》云：蔽于委羽之山，不見天日也。

衡案：「其瞑乃晦，其視乃明」，猶言「夜則閉目，晝則開目」也。「是燭九陰」，猶洞庭之山「二女之靈能照此所」是也。「九陰」，猶九天九地云爾。「九」字不必泥，蓋指幽昧之極而言。至《楚詞‧天問》所云乃反詰之辭，言日光則安有不到之處，彼燭龍則何為而燿乎？此正致疑於《山海經》而問也，信如《詩含神霧》之言，天特生此物，以補陰陽消息之不足，則是無此物即萬古長夜矣。且云「往照天門中」，豈天上亦須此燭龍乎？要之日所不到之地，即天地山川杳無可見，何有於物？若《淮南‧地形訓》所云「燭龍在鴈門北，蔽于委羽之山，不見日」，言委羽山至高，高則所遮蔽者多，故不見天日。則山之上，山之外，仍有天日。郭亦引以注此，誤矣。前《海外北經》既云「在鍾山下」，此又係之章尾山，蓋章尾山又是一山，當與鍾山相去不遠。作《海外北經》者是一人手筆，所記在鍾山，作《大荒北經》者又是一人手筆，所記在章尾山，其實是一事。非鍾山有一燭陰，章尾山又有一燭龍也。郝氏謂章鍾聲相近而轉也，失之。蓋經是「章尾山」，非但云「章山」也。「直目」，郭注「從目也」，「從」讀如「縱」。「正乘」，郭云「未聞」，衡案：「乘」蓋「東」字之誤，如所謂「孟鳥東鄉」「開明獸東嚮」之類。彼蓋居西極而面東，故曰「直目正東」。「風雨是謁」，「謁」於蓋切，謂陰晦也。言此物當風雨之際，則隱而不見耳。郭注「言能請致風雨」，不合。又，郭氏所著《玄中記》云：北方有鍾山焉，山上有石首如人首；左目為日，右目為月；開左目為晝，開右目

為夜；開口為春夏，閉口為秋冬。見《御覽》三十八。此似影射鍾山之神撰出。案：佛道二氏無稽之談，往往若此。何注《爾雅》注《方言》者，亦流而為詭誕也？或曰燭龍即謂日也：日月之徑千里，故曰「其長千里」；日出則明，日入則晦，故曰「視為晝，瞑為夜」「其瞑乃晦，其視乃明」。案：《易》乾位居西北；又象為龍。是作《山海經》者，隱將此義圖畫於幽都晦昧之地，假立名目，謂之「燭龍」「燭陰」云爾。吳氏於「燭龍」下注引《乾坤鑿度》曰：燭龍行東時肅清，行西時嘔嘆，行南時大嚇，行北時嚴殺。衡案：此東西南北，即謂東陸西陸南陸北陸。所引或有誤字。則燭龍似謂日矣，其說或不為無據。

雨師妾

《海外東經》：雨師妾，其為人黑。郭注：雨師，謂屏翳也。

楊氏曰：雨師亦有妾哉？文人好奇，如說姮娥、織女、宓妃之類耳。

郝氏曰：案：《楚詞・天問》云：蓱號起雨。王逸注云：蓱，蓱翳，雨師名也；號，呼也。《初學記》云：雨師曰屏翳，亦曰屏號。《列仙傳》云：赤松子，神農時雨師。《風俗通》云：玄冥為雨師。今案，雨師妾蓋亦國名，即如《王會篇》有「姑妹」國矣。《焦氏易林》乃云「雨師娶婦」，蓋假託為詞耳。

衡案：《廣雅》：雨師謂之屏翳。虞喜《志林》：雨師，屏翳。《搜神記》：雨師，一曰屏翳，一曰號屏，一曰玄冥。曹植《詰咎文》又有「屏翳司風」之語。張平子《思玄賦》：雲師𩖕以交集。章懷注曰：雲師，屏翳也。又，相如《大人賦》：召屏翳，誅風伯，刑雨師。於「屏翳」之外，復言「雨師」，注：屏翳，天神使也。其說不一。案：此經「雨師」，當如龍師、雲師、鳥師、火師之類。師是古官名，如益、稷之州十有二師。師，長也，是也，非所謂屏翳也。《列仙傳》謂赤松子為雨師，《風俗通》謂玄冥為雨師，亦若是而已矣。豈謂赤松子、玄冥皆能降雨哉？若神名，則《周禮・春官》所謂「祭風師、雨師」者，注：風師，箕也；雨師，畢也。屏翳之為雨師，亦若豐隆為雷師而已，與此經雨師無涉。此雨師是上古雨師之裔，而因以為姓氏者。案：姓譜有風姓、雲姓、雷姓；何獨無雨姓？故知「雨師」者，姓氏也，「妾」則其名耳。如《史記・孝武本紀》「丁夫人」，《刺客列傳》「徐夫人」，「夫人」俱是人名，非所謂妻妾之妾也。即以妻妾之妾論，亦猶後世「女王國」之謂。而豈姮娥、織女、宓妃之說哉？夫姮娥，常儀也，《淮南子》羿妻奔月之說不足據。織女，星名也，《續齊諧》織女嫁牽牛之說不足據。宓妃，太昊之妃也，曹植《洛神賦》之說

不足據。楊氏乃以之注《山海經》，失其旨矣。又，《玉芝堂談薈》十九引《山海經》「屏翳在東海中，人謂之雨師」，則鈔撮其語，而又失之。又，《博物志》卷九云：師雨妻墨色，珥兩青蛇，蓋勾芒也。案：所云即《海外東經》之文，「師雨」倒誤，「妻」即「妾」，蓋誤以為妻妾之妾，故以「妻」字代之，「墨」亦當作「黑」，「蓋勾芒也」上有脫文。案：《海外東經》末有「東方句芒」之語，與雨師妾迥不相涉。蓋此「雨師妾」是國名，如《後漢書·西羌傳》所云牢姐、勒姐、彡姐、累姐之類。姐可以名羌，安在妾不可以名國乎？又，《逸周書·王會解》「姑妹珍」注：姑妹國後屬越。姑妹可以名國，安在妾不可以名國乎？又，《書·酒誥》：明大命于妹邦。邦可以名妹，安在國不可以名妾乎？此論甚合。案：姑妹之妹當作亡結反。據字典列於莫佩、莫貝切下，音昧。

赤水女子獻

《大荒北經》：有鍾山者，有女子，衣青衣，名曰赤水女子獻。郭注：神女也。

郝氏曰：案：《穆天子傳》云：赤烏之人，丌好獻女于天子，曰赤烏氏，美人之地也。似與此經義合。

衡案：經文但云「有女子」，並無奇異。郭氏何以知為「神女」？據《海外西經》「女子國，兩女子居，水周之」，《海外北經》「歐絲之野，一女子跪據樹歐絲」，《海內北經》「犬戎國，有一女子，方跪進杯食」，與此女子何異？他處不言神女，而獨以赤水女子為神女，郭亦何所據乎？夫漢皋之女，巫山之女，世以為神女。不知巫山之女是寓言，漢皋之女亦子虛烏[註30]有之事。然漢皋、巫山，則以本文有解佩、行雲之說，故稱為神女。《山海經》無是也。至郝氏引《穆天子傳》，以為似與此經義合。夫穆王去周初百餘年矣，而《山海經》述於夏末，年代不符，安得以「赤水」與「赤烏」，二「赤」字相同，「女子獻」與「好獻女于天子」，字偶相合，遂牽強附會耶？而且赤水，地也；赤烏，氏也；獻是赤水女子之名，亦如女戚、女祭、女丑之類。若《穆傳》之「好獻女」，是奉獻此女於周穆王，其義亦各不相涉。

山海經彙說卷五終

〔註30〕「烏」字本誤作「為」。案：此處上圖藏本有批改。

山海經彙說卷六

江都陳逢衡著

尸凡十六見

《海外西經》：「女丑之尸，生而十日炙殺之，在丈夫北。以右手鄣其面，十日居上，女丑居山之上。」《大荒西經》：「有人衣青，以袂蔽面，名曰女丑之尸。」兩處郭氏皆無說，止於「鄣其面」下注「蔽面」二字，蓋即取《大荒西經》之文也。

衡案：此形容酷熱，女丑受熱而死之狀，非謂女丑之尸現在也。尸猶身也。女丑不知何時人，當時必以烈日暴死，故有十日炙殺之語。以右手鄣其面，遮烈日也。蓋是女丑行於山上，曠無林木可以蔭暍，故不禁其熱而死。「十日居上」，謂晝十日於天上也。此十日是狀其烈熱，非真有十日也。郝氏曰：「案：十日並出，炙殺女丑，於是堯乃命羿射殺九日也。」此語殊屬憒憒。若果「十日並出」，則炙殺者應不止女丑一人。無論日輪，天最高，其體徑千里。羿能以一箭之力，上及重霄乎？且所射九日，落於何所？意必有九千里之地，方能容受。如謂羿所射者是日中之陽烏，墜一陽烏則去一日。夫十日炙殺女丑，陽烏同罪。何被射者罪止九烏；而留其一烏，萬古長在，又何其幸也？此皆為郭注及《淮南子》所惑。徐文靖《管城碩記》曰：「據《尹子・盤古篇》曰：女媧補天，射十日。假令天果有十日，媧皇既射之矣；堯時又安得有十日乎？即或有而羿彈之。《竹書紀年》：夏帝厪八年，天有妖孽，十日並出。又：帝癸二十九年，三日並出。所謂彈日者，又安在乎？」此語真可破「羿射十日」之妄。「十日」余前已有說，後又有說，見「羿」條下。

《海外東經》：「奢比之尸，獸身、人面、大耳，珥兩青蛇。一曰肝榆之尸。」

《大荒東經》：「有神，人面、犬耳、獸身，珥兩青蛇，名曰奢比尸。」郭於《海外東經》注云：「亦神名也。」蓋本《大荒東經》而言。此「神」字不可泥，其實奢比是人不是神。其謂之神者，蓋是人死為神之神，非天神地祇之神，亦非神怪之神也。吳氏曰：「案：奢比，黃帝七輔之一。《冠編》云：黃帝友奢比，友地典。《路史》：奢比辯乎東，以為土師。是也。《國名紀》有奢比國。《釋義》曰：既曰奢比，又曰肝榆，肝亦木屬。」郝氏曰：「案：《管子·五行篇》云：黃帝得奢龍而辯於東方。又云：奢龍辯乎東方，故使為土師。此經奢比在東海外，疑即是也。羅泌《路史》亦以奢龍即奢比。又《淮南·地形訓》云：諸比，涼風之所生。諸比，神名，或即奢比之異文也。」

衡案：奢比之於奢龍，猶羲仲、羲叔、和仲、和叔云爾，蓋是奢龍之族。吳氏、郝氏俱謂是一人。案：「比」與「龍」字音既不相近，字形亦不甚類，未可合為一也。郝又謂《地形》之諸比即奢比，「諸」「奢」一聲之轉，似可依據。然涼風之所生在西方，與所引《管子》「奢龍辯乎東」者有異矣。案：《海內經》：「大比赤陰，是始為國。」「奢」有「大」義，或「大」字下脫去「者」字半截，疑即是奢比。郝謂「大比」是地名，非也，有說別見。《大荒東經》之「犬耳」，當從《海外東經》作「大耳」，特是尸者死人之狀也。奢比既為黃帝臣，何得圖寫死屍之狀，以傳於後？意者比之勤於其職，亦如稷勤百穀而山死，冥勤其官而水死之類。或是死於遠道，不即收斂埋葬，故有此圖像耳。吳氏引《釋義》謂「肝亦木屬」，以附會「肝榆之尸」，不可據。蓋上古傳聞異辭，或肝榆又另一人。《大荒東經》所以有「帝下兩壇」之說，一謂奢比，一或謂肝榆也。

《海內北經》：「貳負之尸在大行伯東。」郭氏無注。案：《海內西經》：「貳負之臣曰危，危與貳負殺窫窳，帝乃桎之疏屬之山，桎其右足，反縛兩手與髮，繫之山上木。」郭注：「漢宣帝使人上郡發盤石，石室中得一人，跣裸，被髮，反縛，械一足。以問羣臣，莫能知。劉子政案此言對之，宣帝大驚。於是時人爭學《山海經》矣。論者多以為是其尸象，非真體也。意者以靈怪變化論〔註1〕，難以理測。物稟異氣出於不然，郝氏云：「不」當為「自」字之譌，見《御覽》五十卷所引。不可以常運推，不可以近數揆矣。魏時有人發故周王冢者，得殉女子，不死不生，數日時有氣，數月而能語，狀如廿許人。送詣京師，郭太后愛養之，恒在左右。十餘年，太后崩，此女哀思哭泣，一年餘

〔註1〕「論」字本脫。

而死。即此類也。」吳氏曰：「案：劉會孟曰：疏屬山今陝西延安府綏德縣。王充《論衡》云：董仲舒覩重常之鳥，劉子政曉貳負之尸。《獨異志》載：劉歆云〔註2〕『疏屬之尸，須七歲女子以乳之，即變為人』，帝如其言，遂能應對。故《博物策》云：取女乳而疏屬之尸可語辭。亦誕矣。《宛委餘編》云：劉向識貳負桎梏之尸，蓋僵尸數千年不朽者也。」郝氏曰：「案：經云『繫之山上木〔註3〕』，注言『得之石室中』，所未詳也。劉逵注《吳都賦》引此注『盤石』作『磻〔註4〕石』，又云『陷得石室，其中有反縛械人』云云，與今本異。《海內經》云：北海之內，有反縛盜械，名曰相顧之尸。亦此之類。又，《水經·洛水》注云：溫泉水側有僵人穴，穴中有僵尸，戴延之《從劉武王西征記》曰有此尸，尸今猶在；夫物無不化之理，魂無不遷之道，而此尸無神識，事同木偶之狀，喻其推移，未若正形之速遷矣。亦斯類也。郭云『魏時發故周王冢得殉女子』，與顧凱之《啟蒙注》同，見《魏志·明帝記》注。其《博物志》所載與此則異。」

衡案：郭云「漢宣帝時得此人於石室中」，與經文迥異，不獨郝氏見疑，予亦疑之。夫經所謂「帝」者，黃帝也。貳負當是一國之君，故其臣曰危，猶云共工之臣相柳也。「危與貳負殺窫窳」，「與」猶「為」也。窫窳，黃帝臣，以無罪而見殺於危，危雖為貳負所殺，使以殺人之罪律之。貳負為首，危亦當為從。「帝乃梏之疏屬之山」為危乎，為貳負乎，經無明文。以《海內北經》「貳負之尸」證之，則以為是貳負可信。而郭氏《圖贊》云：「漢擊盤石，其中則危。劉生是識，羣臣莫知。可謂博物，《山海》乃奇。」又以石室之中是危，得毋兩歧其見？今以《海內西經》論之，其曰「梏之疏屬之山」「繫之山上木」，生前之罪也。及其既死，則不應「梏其右足，反縛兩手」而葬之斯地矣。豈尚及其生而活埋之石室中耶？經但云「繫之山上木」，未云「埋之石室」也，此不可通也。乃《海內北經》又云「貳負之尸」，則是梏之疏屬之山，即死於疏屬之山矣，故得有此尸而留此圖像也。則下至漢宣帝時，已數千年，而其尸尚在，實為古今未有之事。予意漢宣帝所得之人，必是春秋戰國時被罪而死之人，其形狀偶與《山海經》同，故劉子政案此言以對，其實非也。若果如所言，則《海內北經》「貳負之尸」下，並不載其形狀，而見於《海內西經》。

〔註2〕「云」字吳書本誤作「司」。
〔註3〕「木」字本脫。
〔註4〕「磻」本誤作「蟠」。

經云「反縛兩手與髮」，郭云「并髮合縛之也」。此注「與髮」二字確切，而宣帝時所得之人乃是「被髮」，其不同又如此者。且也《山海經》所載是圖像，宣帝時所見是目覩。夫目覩則其身也，郭乃云「是其尸象，非真體」，不可解矣。乃又云「靈怪變化，難以理測」。夫於石室中掘出僵尸，有何靈怪？若以神仙家言之，又必以為太陰練形矣。乃又引「魏時發故周王冢，得殉女子」事以證之，此語蓋當時小說家之言，傳聞不實，意取新奇。《搜神記》亦屢載出墓復活事，然皆不足據也。吳氏所引唐李冗《獨異志》，其文不詳，余案其說云：「漢宣帝時有人於疏屬山石蓋下得二人，俱被桎梏，將至長安，乃變為石，宣帝集羣臣問之，無一知者。劉向對曰：此是黃帝時窫窳國負貳之臣，犯死罪大逆，黃帝不忍誅，流之疏屬山，若有明君，當得出外。帝不信，謂其妖言，收向繫獄。其子歆自出，應募以救其父，曰：須七歲女子以乳之，即復變。帝使女子乳，於是復為人，便能言語，應對如劉向之言。帝大悅，拜向大中大夫，歆為宗〔註5〕正卿。詔曰：何以知之？歆曰：出《山海經》。」衡案：此說不經之至，據《山海經》云「貳負之臣曰危，危與貳負殺窫窳」，此乃云「黃帝時窫窳國負貳〔註6〕之臣，犯死罪大逆」，顯與經背。又云「黃帝不忍誅，流之疏屬山」，夫既云「犯死罪大逆」，殺之可也，又何以不忍誅，而僅流之疏屬山乎？至云「若有明君，當得出外」，一似預知數千年後被發於宣帝時者，何其誣也？且止云「流之疏屬山」，並不云「閉之石室」，有何「出外」？至謂「宣帝不信」，斥之可也，何至繫向於獄？又謂歆云「須七歲女子以乳之」，夫七歲女子焉得有乳？且既云「將至長安時〔註7〕，乃變為石」，則是初出石室時儼然活人，何以忽變為石？乃既變為石矣，即七歲女子有乳，亦何能乳石人，而使之復活？且既活而能言語應對矣，則當問以流疏屬山被桎之事，而乃以如劉向之言渾括之，則真以為「窫窳國負貳之臣，犯死罪」矣。且上云「石蓋下得二人」，則一人是貳負；其一得毋是貳負之臣危乎？何以又無明文？至云「帝大悅」，賞之可也，何以「拜向大中大夫，歆為宗正卿」？漢宣帝亦明君，何至以一言顛倒賞罰如此？此皆信口亂道，全無理解，真成其為「獨異」矣。尤可異者，帝使女子乳之，於是復為人，吾不知既活之後作何安置。將仍閉之石室乎？亦聽其游於人間乎？抑既活而旋復又死乎？宜吳氏之斥其誕也。總之，《山海經》

〔註5〕「宗」本誤作「中」。
〔註6〕「負貳」本誤作「貳負」。
〔註7〕「時」字前文所無。

無是言；此「石室中人」出自郭注，又不言出何書，則其不足據亦可知矣。

《海內西經》：「開明東有巫彭、巫抵、巫陽、巫履、巫凡、巫相，夾窫窳之尸，皆操不死之藥以距之。窫窳者，蛇身人面，貳負臣〔註8〕所殺也。」郭注：「為距卻死氣求更生。」又《圖贊》曰：「窫窳無罪，見害貳負。帝命羣巫，操藥夾守。遂淪溺淵，變為龍首。」

衡案：窫窳為貳負臣所殺，未至殊死，尚冀復活，故令羣巫操藥以距之。距與拒通，卻也。藥，疑即後世金創藥之類，謂其可以醫治如常，故曰「不死之藥」。郭云「求更生」，則是窫窳已死，而欲活之也。如果羣巫能起死人，則同時之人盡可不死矣。至於《圖贊》所云，則人與獸竟無分別。不知窫窳為黃帝臣，是人，因無罪而見殺於貳負，故帝桔貳負於疏屬之山。若《海內南經》之「窫窳龍首食人」，是獸。設貳負之臣殺此食人之獸，亦理所應殺，貳負亦何罪之有，窫窳亦何尸之有？

《海內北經》：「據比之尸，其為人折頸，被髮，無一手。」郭注：「一云掾比。」郝氏曰：「掾比一本作掾北。」

衡案：「據比」「掾比」「掾北」，皆無考。意是上古有罪被刑之人，故有折頸之狀，其無一手者，或亦刑罰所加而斷之也。

《海內北經》：「王子夜之尸，兩手、兩股，胸、首、齒皆斷，異處。」郭注：「此蓋形解而神連，貌乖而氣合，合不為密，離不為疏。」又《圖贊》曰：「子夜之尸，體分成七。離不為疏，合不為密。苟以神御，形歸於一。」吳氏曰：「案：《西京雜記》：因墀國有解形之民，頭飛南海，左手飛東海，右手飛西澤，至暮頭還肩。又，占城國有飛頭婦，韓翁國有飛骸獸，亦然。」郝氏曰：「案：《楚詞・天問》注有『王子僑之尸』，未審與此經所說即一人不。或說『王子夜之尸』即『尸虞』，恐非也。尸虞即天虞，見《大荒西經》。所未能詳。《漢書・郊祀志》云：形解銷化。服虔注云：尸解也。蓋此類歟？」

衡案：郭氏注此書，大半以靈怪為說，全不就本文索解，亦自成為郭氏之書而已，於《山海經》何與焉？即如「王子夜之尸」，是前古叛逆之人，其犯罪大，故支解其其體，圖形以垂戒後世。其曰「皆斷異處」者，亦如蚩尤被誅，身首異處之類。《周禮・秋官》：司戮有辜之罪。鄭注：辜之言枯也，謂磔之。案：「枯」當與「刳」同，謂臠割其肢體。《釋名》：車裂曰轘，轘也者，散也，

〔註8〕「臣」字本脫。

支體分散。《春秋》：邾人戕鄫子于繒。《穀梁傳〔註9〕》曰：戕，猶殘也。董仲舒、劉向以為「戕者支解之，謂解四支，斷骨節」，蓋近乎殘矣，即此之類。此「王子夜」疑在夏代，故稱「王子」，「夜」其名也，蓋生蒙顯戮，《山海經》圖畫其形狀如此，非謂其尸尚存也。且經但言離，未嘗言合，乃云「合不為密」何歟？信如郭氏之說，「形解而神連，貌乖而氣合」，則是古仙人之類，已開《列仙》《神仙》二傳之先聲矣。余閱通部《山海經》，未有言及分形變化者。郭氏乃為此謬悠荒忽無據之談，以注此經。後之偽《山海經》者，得以藉口，非景純之罪而何？乃吳氏又引《西京雜記》等說以證之，其說與「王子夜」全不相涉，無論因墾國解形之民不足據，即或有此，亦是生人，與《搜神記》所云飛頭獠子、吳朱桓婢相類，非所謂尸也。若郝氏引服虔「尸解」之說，則又近於道家者流矣。總之惑於郭注，未能脫其藩籬。乃又引《天問注》「王子喬之尸」，未審與此經即一人否。案：《天問》王逸注言：崔文子學仙於王子僑，子僑化為白蜺，而嬰茀持藥與崔文子，崔文子驚怪，引戈擊蜺，中之，因墮其藥，俯而視之，王子僑之尸也。此等荒幻，王注並不云出何書。檢《漢書‧郊祀志》應劭引《列仙傳》：崔文子學仙於王子喬，化為白蜺，文子驚，引戈擊之，俯而見之，王子喬之尸也，須臾則化〔註10〕為大鳥飛而去。據此，則《天問》王注出於《列仙傳》可知，此與「王子夜」風馬牛不相及，郝氏以「王子」二字相同，遂欲強合而牽附之，可謂濫引。

《大荒東經》：「有神，人面獸身，名曰犂䰠之尸。」郭注：「䰠音靈。」吳氏曰：「案：古靈字或从巫，或从王〔註11〕，或从鬼，或从弼。《通鑑‧循蜚紀》云：黎靈氏其沒也，尸在東荒，久而不壞。《路史》云：《東荒經》有犂〔註12〕靈之尸，黎〔註13〕靈氏〔註14〕之尸也。《冠編》云〔註15〕：犂靈氏精凝魄定，尸以不壞。犂靈，古帝名。」郝氏曰：「案：《玉篇》云：䰰同䰠，又作靈，神也；或作䰠。《廣韻》引此經作䰠，云，或作䰰，與《玉篇》同。」

衡案：古無不死之人，亦無死而不化之理。此犂䰠氏亦人耳，如果其尸不

〔註9〕「傳」字本作「子」。
〔註10〕「化」字《漢書注》本無。
〔註11〕「王」字吳書本作「玉」。（字通。）
〔註12〕「犂」字吳書本作「黎」。
〔註13〕「黎」字吳書本作「犂」。
〔註14〕「氏」字本脫。
〔註15〕「云」字吳書本作「曰」。

壞，則當至今尚在；何後世未聞有稱述之者。蓋其奄化也，亦如常人矣。而《通鑑》《路史》《冠編》俱云不壞，則誤會《山海經》「尸」字之義，謂是「僵尸」耳。不知「尸」猶「身」也。生者謂之人；死者謂之尸。此犁𩕳之尸，亦是圖寫其眼閉腿直，挺然一死屍之狀。初未嘗云是僵尸；亦未嘗謂其不壞也。尸與屍通。《曲禮》曰：在牀曰屍。不其然與？獨是犁𩕳亦古帝王，何以留此尸像？意草昧開創之初，古帝王勞心勞力，隨地教化，盡瘁而死。及其沒也，以上古棺槨之制未備，百姓感其遺訓，思其德惠，又不得即時埋葬，故得有此像也。

《大荒南經》：「有人，方齒、虎尾，名曰祖狀之尸。」郭注：「音如柤梨之柤。」

衡案：此祖狀蓋亦古帝名，今失其考矣。郭音祖如柤，柤與樝同，側加反，詐平聲。郭此音不知何據。余謂讀如祖宗之祖，與後世「祖庚」「祖乙」同。至虎尾之說，亦如西王母豹尾之類，非真其體有尾如虎也，蓋其圖像如此。

《大荒西經》：「有人名曰黃姖之尸。」郝氏曰：「案：姖，藏經本作姬。」

衡案：「黃姖」「黃姬」俱無考。《春秋命歷序》：人皇氏沒，狙神次之。見《路史·狙神紀》引。又《黃神紀》引《命歷序》云：黃神氏或曰黃袜，狙神次之，號曰黃神。疑此經黃姖即狙神氏。

《大荒西經》：「有人無首，操戈盾立，名曰夏耕之尸。故成湯伐夏桀于章山，克之，斬耕厥前，耕既立，無首，走厥咎，乃降于巫山。」郭於「夏耕之尸」下注云：「亦形夭尸之類。」「斬耕厥前」下注云：「頭亦在前者。」「走厥咎」下注云：「逃避罪也。」「乃降于巫山」下注云：「自竄于巫山。巫山今在建平巫縣。」

衡案：「有人」至「夏耕之尸」十四字，是《山海經》本文。其「故成湯」以下，則後人不得其實，而妄為續錄之語也。本文所說；是操戈盾而立之狀；續錄之語；乃避罪逃竄之狀；前後圖像不符，故知是後人所續也。又，「夏耕之尸」下，忽用一「故」字，文法不接。余疑「夏耕」二字是人名，如「女丑」「奢比」「貳負」之類。今以「夏」字作「虞夏」之「夏」，則不得不附以湯伐夏桀之事矣。今姑就續錄之文義解之：夫所謂「斬耕厥前」者，謂湯既斬耕，而耕猶顛躓而前，故曰「厥前」。郭云「頭亦在前者」，不可解。「耕既立，無首，走厥咎」者，蓋耕是勇力之士，憑血氣之猛，故既誅尚能立而行走咎凶也。「厥咎」者，狼狽顛躓之狀。「乃降于巫山」者，降，仆也。「巫山」，被誅之旁山名也。蓋所走不遠，旋氣盡而倒於路耳。郭謂「自竄于巫山，巫山今在建

平巫〔註16〕縣」，考湯伐桀，戰於鳴條，鳴條即今山西平陽府解州安邑縣北之鳴條岡；而《晉志》「建平巫縣」即《漢志》「南郡」之「巫縣」，今湖北荊州府之巫山縣。道路相隔甚遠，耕既駢首，何能自安邑而竄於巫縣乎？此其必不然者也。據《漢・地理志》：安邑，巫咸山在東。蓋其名同于巫山縣之巫山，而實在安邑也。又「于章山」「于巫山」二「于」字同是一義，謂克於此地，降於此地也。郭謂「于章，山名」，亦誤。

《大荒北經》：「有赤獸，馬狀無首，名曰戎宣王尸。」郭注：「犬戎之神名也。」吳氏曰：「案：神獸狀，非真獸也。」

衡案：「王」是「之」字以形近而誤，方與上下文「夏耕之尸」「相顧之尸」一例。蓋「戎」是「犬戎」，「宣」是其名，不得有「王」稱。據下文「有犬戎國，有神，人面獸身，名曰犬戎」，即此「戎宣之尸」。吳氏謂「此神獸狀，非真獸」，證以「人面獸身」之語，良是。或曰「有赤獸，馬狀」是一條，其「無首」上脫「有人」二字，又是一條，據上文「有人，名曰犬戎」可見。若云馬狀而又無首，則是真獸矣，何以謂之人？玩「無首」二字，蓋亦不得其死而被殺者。

《海內經》：「北海之內，有反縛盜械帶戈常倍之佐，名曰相顧之尸。」郭注：「亦貳負臣危之類。」吳氏曰：「案：帝乘釐之孫相顧也。陳禹謨《駢志》云：貳負之臣，相顧之尸。謂此。胡氏《二酉綴遺》曰：據前，貳負之臣本文但言帝梏之疏屬之山，不言殺也；但言繫之於樹〔註17〕，不言石室也；則子政之對，當曰〔註18〕相顧之尸，不當曰貳負之臣也；然則上郡所得，豈即斯人哉？王崇慶《釋義》曰：反縛之說，恐古者墓中設為機巧變械以防伐冢之術，非真有盜縛也。又《漢紀》云：當盜械者，皆頌繫。注云：凡以罪著械，皆得稱盜械。《山海經》貳負之臣，相顧之尸，皆云盜械，其義一〔註19〕也。」

衡案：吳氏謂相顧是帝乘釐之孫。檢《路史・后紀一・太昊紀上》云：伏羲生咸鳥，咸鳥生乘釐，是司水土，生后炤，后炤生顧相，降處于巴，是生巴人。則乘釐之孫是「顧相」，非「相顧」也。案《海內經》止有「大皞生咸鳥，咸鳥生乘釐，乘釐生後照，後照是始生巴人」，並無「顧相」一代。吳

〔註16〕「巫」字本脫。
〔註17〕「樹」字下本衍「下」字。
〔註18〕「曰」字吳書本作「言」。
〔註19〕「一」字吳書本作「是」。

氏又引胡應麟之說，謂上郡所得之人，即相顧之尸，亦非。案：相顧之尸未聞
「械一足」也；亦未嘗云「殺」；未嘗云「在石室」也，何以見得上郡所得即
是此尸？胡氏不喜《山海經》，並不細看，宜其言之相悖如此。吳氏述之，亦
漫不加察，何也？至王崇慶謂「反縛之說，恐是墓中設為機巧」，夫墓中設為
機巧以防伐冢，此後世之事，古無有也。吳氏又謂貳負、相顧皆云「盜械」，
檢經於貳負止云「桎梏」，不云「盜械」也。其所以知宣帝時所得非此者，不
但此尸不械其一足，而且有帶戈之形狀。貳負之圖像如彼，相顧之圖像如此，
何得並為一談？竊意相顧之尸當是二人，故云「相顧」，「相顧」非人名也。其
云「常倍之佐」者，猶云「貳負之臣」「共工之臣」也。「常倍」是人名，謂之
為「佐」，則是常倍之臣屬，有罪而被械也。或曰所械乃常倍與其佐，故曰相
顧之尸，亦通。

女媧之腸

《大荒西經》：有神十人，名曰女媧之腸，化為神，處栗廣之野，橫道而
處。郭注：女媧，古神女而帝者，人面蛇身，一日中七十變，其腹化為此神。
栗廣，野名。又於「橫道而處」下注云：言斷道也。

郝氏曰：案：《淮南・說林訓》云：女媧七十化。高誘注云：女媧，王天
下者也，七十變造化。《楚詞・天問》云：女媧有體，孰制匠之？王逸注云：
傳言女媧人頭蛇身，一日七十化，其體如此，誰所制匠而圖之乎？今案，王逸
注非也。《天問》之意，即謂女媧一體〔註20〕化為十神，果誰裁制而匠作之，
言其甚巧也。

衡案：郭謂「其腹化為此神」，此與說部《西遊記》《封神演義》同。以此
注書，有乖古意。《天問》所云「女媧有體，孰制匠〔註21〕之」者；古言女媧
摶土為人，後世方有人類，蓋由女媧制匠之也，而女媧之體則孰為制匠之乎？
此屈子問之之意。王注固非，郝氏又從而附以此經之說，甚矣其無識也。案：
「有神十人」，皆女媧之子；言是女媧所親生，出自腸腹者，故曰「女媧之腸」。
此如《詩・小弁》「屬毛離裏」之義，言皆女媧氏所產育也。「化為神」，指十
人說；言死也。「處栗廣之野，橫道而處」，「處」謂安置，猶安葬也，謂死後
橫道而葬於栗廣之野。蓋其時棺槨未興，故先後排列而埋骨於此地。「橫道」，

〔註20〕 「一體」二字本脫。
〔註21〕 「制匠」本誤作「匠制」。

謂縱橫排列也。郭云「斷道」，殊不可解。十人皆葬於此，即後世族葬之義。此等本不難解，景純必以神異為言，吾不知是何命意。至古有「女媧一日七十化」之說，蓋謂聖人神化不測，彌綸天地，即《易》所謂「神而明之，變而通之」之義，非謂日變其形狀也。《論語》云：君子有三變。豈君子亦能變化其體乎？《華嚴經》載觀音三十二相，現宰官身而為說法，現女子身而為說法，其即此意也夫？又案：《山海經》載「女媧」僅此一條，而《路史·後紀二》注引《山海經》云：女媧乘雷車，服駕應龍。下又引《淮南子·覽冥訓》「女媧功烈，上際九天，下契黃壚，乘靁車，服應龍」以證之，何其誣也？《山海經》何嘗有是語哉？梁玉繩《漢書人表攷》謂：「以女媧為婦人，恐難信。女媧或國名，或人名，蓋與太昊同族，女當音汝。即如字讀，亦古人姓名所有。」又歷引夏女艾，商女鳩、女方，秦之先女防，晉女齊、女寬，以證之，可謂辯矣。不知顓頊之母名女樞，老童之母名女祿，陸終之妃名女潰，帝堯娶於散宜氏謂之女皇，帝舜娶於帝堯之子謂之女匽，鯀娶於有莘氏謂之女志，禹娶於塗山氏謂之女憍，皆讀如男女之女，其字不當音汝。至所云女艾、女鳩、女方，女字亦不應如字讀。又以為或國名，古未聞有國名「女媧」者。而且「女媧」亦作「女皇」，見《易·繫》疏引《世紀》，亦作「女希」，見《初學記》九引《世紀》。又何得謂女當音汝哉？郭注「神女而帝者」說可據。

老童 太子長琴

《大荒西經》：「有榣山。其上有人，號曰太子長琴。顓頊生老童，老童生祝融，祝融生太子長琴。是處榣山，始作樂風。」郭注：「《世本》云：顓頊娶於滕隍氏，謂之女祿，產老童也。」又於「始作樂風」下注云：「創制樂風曲也。」郝氏曰：案：《西次三經》騩山「老童發音常如鐘磬」，故知長琴解作樂風，其道亦有所受也。

《大荒西經》又云：「顓頊生老童。」郝氏曰：「案：《史記·楚世家》：高陽生稱，稱生卷章。譙周云：老童即卷章。」

衡案：《大戴禮·帝繫篇》《世本》並云：顓頊生老童。與《山海經》合。則作「卷章」者，以字形相近而譌也。《史記》謂卷章是顓頊之孫，亦誤，卷章與稱，同是顓頊之子。《大荒南經》云：有國曰顓頊生伯服。《世本》云：顓頊生偁，偁生伯服。案：「偁」即「稱」。考之於古，未聞老童是稱所生也。

吳氏曰：「案：《氏族源流》云：顓頊次妃滕奔氏，生子三人，伯偁、卷章、

季禺。卷章或作老童。季禺生叔歜，卷章娶於根水氏，生二子，曰黎，曰回，黎為祝融。陳士元《荒史》：祝融生二子，曰長琴，曰噎。」又引虞汝明《古琴疏》云：「祝融取橇山之槐作琴，彈之，能致五色鳥，一曰皇來，二曰鸞來，三曰鳳來，故生長子即曰琴。」

衡案：此皆無據之辭，其謂「季禺生叔歜」，此本《路史・後紀八》而誤。據《大荒北經》，叔歜亦是顓頊之子。又謂「卷章生二子，曰黎，曰回，黎為祝融」，亦誤。案：《大戴禮・帝繫篇》：老童產重黎及吳回。重黎是二人；及吳回則三人也。《史記・楚世家》：帝嚳誅重黎，而以其弟吳回復居火正，為祝融。則「為祝融」者是吳回，非黎也。又引《荒史》謂「祝融生二子，曰長琴，曰噎」。案：長琴與噎，俱見《大荒西經》，經云：帝令重獻上天，令黎邛下地，下地是生噎。下地承黎說，下則是生噎者，黎也。黎為祝融，是先儒傳說之誤，未可以為據也。《西山經》：騩山，神耆童居之，其音常如鐘磬。郭注：耆童，老童，顓頊之子。證以下文「泑山，神蓐收居之」，蓐收是該，是少昊之四叔，則謂耆童即顓頊之子老童，可據。蓋「耆」亦「老」也。

郝氏曰：「案：《琴賦》云：慕老童於騩隅。」又謂：「此天授然也，其孫長琴所以能作樂風本此。」

衡案：郝說語多附會，與《大荒西經》注「故知長琴解作樂風，其道亦有所受也」意同。夫《山海經》之言「其音」者多矣。《西山經》槐江之山神英招〔註22〕其音如榴，有天神焉其音如勃皇，剛山神魑其音如欽，《中山經》青要之山䰠武羅其鳴如鳴玉，不過狀此神居此山，其山因風怒號，出聲如此，故謂是山神之鳴。騩山之神耆童，亦猶是耳，無所謂「天授」也。其孫能作樂風，與此何涉？而曰「其道亦有所受」，是何言與？

「長琴」是太子之名，「太子」猶言長子，非如後世所謂「太子」也。其「作樂風」也，亦如《海內經》所言「鼓、延是始為鐘，為樂風」耳。並非謂其善琴，而命以「長琴」也。《海內經》言「晏龍為琴瑟」矣，而長琴無是語也，祝融亦無是語也。虞汝明謂「其父祝融作琴，彈之，能致五色鳥，故生長子曰琴」，有何證據，妄生此說？至嵇叔夜《琴賦》云「慕老童於騩隅」，則是既誤以長琴之名因善琴，而又誤以老童之「音如鐘磬」移於太子長琴矣。不然《琴賦》何以云及此？信如諸說，是老童、祝融、長琴三世皆以善琴名，豈非話柄？

〔註22〕「英招」本誤作「焰英」。

重黎

《大荒西經》：顓頊生老童，老童生祝融。郭注：即重黎也，高辛氏火正，號曰祝融也。

衡案：《史記·楚世家》：重黎為帝嚳高辛居火正，以其[註23]有功，能光融天下，帝嚳命曰祝融。郭氏本之而誤。據《楚語》火正是黎；若重為南正，非火正也。又「祝融」，老童所生，是人名，後世方以為氏。《史記》謂帝嚳「命曰祝融」，不知是命重是命黎，漫無分別。豈二人俱命為祝融乎？誤矣。郭氏謂祝融即重黎，亦誤。重與黎是二人，若祝融則一人也。且祝融自祝融，即是吳回。何言之？案：此經下文又言「顓頊生老童，老童生重及黎」，此不應先謂之曰「生祝融」也。蓋黎為高辛氏火正，黎卒後以吳回代之，則不曰「火正」，而曰「祝融」，故吳回名「祝融」也。此經所云「生祝融」，則與重黎無涉。不然，經既云「生祝融」，又曰「生重黎」，豈不重複？

下文「老童生重及黎，令重獻上天，令黎印下地」，郭注：古者人神雜擾無別，顓帝[註24]乃命南正重司天以屬神，命火正黎司地以屬民，重實上天，黎實下地。「獻」「印」，義未聞[註25]也。

郝氏曰：案：郭注本《楚語》文，其「火正」之「火」字[註26]，唐固注云「火當為北」，是也。重號祝融，為高辛氏火正。《竹書》云：帝嚳十六年，帝使重帥師滅有鄶。是也[註27]。高誘《淮南子注》[註28]云：顓頊之孫老童之子吳回一名黎，為高辛氏火正，號祝融。高誘之說本《鄭語》及《史記·楚世家》文，並與此經合。《左傳》以為少昊氏之子曰重為勾芒木正，顓頊氏之子曰黎為祝融火正，以二人非[註29]同產，與此經及《國語》異也。

衡案：重為南正，是舉四方言之；黎為火正，是舉五行言之。若作「北正」，北方幽昧，何以能光融？意不過對「南正」言之當云「北正」，其誤自《揚子法言》來，其後鄭康成從之。見《詩·檜風》譜疏。《隋·天文志》從之，不知《史記·曆書／楚世家／太史公自序》，皆作「火正」。臣瓚謂：古文「火」字似

[註23]「以其」二字似當作「甚」。
[註24]「帝」字當作「頊」。
[註25]「聞」字當作「詳」。
[註26]「字」字本脫。
[註27]「是也」二字郝書本作「即是人也」。
[註28]「高誘《淮南子注》」郝書本作「高誘注《淮南子》」。
[註29]「非」字上郝書本有「為」字。

「北」。《漢書·司馬遷傳》、班固《幽通賦》、《潛夫·五德志》、顏師古《漢書注》、司馬貞《索隱》，俱作「火正」，仍當從《左傳》作「火正」為是。且所謂「司地」者，非謂山川嶽瀆也；亦是司天之事。蓋地二生火，故以司地屬之火正也。南正則主日月星辰之運，日月星辰皆神也，故曰「以屬神」。火正則主因析夷燠之事，因析夷燠皆民也，故曰「以屬民」。神在上天，民在下地，故經曰「令重獻上天，令黎卬下地」。上天之運行不可玩，有憲章之義，故曰「獻」。下地之民事不可緩，有勞瘁之義，故曰卬。《路史》改「卬」為「抑」，不知何據，疑是誤字。郭注「重實上天，黎實下地」，二「實」字義不可曉。郝氏又引《竹書》「帝嚳十六年，帝使重帥師滅有鄶」，謂即是人。據《逸周書·史記解》作「重氏」，則非即老童所生之重可知。且云「重號祝融，為高辛氏火正」，大誤。案：重當顓頊時為南正，黎為火正，不得至高辛時奪黎之世職而居之。古未聞有重號祝融之說，至高誘《淮南子注》云「吳回一名黎」，豈不知《大戴禮·帝繫篇》云「老童生重黎及吳回」邪？而漫以為一人，誤矣。至此經所云重黎之重，與少昊四叔之重無涉。蓋《左傳》蔡墨之論社稷五祀也，錯落言之。重在少昊時，黎在顓頊時，遠不相及。《楚語》之「命南正重，火正黎」，是連言之。重是兄，黎是弟，不得以左氏證之，而謂與此經異也。

通州雷學淇曰：重與黎皆官名，後乃謂之羲和。《國語》：顓頊命南正重司天以屬神，命火正黎司地以屬民。此重即少昊四叔之重，以句芒而兼天官者。黎乃蚩尤九黎之族，以世職而為地官者。或謂黎即吳回，大謬。回乃顓帝之曾孫，安有帝之初立，即命其曾孫之理？蓋高陽以前，唯凶黎蚩尤之族稱黎。黃帝雖滅蚩尤，仍遷其善者於鄒屠，使為縉雲之官，掌當時之職，襲蚩尤之名，為黎君也。少昊之衰，黎有亂德，顓頊制之，亦遷其善者使為北正，故曰「命南正重司天，北正黎司地」。自後掌其職者，皆襲其號。高辛之初，二官失職，帝以老童之子代之，故《山海經》曰「老童生重及黎」，黎即吳回也。其初二職皆掌於重，後與回分掌之。及共工作亂，帝命重氏誅之不盡，帝乃以庚寅日誅重，而以弟吳回代之。由是重氏之職又並於黎，而黎之德獨光融於天下焉。蓋對少昊四叔言之，則老童之子通謂之黎；對吳回之稱黎言之，則回之兄止謂之重；無所對而以其兼并二職言之，則回與兄皆可謂之重黎也。《國語》：堯育重黎之後，不忘舊者，使復典之。此重黎即謂吳回，其後即羲和是也。羲和本黃帝時占日之官，堯取於古官名名之，使統理授時之事，又以其四子分掌四時，此即《國語》所謂「別其分主」者，揆之於古，亦猶少昊之世，分至啟閉，掌

於四官，而統於歷正。故嚳、堯以後，天事掌於一家。就其屬而分言之，則羲仲、羲叔、和仲、和叔，各有分司；就其長而統言之，則或謂之羲和，或謂之重黎，止是一官之職也。《呂氏春秋》謂舜使重黎舉后夔典樂，是又即羲和重黎之證。夏后中康之世，羲和尸位，允侯征之，以昆吾氏代其職。蓋昆吾者，亦祝融吳回之孫。帝之命代，猶堯育重黎之後，不忘舊者，使復典之義。故《國語》曰：至於夏商，重黎氏敍天官。《史記‧天官書》：昔之言天術者，有夏昆吾，商巫咸。巫咸在商王太戊之世，然則太戊之前幾百年，猶是重黎子孫世其職也。馬融書注云：羲和為二氏後，出孔傳。用《法言》「近羲近和」之說，謂重即羲，黎即和，亦由於此。已上皆雷氏說，載黃汝誠《日知錄釋》卷三。

衡案：雷氏謂重黎是官名，此本之韋昭《國語注》。又云「後乃謂之羲和」，此古來傳注相承之說，而不知皆非也。少昊之四叔，重、熙、該、修，俱是名。重為句芒，該為蓐收，修及熙為玄冥。句芒、蓐收、玄冥，方是官名，故加一「為」字。「為」者，為此官也。此則少昊時之重，非官也。至顓頊時，老童所生之重黎，「重」「黎」是二人名。《楚語》「命南正重司天，火正黎司地」，「南正」「火正」是官名。《楚語》不得於「南正」「火正」下又舉官名也。若謂「南正」「火正」是官名，「重」「黎」又是官名，無此文法。此則顓頊所生之重黎，非官也。其云「後乃謂之羲和」，古來先儒皆如此說。《路史‧後紀一》謂太昊伏羲後有羲氏，《後紀八》帝顓頊高陽氏後有和氏，謂和實為黎後，殊欠通會。案：既云羲氏出於太昊，則後之名羲和者必出於羲氏矣。羲和當黃帝時掌天象，俾之占日，則和氏必出於黃帝時羲和之後可知，故《山海經》有羲和之國。《春秋命歷序》云：炎帝傳八世，黃帝傳十世，少昊傳八世。然後至顓頊高陽氏，高陽氏後方有重黎。則由伏羲以至高陽氏，不知幾歷年所矣。而謂羲氏、和氏出於重黎，豈不倒置乎？至帝堯時，乃命羲和，此羲和是羲氏、和氏，非謂一人。下文「汝羲暨和」，已明言之矣。馬融分羲和為二氏，是也。即至夏中康之世，羲和廢厥職，亦謂羲氏和氏怠棄其事，而淫湎於酒，故遣允侯征之。蓋以羲和二族及其黨與之人甚眾，故用師伐之。設羲和止是一人，則付之獄吏足矣，何必勞師動眾乎？若重黎則顓頊之孫也，《山海經》有明文。據《竹書紀年》，顓頊在位七十八年，年九十八歲。則帝以十九歲即位，約以二十歲生老童，又約二十年老童生重及黎，則是顓帝在位之四五十年間，重黎二人已及狀歲，何不可任職？雷氏前云「或謂黎即吳回，大謬」，蓋以此黎為「九黎亂德」之黎，此其誤從《路史‧後紀》。又云「黎即吳回」，蓋誤於《淮

南子注》「吳回一名黎」之說。又謂「回是顓帝之曾孫」，豈非一誤再誤？《楚世家》謂：高陽生稱，稱生卷章。多出「稱生卷章」一代，不知稱即伯服。《大荒南經》云：顓頊生伯服。《大荒西經》云：顓頊生老童，老童生祝融。祝融即吳回，則是卷章、伯服同為顓頊之子。祝融為老童之子，安得謂「回是顓帝之曾孫」？又云「其初二職皆掌於重，後重氏之職又並於黎」，據《國語》「南正重司天，火正黎司地」，南正、火正，各有攸司，重何嘗兼火正？即如《史記・楚世家》之說，「帝誅重黎而以吳回代之」，蓋是代黎為火正，並未代重為南正。此則憑空撰出，並無依據。又，《楚世家》明云誅重黎，雷氏則但曰「以庚寅日誅重，而以弟吳回代之」，一若重誅而黎存，謂黎即吳回，史未嘗云誅吳回也。此則巧為立言，硬刪《史記》以就己說。又云《國語》「堯育重黎之後」，「此重黎即謂吳回」。案：吳回為老童子，生於顓頊之世。《世紀》云：顓頊年九十八崩。則吳回年已近七十，又歷帝嚳六十三年。《外紀》謂帝嚳在位七十年，則吳回不且年已百四十歲乎？此時未必尚在，安得謂「堯育重黎」即吳回？此其誤蓋以《呂刑》所云之「乃命重黎絕地天通〔註30〕」為帝堯之命，不知《楚語》「絕地天通〔註31〕」屬之顓頊，則「乃命重黎」是顓帝，而非帝堯也。《呂刑》之兩云「皇帝」，一指高陽氏，一指陶唐氏。據《書正義》引康成注：皇帝哀矜。至「罔〔註32〕有降格」云，皆說顓帝之事。又引康成注云「皇帝清問」以下，乃說堯事，何等明白？孔傳皆以帝堯注之，誤矣。設謂是帝堯，則《堯典》何不云「乃命重黎」，而曰「乃命羲和」耶？可知羲氏、和氏為一族，自伏羲、黃帝以來，重氏、黎氏為一族。自高陽、高辛以來，則謂重黎在前，而羲和在後者，非也。雷氏謂此重黎即吳回，其後即羲和，則是羲氏、和氏不遠追黃帝時占日之羲和，而以顓帝後之重黎冒為其祖，豈不亂其世族？況重黎之後，何以不世襲重黎，而乃別謂羲氏、和氏耶？雷氏又謂「羲和本黃帝時占日之官，堯取於古官名名之」，不知黃帝時羲和是姓羲名和，羲和非官名也，占日乃其官名。以羲和為官名，是後世事。《漢書・王莽傳》：更名大司農曰羲和。《北堂書鈔》五十二引《續漢志》：平帝末改大司農為羲和〔註33〕也。又王莽徵天下通知音律者百餘人，使羲和劉歆等典領條奏，見《漢書・律曆志》。又，《初學記》十二引《漢書》曰：平帝元始元年，改大司農曰羲和，以劉歆

〔註30〕「天通」本誤作「通天」。
〔註31〕「天通」本誤作「通天」。
〔註32〕「罔」字本誤作「乃」。
〔註33〕「和」字下本衍「是」字。

為之。而謂當黃帝時有此官，當帝堯時又有此官耶？雷氏又云「或謂之羲和，或謂之重黎，止是一官之職」，其云「止是一官之職」可也，其云「或謂之羲和，或謂之重黎」則不可，何也？名各有定，族各有分，不可混也。蓋羲氏、和氏、重氏、黎氏，四族俱習天事，世不失職，後世遞舉而用之。《呂氏春秋‧察傳篇》云：舜使重黎舉后夔。此顓帝時重黎之後。《尚書大傳》：羲伯之樂舞《將陽》，和伯之樂舞《玄鶴》。此黃帝時羲和之後。可見當日羲和、重黎並見堯舜之世。

　　總而論之，重有二人：一為少昊四叔之重；一為顓帝後之重；黎止一人，即老童所生者。後世重黎並稱，與少昊四叔之重無涉。乃雷氏誤以回為顓帝曾孫，顓帝無即位即命曾孫之理，則不得不以重黎之重為少昊四叔之重。既以重為少昊時之重，因以重黎為九黎亂德之黎。夫九黎，氏也，重黎之黎，名也，名與氏混。又云顓帝誅九黎之不善者，而用其善者，亦本羅氏《路史》而誤。乃又云「二官失職，帝以老童之子代之」，則是初命為南正、火正者是一重黎，重為少昊氏重之後，黎為九黎氏之族，繼而廢初命之重黎，而以老童之子代之，豈不當顓帝時有兩重黎耶？不知《楚語》及《史記‧楚世家》止有「一命」，無「再命」之語。雷氏又謂後出孔傳「用《法言》『近羲近和』，謂重即羲，黎即和」，此亦未曾將《法言》檢出細閱，而漫為是語。案：《法言》在新莽時，孔傳在漢武帝時，何得孔用揚說？故從世儒後出孔傳之說，而巧為立言。今閱孔傳，止《呂刑注》有「重即羲，黎即和」二語。夫所謂「即羲即和」者，則羲在前，重在後，和在前，黎在後，昭昭若揭，與《法言》之「近羲近和」語義不同。近者，謂其職守相近也。且揚之所謂羲和，非指帝堯時。案：《重黎篇》云：「或問：南正重司天，北正黎司地，今何僚也？曰：近羲近和，孰重孰黎？曰：羲近重，和近黎。」所謂「今」者，指王莽時曾立羲和之官而言。又，前云「近羲近和」，又云「孰重孰黎」〔註34〕，顛倒互說。明乎所居之官與之相近，非謂羲為重後，黎為和後也。此與孔傳之「即羲即和」全不相襲，焉得合而一之。又羲和，余別有說。

祝融

　　《海內經》：炎帝之妻，赤水之子聽訞，生炎居，炎居生節竝，節竝生戲器，戲器生祝融。郭注：高辛氏火正號。

〔註34〕「孰重孰黎」本誤作「孰重孰黎」。

《大荒西經》：顓頊生老童，老童生祝融。郭注：即重黎也，高辛氏火正，號曰祝融也。

衡案：此二祝融，一為炎帝之後，一為顓帝之孫，兩不相及。郭注俱云是高辛氏火正，誤矣。古帝有祝融氏，《莊子·胠篋》，《外紀》引《六韜·大明》，及《白虎通》《風俗通》諸書皆述之，蓋是炎帝之後，或即戲器所生者未可知。《管子·五行篇》云：黃帝得祝融，辨乎南方。此即古帝祝融氏之裔。《路史·前紀八》謂祝誦即祝融氏，在伏羲、神農前，不可據。此則炎帝後之祝融，未嘗為高辛氏火正也。厥後顓頊之孫亦曰祝融，祝融乃高辛氏所命者。命之為言名也，故亦名祝融。《左傳·昭二十九年》及《鄭語》並云：顓頊之子曰黎，為高辛火正，命曰祝融。以祝融是黎，蓋是傳聞誤以黎即吳回，故有斯說。其云「顓頊之子」亦誤。《呂氏春秋·孟夏紀》：其神祝融。高誘注云：祝融，顓頊氏後，老童之子吳回也，為高辛氏火正，死為火官之神。此注明晰之至。其注《淮南·時則訓》於「老童之子吳回也」下有「一名黎」三字，則又惑於《左傳》《鄭語》之說矣。蓋此祝融與炎帝後之祝融異，既不得加之以重，亦不得加之以黎。以重自重，黎自黎，吳回自吳回也，《山海經》顯有明證。《大戴禮·帝繫》及《世本》並云：老童生重黎及吳回。韋注《鄭語》亦同斯說，焉得混黎與吳回為一人？然則即以黎為祝融尚不可，郭氏乃以「重黎」注「祝融」，何耶？則《史記·楚世家》之誤，而郭氏襲之也。自吳回之後，則以祝融為氏。《海內經》云：鯀竊帝之息壤，以湮洪水，不待帝命，帝令[註35]祝融殺鯀于羽郊。「帝」謂帝堯，「祝融」即此吳回之裔。以吳回生於顓頊之時，歷高辛六十三年，至帝堯六十九年黜崇伯鯀，吳回不得尚在故也。此與炎帝後祝融氏當為二族，吾於《大荒西經》既云「老童生重及黎」，又云「老童生祝融」，知祝融之不得為重，並不得為黎矣。又云「有人曰吳回」，知祝融之即吳回矣。「吳回」舉其名，「祝融」舉其號也。若《海外南經》之祝融，則又是高辛氏火正，以「東方句芒」「西方蓐收」證之，毫無疑義。郭氏僅以「火神」注之，一若於高辛氏火正外別有一「祝融」者，而於炎帝後之「祝融」反以為高辛氏火正，則何也？

吳回 奇左

《大荒西經》：有人名曰吳回，奇左，是無右臂。郭注：即奇肱也。吳回，

〔註35〕「令」字本作「命」。

祝融弟，亦為火正也。

　　郝氏曰：案：此非奇肱國也。《說文》云：孑，無右臂也。即此之類。吳回者，《大戴禮・帝繫篇》云：老童產重黎及吳回。《史記・楚世家》云：帝嚳誅重黎，而以其弟吳回為重黎後，復居火正，為祝融。是皆以「重黎」為一人，「吳回」為一人。《世本》亦同。此經上文則以「重」「黎」為二人，似「黎」即「吳回」。故《潛夫論・志氏姓》云：黎，顓頊氏裔子吳回也。高誘注《淮南子》亦云：祝融，顓頊之孫老童之子吳回也，一名黎，為高辛氏火正，號為祝融。其注《呂氏春秋》又云：吳國回祿之神，託於竈。與注《淮南》異也。王符、高誘竝以「黎」即「吳回」，與此經義合。重、黎相繼為火官，故皆名祝融矣。

　　衡案：此經「有人名曰吳回」是一事，「奇左，是無右臂」又一事，蓋皆指所畫之圖像而言。「奇左」即「奇肱」，郭注不誤。郝氏轉以為非，失之。不知「左」乃「ナ」之譌；「ナ」則「肱」之省。「是無右臂」亦其圖上之形如是。《海外西經》所云「奇肱之國，其人一臂」是也。但《海外西經》止云「一臂」，此則詳言之曰「是無右臂」，則是圖上但有左臂耳，右非無臂，但見其左，故曰「奇左」，此說亦通。郝氏引《說文》「孑，無右臂」以證之。案：《說文》：孑，無右臂；孒，無左臂。《淮南子・說林訓》：孑孒為蟁。注：倒跂蟲也。郝取以證《山海經》，則是奇左實無右臂不以圖畫之像矣。其說非是。段氏《說文注》亦引《山海經》為說，失之。更有奇者，此經此條下「大荒之中，有人焉，三面一臂」，郭注：無左臂也。案：經未嘗言無左臂，但云「有一臂民」，蓋不知圖畫是偏於左、偏於右之像，乃郭目之曰「無左臂」，亦若因上文「是無右臂」，而意謂此必「無左臂」者，何其誣也？至吳回之為祝融，實非即黎。此經上文「老童生重及黎」，重與黎是二人。此吳回於重黎之外，又是一人。《山海經》既未明言黎即吳回，而《潛夫論・志氏姓》及高誘《淮南子注》並云黎即吳回，蓋惑於同為高辛氏火正，以回繼黎而不能分別也。且也高辛氏誅黎矣，未聞高辛氏誅吳回也，則吳回之不得為黎可知。案：《路史・高陽氏紀》：「卷章生黎及回，黎為祝融，黎卒帝嚳以回代之。」羅苹注曰：「《楚語》及《史記》云：共工作亂，帝嚳命祝融誅之不盡，乃以庚寅日誅之，而以弟回為黎，復居火正祝融。非也。」斯則其可據者矣。夫共工作亂，祝融誅之不盡，其罪亦何至於殺？且所誅者，為重乎，為黎乎，抑二人竝誅乎？且高辛氏既命之於前，倏又誅之於後，刑賞何若是之顛倒？此中顯有不實。吾謂《路史》「黎卒

回代」之說，為不可易。其云「黎為祝融」，尚染舊說。郭注乃云「吳回，祝融弟」，蓋實以祝融為重黎，故以吳回為是弟，則吳回之不得為黎，審矣。而不知重黎非祝融，吳回乃祝融也。謂之為弟，實不可通。高誘《呂氏春秋‧孟夏紀》：其祀竈。注云：吳國回祿之神，託於竈。《路史》因曰：回食於吳，是曰吳回。案：吳之為國，後世方有斯號，豈高辛之氏，而已有吳國乎？高注「吳國」當是「吳回」之誤。郝氏謂：王符、高誘竝以「黎」即「吳回」，與此經義合。夫《山海經》則何嘗有「黎」即「吳回」之說哉？觀於「有人名曰吳回」別出一條，於「老童生重及黎」之外可見。郝氏又謂：重黎相繼為火官，故皆名祝融。亦非。案：重為木正，黎為火正，見《左昭二十九年傳》；顓頊命南正重司天，火正黎司地，見《楚語》。皆與《大荒西經》「重獻上天，黎邛〔註36〕下地」合，明是一人一職。以為相繼為火官，誤矣。若吳回與黎，則相繼為火官者也，而祝融則專指吳回。

　　梁玉繩《漢書‧人表攷》謂「吳回亦曰回祿」，下注云：《左‧昭十八年》疏、《通雅》廿一，謂「祿」「陸」音通，以回祿為吳回、陸終之通稱。不知《左傳疏》本於高誘《呂氏注》，而高注「吳回回祿之神」實有謬誤。蓋吳回死託於竈，不得又連及其子陸終也。古未聞有陸終為火正之說；則吳回、陸終何得合而為一曰「回祿」乎？《周語》：夏之興也，融降于崇山；其亡也，回祿信于聆隧。韋注：回祿，火神。《左昭十八年傳》：禳火于玄冥回祿。杜注：回祿，火神。孔疏云：楚之先吳回為祝融，或云回祿即吳回也。

　　衡案：孔疏可據。若以「祿」可通「陸」，截「吳回」之第二字，與「陸終」之首字，合而言之曰「回祿」，知不然矣。乃梁氏又引《山海經》「奇左，是無右臂」於所說「吳回」下，豈以奇左即吳回耶？吳回之與奇左，風馬牛不相及，何以牽混若此？讀書不能離合斷句，是一大病。郝氏謂奇左非奇肱，而不下斷語，亦豈因此經與吳回相承說下，而不能分為兩事耶？試思「奇左」自「奇左」，「吳回」自「吳回」，有何關涉？而欲牽連依附以為一人，豈非亂道？

顓頊之子

　　《大荒南經》：有季禺之國，顓頊之子，食黍。郭注：言此國之〔註37〕人顓頊之裔子也。衡案：經明言「顓頊之子」，郭乃言「此國之人」，作泛說，何

〔註36〕「邛」字本誤作「印」。
〔註37〕「之」字郭書本無。

也？《路史・後紀八》：高陽氏生伯偁、卷章、季禺三人。以季禺為卷章弟，以伯偁為卷章兄，未知何據，想以「伯」「季」二字揣測之，然古書無明文也。

《大荒南經》又云：有國曰顓頊生伯服。吳氏曰：案：《世本》云：顓頊生偁，偁字伯服。衡案：此伯服之國也。「有國曰」下脫「伯服」二字。偁字伯服，亦見《路史・後紀八》注，又云高陽生伯偁，則伯偁、伯服蓋亦如老童、卷章之說，非偁字伯服也。

《大荒西經》：有國名曰淑士，顓頊之子。郭注：言亦出自高陽氏也。衡案：淑士蓋以人名為國者，經言「顓頊之子」，則是顓頊親子矣。郭注「出高陽氏」，作推原論，失之。

《大荒西經》又云：顓頊生老童。郭注：《世本》云：顓頊娶於滕隫氏，謂之女祿，產老童也。衡案：《大戴禮・帝繫篇》：顓頊娶於滕氏，滕氏奔之子，謂之女祿氏，產老童。上「滕氏」二字當衍，下「滕氏奔」當作「滕奔氏」。《離騷注》引《帝繫》作「騰隍」，誤。《路史》作「勝奔氏」。此經郭注引《世本》又作「滕隫氏」。蓋「滕」「騰」「勝」、「奔」「隫」俱以聲相近故也。老童，《史記・楚世家》作「卷章」，云：高陽生稱，稱生卷章。不可從。据《山海經》，老童、伯服俱是顓頊之子。

《大荒西經》又云：有人焉，三面，是顓頊之子，三面一臂，三面之人不死。郭注：無左臂也。言人頭三邊各有面也。衡案：「三面」猶「三身」也。「三面一臂」，是其圖畫如此。「一臂」者，旁像也。郭以「無左臂」注之，蓋以上文有「奇左，是無右臂」之語，而妄測也。又「言人頭三邊各有面」，而以《魏志・東夷傳》「兩面人」證之。不知《東夷傳》是傳聞之妄，而此經言「三面」是三個人。蓋是圖像濟簇，如後世畫羅漢，層見疊出，而不分晰也。或曰「三面」即是名，如「帝俊生三身」之類。「三身」可作名，則此「三面」亦何不可作名乎？若云人止一頭而三邊各有面，成何形狀？即是鬼怪，亦不至此。況聖帝之子乎？且《山經》所云「顓頊之子」不一人；如季禺、伯服、淑士、老童、叔歜、中輻，俱無異狀。獨此經云「有人焉，三面」，如郭注所說，知不然矣。其云「三面之人不死」，是後人附會續錄之語，今一綮混入正文，遂成奇怪。又加以郭氏之注，無惑乎後之讀《山海經》者目以為偽也。

《大荒北經》：有叔歜國，顓頊之子。衡案：《路史・後紀八》云：季禺生叔歜。羅苹注引《大荒西經》：叔歜，顓頊之孫。今檢在《大荒北經》，是「顓頊之子」，是亦考之不實矣。

《大荒北經》又云：西北海外，流沙之東，有國曰中輻，顓頊之子。衡案：「中輻」無考。「輻」，藏經本作「輪」。

《大荒北經》又云：顓頊生驩頭。衡案：「驩頭」已見《大荒南經》，余別有說。

又案：《山海經》所紀「顓頊」之子已有七人，其與《左文十八年傳》云「高陽氏才子八人，蒼舒、隤敳、檮戭、大臨、尨降、庭堅、仲容、叔達」，無一人同名；何也？杜注：八人，其苗裔。孔疏引《春秋緯命歷序》云：顓頊傳九世，其八人者，不能知其出生本系枝派遠近，故略言其苗裔耳。據疏所云，則是《左傳》所載者，乃高陽之後裔；而《山海經》所云則皆顓帝所親育也。

驩頭 鯀

《大荒南經》：「大荒之中有人，名曰驩頭，鯀妻士敬，士敬子曰炎融，生驩頭。」《路史·國名紀六》作「土敬」，「土」「士」必有一誤。

《大荒北經》：「西北海外，有人，有翼，名曰苗民。顓頊生驩頭，驩頭生苗民。」郭注：「三苗之民。」

《海內經》：「黃帝生駱明，駱明生白馬，白馬是為鯀。」郭注：「即禹父也。《世本》曰〔註38〕：黃帝生昌意，昌意生顓頊，顓頊生鯀。」吳氏曰：「案：《史記》：高陽子熙帝生駱明，駱明生白馬，白馬生鯀，故曰顓頊五代而生鯀。熙帝即孺帝。又《氏族源流》云：顓頊妃鄒屠氏，生駱明，駱明生伯鯀。未知孰是。」

衡案：如《大荒南經》所云，則驩頭為禹猶子矣。而《大荒北經》又言顓頊生驩頭，則遠在鯀禹之前。据《世本》，黃帝生昌意，昌意生顓頊，顓頊生鯀。《大戴禮·帝繫》亦云。則是驩頭與鯀又為兄弟矣。《大荒北經》又云：驩頭生苗民。準以《大荒南經》，驩頭為炎融之子，則苗民當為禹姪孫。郭以三苗之民該之。夫三苗與驩兜，同被罪於帝堯之世，一放一竄，則是父子同列四罪矣。而且，禹伐三苗，則是禹伐姪孫之國矣。若準以《大荒北經》，苗民為顓頊孫。合諸《世本》《帝繫》「顓頊生鯀」之說，禹不且與三苗為兄弟乎？種種疑竇，殊不可解。余意「苗民」是人名，亦如「駱明生白馬」之謂，非謂「三苗之民」也。「顓頊生驩頭」，亦未必是親所生，蓋本其所自出，故曰「生」。余閱《春秋命歷序》，自黃帝至顓頊凡幾世，自顓頊至高辛凡幾世，自高辛至

〔註38〕「曰」字本脫。

帝堯凡幾世，則是帝堯時之驩兜、苗民與鯀，其與《山海經》所云名同而人異，明矣。蓋「驩頭」始則其名，繼則其氏號，故至帝堯之世，又有「驩兜」也。苗民則三苗之遠祖，後乃支分派別而為三者。若鯀，亦非禹父之鯀。據《海內經》，鯀是黃帝之孫。又有一條云：黃帝生昌意，昌意生韓流，韓流生帝顓頊。則顓頊為黃帝曾孫。較之鯀為黃帝孫，是鯀反長於顓頊，則此經之鯀定非禹父。《路史・後紀十三》：夏后氏其先出於高陽，高陽生駱明，駱明生白馬，是為伯鯀。下注云：《海內朝鮮記》。案：所引即《海內經》也。《海內經》首條云「有國曰朝鮮」，故作「海內朝鮮記」。其實「朝鮮」二字當衍。據所引《海內經》與今本不同，然考《山海經》所載「顓頊之子」散見《大荒》南西北三經，此處明云「黃帝生駱明」，定非譌誤。疑羅氏參以他書，未及檢點，誤以黃帝為高陽也。此則黃帝之孫名鯀者也。至顓帝之後又有鯀。《竹書》：帝顓頊高陽氏三十年，帝產伯鯀，居天穆之陽。與《世本》《大戴禮・帝繫》「顓頊生鯀」合。《漢・律曆志》及《帝系》《三統曆》，謂鯀為高陽五世孫者，誤也。蓋欲遷就「鯀為禹父」，故以為五世孫。案：《春秋命歷序》：顓頊傳二十世，三百五十年；高辛傳十世，四百年；然後至堯，方命鯀治水。則謂顓帝所生之鯀為禹父者；蓋相去七百餘年矣。而況乎「黃帝生駱明，駱明生白馬」之鯀乎？郭謂即禹父也，何不詳考年代，而漫為是語耶？即依《史記》之說，高陽、高辛至帝堯，顓頊在位七十八年，高辛在位七十年，鯀生於顓帝之三十年，至高辛氏不已一百十有八歲耶？又加以堯之六十一年，始命崇伯鯀治河。計其年，當一百七十九歲。鯀不應如是之壽。此則顓帝所生之鯀，非即禹父之鯀也。蓋黃帝之孫是一人；顓帝所生之鯀又一人；禹父之鯀又一人。據《潛夫・五德志》：禹為少昊後。案：少昊當是太昊風姓之苗裔，非黃帝子青陽後也。禹既為少昊後，則禹父之鯀為少昊後可知。是則鯀之名雖同，而其氏派各別有如此者。況生禹之鯀妻為有莘氏女志，謂之修紀；而《大荒南經》「鯀妻名士敬」，則判然為二，可知矣。至吳氏引《史記》「高陽子熙帝生駱明」，不可據。蓋以《墨子・尚賢中》云：伯鯀，帝之元子。又以《史記・夏紀》索隱引皇甫謐說：鯀，帝顓頊之子，字熙。遂誤以為高陽子熙帝也。其《墨子》及皇甫謐之說亦不可據。吳氏又謂「熙帝即孺帝」，大謬。《大荒東經》「少昊孺帝顓頊」，余已有說。

山海經彙說卷六終

山海經彙說卷七

江都陳逢衡著

姑射山　姑射國

《東山經‧東次二經》：「盧其之山，又南三百八十里，曰姑射之山。又南水行三百里，流沙百里，曰北姑射之山。又南三百里，曰南姑射之山。」吳氏曰：「案：山在平陽城西，有姑射、蓮花二洞，神人所居。《括地志》：有南姑射山、北姑射山，即此。」畢氏曰：「《莊子》云：藐姑射之山，汾水之陽。《隋書‧地理志》云：臨汾有姑射山。」郝氏引《莊子‧逍遙》《隋書‧地理志》同畢說，又云：「山在今山西平陽府西。」又云：「三山俱名姑射，但分南北耳，皆山在中國者。《海內北經》有列姑射，有姑射國，俱地在遠裔。」

衡案：姑射山當在今山東登、萊、青之南，不當在山西平陽府。其《海內北經》之「列姑射」，即謂此三姑射山。姑射國即在此姑射山之東北，非有二地。郝氏「中國遠裔」之說，蓋竊取《海內北經》吳氏注，而不知其說非也。吳氏引《括地志》，已見楊升菴《補注》。《括地志》一書，久已亡佚，今檢此語，未見所出。

《海內北經》又云：「列姑射在海河洲中。」畢本「洲」作「州」，注云：舊本作「洲」，非。郭注：「山名也，山有神人，河洲在海中，河水所經者，《莊子》所謂藐姑射之山也。」吳氏曰：「案：《東山經》有北姑射、南姑射二山，皆在中國，此則藐姑射，蓋遠在海中者。」畢氏曰：「《列子》云：『列姑射山在海河州中，山上有神人。』下備載《列子》此節全文，今不錄。郝氏曰：「案：《列子‧黃帝篇》云：列姑射山在海河洲中。與《莊子‧逍遙游篇》所云『藐姑射之山』非一地也。」

　　衡案：此列姑射，蓋指南北兩姑射並正姑射三山而言，故云「列姑射」。「姑射」者，排列也。《東山經》「流沙百里，曰北姑射之山」，蓋是流沙所衍，積久而為洲者，故上可以立國。畢氏謂「洲」字非。案：《爾雅·釋水》：水中可居曰洲。疏引李巡云：四方皆有水，中央獨可居。此「列姑射在海河洲中」，是四方皆有水也。故《列子》亦云「在海河洲中」，若改作「州」字，州境甚大，九州、十二州其例也。以方此列姑射之地，誤矣。若以「河州」二字連言，河州在枹罕縣，在今甘肅地，距此更遠。且既改正文「洲」作「州」，而所載郭注仍作「河洲」，豈非自亂其例？乃又改《列子》「河洲」作「河州」以就之，其實無所證據也。郭注泥於「河」字，謂是「河水所經」，蓋隱以為在汾陽矣，故下引《莊子》云云。不知此「河」字當活看，如古詩《枯魚過河泣》《公無渡河》《攜手上河梁》諸「河」字，直作「水」字解，不作「江淮河濟」之「河」，謂是黃河也。而且「河」字與上「海」字相屬，不與「洲」字連，謂此列姑射在河海與河所生洲之間，海是大水，河是小水，即海之旁出者。郭以「河洲」二字連言，故云「河水所經」。案：河入海之處，在山東境；若云汾陽是河水所經，則與海遠不相及，而可以解海河洲中乎？其云河洲在海中，實不可解，千古未聞汾陽之地在海中也。吳氏郝氏俱謂《東山經》之姑射山在中國，此則遠在海中者。案：《東山經》與《海內北經》所言俱在一處。列姑射之地，以在姑射山中，連絡六七百里，為諸山所環繞，故其地即以「姑射」名，而其國在列姑射之上者，亦即以「姑射」名。《列子》於「列姑射」下加一「山」字，顯然可見。況此經所載明曰「海內」，而必以遠在海中，地在遠裔，別而言之，不知何據。蓋此列姑射與姑射國更在姑射山之東北，故下條云「西南山環之」。「西南山」即指《東山經》之山，非別有山也。《東山經》明載三山，而吳氏止云「南北二山」，豈非一誤再誤耶？

　　《海內北經》又云：「姑射國在海中，屬列姑射，西南山環之。」畢氏曰：「《莊子》云：姑射之山在汾水之陽。是在今山西，非此山也。郭氏誤引之。」郝氏曰：「案：山環西南，海據東北也。」

　　衡案：郭意以《海內北經》與《東山經》之姑射，總在山西，故於《東山經》無注，而引《莊子》注於《海內北經》以見意，畢意謂此姑射國在海中，與《東山經》之在山西者異地，故以郭說為誤，而不知皆非也。蓋《東山經》紀東方之山水，由北以至南姑射山之上文盧其之山，或即《漢志》之「不其山」，「不」有孚音，與「盧」相近。《御覽》九百二十五引作「憲期」，「憲」字誤，

「期」字不誤。《郡國志》：東萊郡不期侯國，故屬琅邪。「不期」即「不其」也。在今萊州府。案其道里，頗與相合。下文「綍氏之山」，郭注：一曰俠氏之山。衡案：作「俠」字是。綍氏，《地理志》在河南。《列仙傳》所謂「王子晉七月七日跨鶴謝時人」之處，此後世之名，作《山海經》時無有也。且上文有泰山、空桑之山；二山皆在魯地，不得又南行數千里反西折，而至河南綍氏之山也。此亦顯然共見者。至此經之列姑射、姑射國，上文是蓋國、朝鮮；蓋國與倭接，朝鮮在樂浪，皆在東大海之中。下文「蓬萊山在海中；大人之市在海中」，皆在登萊之地，則此所云「姑射」者，焉得在山西汾陽乎？郭氏引《莊子》注此，徒以「姑射」二字相同，因而附會，不知天壤間之同名者甚多，如空同、熊耳山凡數見，故《山海經》有姑射山，不妨臨汾又有姑射山也。況《莊子》所云是「藐姑射」，此經所云是「列姑射」，藐是綿藐，列是行列，其不同有如此者。

又，江都秦太史恩復所刻唐盧重玄《列子注》，於《黃帝篇》「列姑射在海河洲中」下辯論云：案：《釋文》引《山海經》云：「姑射國在海中，西南環之。從國南水行百里曰姑射山，又西南行三百八十里曰姑射山。」郭云：「河水所經海上也。」言遙望諸姑射山行列在海河之間也。已上述唐當塗縣丞殷敬順《列子釋文》，已下皆秦氏《辯證》語。與今本《山海經》不同。姑射山，《山海經》凡兩見。考《東山經》之姑射在臨汾縣，見《隋書·地理志》，即今平陽府西〔註1〕之九孔山。左右前後並無所謂南北姑射者，則《東山經》之「北姑射」「南姑射」二條當在《海內北經》「西南山環之」之下。敬順所引《山海經》乃唐時之本，且言諸姑射山行列在海河之間〔註2〕，解「列」字之義尤為明據。又云：此章與《山海經》略同，據此則《列子》之「吸風飲露」云云，《山海經》皆有之，今本之脫落錯簡，從可知矣。後人因《莊子》有「藐姑射之山汾水之陽」之文，遂以為臨汾之姑射。畢氏校刊《山海經注》，於《海內北經》「列〔註3〕姑射」條下謂「姑射在山西，郭注誤引《莊子》」。殊不知《莊子》藐姑射之山有神人云云，與《列子》之說同，其為海中之列姑射無疑。至「堯見四子藐姑射之山汾水之陽」，乃臨汾之姑射山，非列姑射山也。上下文絕不相蒙，遽以為誤，其未之深考歟？已上皆秦氏說。

〔註1〕「西」字本無。
〔註2〕「間」字本誤作「問」。
〔註3〕「列」字本脫。

　　衡案：殷敬順所引《山海經》非唐時之本，與今本異，蓋古人引書，多割載成文以順己意。觀於《初學記》《藝文類聚》《太平御覽》，往往若此，不可據以為本文當如是也。《海內北經》「西南山環之」，殷引脫「山」字，則惝恍無據。又《東山經》姑射山在盧其山之南三百八十里，北姑射山又在姑射山南三百里，南姑射山又在北姑射山南三百里。今變文曰「從國南水行百里，曰姑射山，又西南行三百八十里曰姑射山」，則地界不清，又於「南行」上添一「西」字，想殷氏未嘗案書而錄，由於記憶不清故也。郭氏《海內北經注》止云「河水所經者」，殷氏又添「海上」二字，不知「河水所經」與「海上」二字不貫，唯云「在海河之間」此語明晰之至。秦氏謂《東山經》南北姑射二條當在《海內北經》「西南山環之」之下。案：《東山經》在《五藏山經》中，是伯益所傳；下此海內外大荒諸經，則夷堅按圖而錄之語，係兩人手筆。今以為錯簡，則凡前後之相類者，舉可相屬矣，豈不牽混？而且《海內北經》無有言某山者，以體例與《東山經》不同也。其自「姑射國在海中」以下，即云「大蟹在海中，陵魚在海中，大鯾居海中，明組邑居海中，蓬萊山在海中，大人之市在海中」，皆相承說下，中間何容插此二條？乃又以《釋文》云此章與《山海經》略同，遂謂《列子》之「吸風飲露」云云，為《山海經》所有而今本脫去，則更不然矣。案：《列子》多是寓言，此姑射山之神人亦如《湯問篇》方壺、員嶠所居之人皆仙聖之類。而《山海經》所載皆是實事，且其文法亦大不類《山海經》也。《列子·黃帝篇》所云止「列姑射山在海河洲中」九字，與《山海經》扶〔註4〕同，其中尚衍一「山」字，則是殷氏《釋文》云此章者定屬語誤，而以為《山海經》有脫漏，《山海經》必不受也。

　　又，「姑射」之「射」，《莊子釋文》：徐音夜，又食亦反，李實夜反，山名，在北海中。衡案：此蓋以「姑射」見《海內北經》，故云「在北海中」也。不知北經對南經而言，非謂北海也。經止云在「在海河洲中」「在海中」，以《東山經》之文證之，當在東海。況《海內北經》並不云「姑射山」，則既云是山名，當於《東山經》求之，而以為「在北海中」，誤矣。

　　又，《寰宇記》：河東道晉州臨汾縣，平山一名壺口山，《尚書》「治梁及岐」即此地，今名姑射山，在縣西八里，平水出焉。《山海經》：憲山之南三百里，有姑射山。《冀州圖經》云：西入文城〔註5〕郡，以山為界。《莊子》：藐姑射之

山，有神人居焉，肌膚若冰雪，綽約若處子，不食五穀，吸風飲露，乘雲氣，御飛龍，而遊乎四海之外，堯見之，窅然喪其天下。即此地也。

衡案：此以壺口山即姑射山。又引《山海經》「憲山之南三百里，有姑射山」以為證，謬誤之至。《山海經》是「盧其山」，無所謂「憲山」也。樂氏《寰宇記》多本《水經注》。檢《水經‧汾水》注：汾水南與平水合，水出平陽西壺口山，《尚書》所謂「壺口治梁及岐」者也。並不云壺口有「姑射」之名。觀於樂氏所謂「今名姑射山」，則是因《莊子》有「藐姑射之山」之語，後人因以「姑射」之名，被之壺口山，其與《山海經》之「姑射山」迥不相涉。總之，《莊子》所云「堯見藐姑射之神人」是子虛烏有之事，不可援以為證。

三江

《中山經‧中次九經》：岷山之首，曰女几之山。又東北三百里，曰岷山。江水出焉，東北流注于海。又東北一百四十里，曰崍山。江水出焉，東流注大江。又東一百五十里，曰崌山。江水出焉，東流注于大江。郭注：岷山，今在汶山郡廣陽縣西，大江所出。至廣陽縣入海。又於「崍山江水出焉」下注云：邛來山，今在漢嘉嚴道縣，南江水所自出也。又於「崌山江水出焉」下注云：北江。

郝氏曰：《水經注》云：岷山又謂之汶阜山，在徼外，江水所導也。案，「汶」即「岷」，古字通。岷山在今四川茂州東南，即漢之徼外地也。汶山郡，漢武帝所開。郭注「廣陽」，《〈史記‧封禪書〉索隱》引此注亦作「廣陽」，蓋晉時縣也。漢汶江縣，晉改為廣陽縣，屬汶山郡，見《晉書‧地理志》。案：《海內東經》注云：至廣陵郡入海。此注「廣陽縣」當為「廣陵郡」或「廣陵縣」，字之譌也。郝氏又於「崍山江水」下注云：案：《晉志》有漢嘉郡嚴道。《漢地理志》云：蜀郡嚴道，邛來山，邛水所出，東入青衣。《水經注》云：崍山，邛崍山也，在漢嘉嚴道縣，是中江所出。郭云「南江所出」者，蓋据《海內東經》「南江出高山」之文也，是崍山一名高山，南江一名邛水，皆山水之異名者也。「崍」，俗字也，當作「來」。山在今雅州榮經縣西。又，劉昭注引此經郭注云：中江所出。李善注《江賦》及李賢注《後漢書‧西南夷傳》引此經郭注，並云：崍山，中江所出。俱誤矣。郝氏又於「崌山江水」下注云：案：畢氏云：《海內東經》云：北江出曼山。今四川名山縣西〔註6〕有蒙山，「曼」

「蒙」音相近，疑是也。沫水經此，或即郭所云北江與？今案，畢說當是也。
《郡國志》云：蜀郡漢嘉，有蒙山。劉昭注引《華陽國志》云：有沫水從西來，
出岷江，又從岷山西來入江，合郡下青衣江入大江。又，《水經〔註7〕》亦云：
沫水與青衣水合，東入于江。案其道里〔註8〕，沫水當即北〔註9〕江矣。

衡案：《禹貢》：三江既入。即謂此岷山、崃山、崏山所出之三水同注於岷
江，而東北入海也。

又《海內東經》云：岷，三江首。大江出汶山，北江出曼山，南江出高山，
高山在成都西，入海，在長州南。郭注：今江出汶山郡升遷縣岷山，東南經蜀
郡、犍為至江陽，東北經巴東、建平、宜都、南郡、江夏、弋陽、安豐，至廬
江南界，東北經淮南、下邳至廣陵郡，入海。

衡案：晉益州汶山郡升遷縣，今四川龍安府松潘廳西北；益州蜀郡，今四
川成都府成都縣治；益州犍為郡，今四川眉州彭山縣東北十五；益州江陽縣，
今四川瀘州治；梁州巴東郡，今四川夔州府奉節縣東北；荊州建平郡，今四川
夔州府巫山縣治；荊州宜都郡，今湖北荊州府宜都縣西北；荊州南郡，今湖北
荊州府江陵縣治；荊州江夏郡，今湖北德安府安陸縣治；豫州弋陽郡，今安徽
潁州府霍丘縣西南；豫州安豐郡安豐縣，今河南光州固始縣東；揚州廬江郡，
今安徽潁州府霍丘縣西五十五；揚州淮南郡，今安徽鳳陽府壽州治；徐州下邳
國下邳縣，今江蘇徐州府邳州東。徐州廣陵郡，今江蘇淮安府清河縣。其言廣
陵郡，蓋謂廣陵郡之廣陵縣，今江蘇揚州府江都縣治。

全氏祖望曰：《初學記》引郭景純《山海經注》：三江者，大江、中江、北
江。汶山郡有岷山，大江所出。崃山，中江所出。崏山，北江所出。此在《山
經》原未以言《禹貢》之「三江」，而楊用修因謂：「諸家求三江於下流，曷不
向上流尋討？蓋三江發源於蜀，而注震澤。《禹貢》紀其原，以及其尾。」乃
不考大江、震澤之本不相入，且亦思三江盡在夔峽以西，安得越梁荊而紀之
揚？況《山海經》安足解《尚書》也？試讀《海內東經》，又有「大江出汶山，
北江出曼山，南〔註10〕江出高山」之語，是又一「三江」也，是固不足信之尤
者也。

〔註7〕「經」字下本衍「注」。
〔註8〕「里」字本誤作「理」。
〔註9〕「北」字郝書本誤作「中」。
〔註10〕「南」字本誤作「中」。

　　衡案：全氏止知駁升菴，全未將《山海經》理會，徒以「岷山，江水出焉；嵊〔註11〕山，江水出焉；崌山，江水出焉」，以為盡在夔峽以西，而不觀下文有「東北流注于海」「東流注大江」「東流注于大江」之語；蓋已包梁荊而至於揚矣。楊氏之誤，誤在「注震澤」，不知《禹貢》「三江既入」是一事，「震澤底定」是一事，兩句各不相蒙。更以《職方》「其澤藪曰具區，其川三江」之文證之，則三江是川，具區是澤藪，具區者，震澤也，有何關涉，而漫云注震澤乎？蓋其誤自《禹貢》孔傳孔疏。然大江不注震澤，而後之所謂南江即錢塘江者，實與震澤相貫注，則其說亦未盡非也。楊氏謂「於上流尋討」，甚是。全氏菲薄《山海經》，又以《海內東經》所云又是一「三江」，殊不思山之有二名者甚多。汶山即岷山，曼山、高山即嵊山、崌山，何得歧而為二？《初學記》引郭注「嵊山，中江所出」，今檢郭注，是「南江」水所自出也。全氏引《海內東經》「中江出高山」，今檢經文是「南江出高山」，蓋「中江」即「大江」，經不得既言「大江」，又言「中江」也。則其未嘗檢閱《山海經》，而漫為是語，可知矣。《禹貢》之「三江」言上流，與《中山經》岷山、嵊山、崌山所出之江水合。《禹貢》之「既入」言下流，與「東北流注于海」「東流注大江」「東流注于大江」合。夫所謂「注大江」者，即注岷山所出之江，而同入海也。岷山、嵊山、崌山，言其異源；嵊山、崌山之「江水」「入大江」，言其合流。吾故曰《山海經》之「三江」即《禹貢》之「三江」，文同而旨合也。至《海內東經》所云「北江」「南江」，則與《禹貢》異。案：《禹貢》之東為北江，入于海，屬於「嶓冢導漾，東流為漢」下，東為中江，入于海，屬於「岷山導江，東別為沱」下。而且「過三澨」「過九江」，則皆是「既入」二字注腳；與《山海經》之言「出曼山」「出高山」，言其源者不同，當分別觀之。案：北方之水皆謂之河，南方之水皆謂之江。今以《山海經》之「東北流注于海」，與《禹貢》「既入」之文參觀，則謂松江、錢塘江、浦陽江，從韋昭之說也可；謂婁江、松江、東江，從庾仲初之說也可；謂岷江、松江、浙江，從郭璞之說也可；何也？以江之來源有三，故曰「三江」。至入海之處，則不必限以「三」也。觀於大河之委播為九河，同為逆河入于海，而謂江之入海但有三乎？夫亦可以意會矣。其《海內東經》所云「高山在成都西，入海，在長州南」十二字，是後人續錄之語。

〔註11〕「嵊」字本誤作「峽」。

九江

《中山經·中次十二經》：洞庭之山，帝之二女居之，是常遊于江淵。澧沅之風，交瀟湘之淵，是在九江之間，出入必以飄風暴雨。郭注：此言二女遊戲江之淵府，則能鼓三江，令風波之氣共相交通，言其靈響〔註12〕之意也。江、湘、沅水皆共會巴陵頭，故號為三江之口，澧又去之七八十里而入江焉。《淮南子》曰：弋釣瀟湘。今所在未詳也。瀟音消。《地理志》九江，今在潯陽。南〔註13〕江自潯陽而分為九，皆東會於大江。《書》曰：九江孔殷。是也。又《圖贊》曰：神之二女，爰宅洞庭。遊化五江，惚恍窈冥。號〔註14〕曰夫人，是惟洞庭。

吳氏曰：案：《書傳》云：九江，即今之洞庭也。今沅水、漸水、无水、辰水、敘水、酉水、澧水、資水、湘水，皆合於洞庭，意以是〔註15〕名九江也。

畢氏曰：《地理志》云：充歷山，澧水所出，東至下雋入沅。見「武陵郡」。又：故且蘭，沅水東南至益陽入江。見「牂牁郡」。《水經》云：澧水東至長沙下雋縣西北，東〔註16〕入江，沅水東至長沙下雋縣，西北入於〔註17〕江。注云：澧水流於洞庭湖，俗謂之澧江口，沅水下注洞庭湖，方會於江。「瀟」舊本作「瀟」，非。瀟湘一水名，猶云清湘。《說文》云：瀟，水清深也。《水經》云：湘水北過雒縣西。注云：瀟者，水清深也，《湘中記》曰「湘川清照五六丈，是納瀟湘之名矣」。案《玉篇》云：瀟，水名。徐鉉《說文新附》亦有之。今有湘水，又有瀟水，俱在長沙界〔註18〕，蓋誤甚矣。

郝氏曰：案：《水經·湘水》注引此經「淵」作「浦」，《思玄賦》舊注引作「是常游江川澧沅之側，交游瀟湘之淵」，李善注謝朓《新亭渚別范零陵詩》引作「是常游于江淵澧沅，風交瀟湘之川」，《初學記》引云「沅澧之交，瀟湘之淵〔註19〕」，竝與今本異也。

衡案：經明云「九江」，而郭氏乃云「能鼓三江」「號為三江之口」，又《圖贊》云「遊化五江」，何歟？澧沅瀟湘，風水相遭，自能鼓蕩此天地自然之氣

〔註12〕「響」字本誤作「璺」。
〔註13〕「南」字本誤作「南南」。
〔註14〕「號」字本誤作「雖」。
〔註15〕「以是」本作「是以」。
〔註16〕「東」字本誤作「流」。
〔註17〕「於」字本脫。
〔註18〕「界」字畢書本無。
〔註19〕「淵」字本誤作「川」。

化，不關二女之靈。下文「出入必以飄風暴雨」，方是二女之靈驗。郭氏又引《漢志》「潯陽」「九江」以為說，此與洞庭之九江何涉？總而言之，九江有三。一湖漢之九水，《漢志》所謂南埜縣之彭水，安成縣之廬水，宜春縣之南水，新淦縣之淦水，南成縣之旴水，建成縣之蜀水，餘汗縣之餘水，鄱陽縣之鄱水，艾縣之修水是也。一潯陽之九水，《禹貢疏》引《潯陽地記》云：一曰烏白江，二曰蚌江，三曰吳江，四曰嘉靡江，五曰畎江，六曰源江，七曰廩江，八曰提江，九曰箘江。又引張須无《緣江圖》云：一曰三里江，二曰五州江，三曰嘉靡江，四曰烏土江，五曰白蚌江，六曰〔註20〕白烏江，七曰箘江，八曰沙提江，九曰廩江。是也。一則洞庭之九水，宋人胡旦、晁曾所謂沅水、漸水、无水、辰水、敘水、酉水、澧水、資水、湘水，朱子考定九水去无、澧而易以瀟、蒸是也。然湖漢九水，與潯陽九水，皆後世所立名，不若洞庭之九江見於《禹貢》，又見於《山海經》，為最古也。後儒爭執《禹貢》是潯陽之九江，不知揚州之「彭蠡既豬」，東匯澤為彭蠡，明載《禹貢》。彭蠡即洞庭，而「潯陽」二字並不見於《禹貢》，亦不見於《山海經》。證以此經洞庭之九江與《禹貢》合，則謂《禹貢》九江是潯陽之九江者，誤也。

　　顧祖禹《方輿紀要》云：許慎曰：九江，沅、漸、潕、辰、酉、溆、澧、濱、湘也。案：《說文》無此語，蓋是誤引。漸水在常德府武陵縣，合於沅，潕水在沅州城西，亦入沅江，辰水在辰州府沅〔註21〕陵城，東入沅，酉水亦在沅〔註22〕陵城，西入沅，溆水在辰州府溆浦縣，西北流入沅，惟澧水出岳州府澧州慈利縣西三十里之歷山，東連華容縣南，而入洞庭湖。然則所云九江者，惟四水達於洞庭耳。

　　衡案：顧氏云「四水達於洞庭」者，謂濱、湘、澧、沅耳。然漸、潕、辰、酉、溆既入沅，沅達洞庭，則謂此五水，亦入洞庭也可。《山海經》止有沅、澧、瀟、湘四水，其餘諸水，皆後世之名，未知本於何所。朱子考定九江，添瀟水是也，其去澧水則非矣。蓋瀟、澧二水俱見《山海經》，可為實證。畢氏謂「瀟」非水名，改作「潚」字，以「瀟」字為非，引《說文》「潚，水清深」為說。余意《說文》謂是「水清深」故曰「潚」，若蒙湘水為言，則當曰「潚湘，水清深」也。《玉篇》：潚，桑郁切，水清深也。又出「瀟」字，思焦切，

〔註20〕「白蚌」等五字本脫。
〔註21〕「沅」本誤作「辰」。
〔註22〕「沅」本誤作「辰」。

水名。則分「潚」與「瀟」為二,「瀟」通作「瀟」。案:《詩》「蠨蛸」亦作「蟰蛸」,蟰字亦音消,一音肅。《玉篇》之桑郁、思焦二切,似乎過為分別。然以為水名,則是據《山海經》為說。不然;古傳無瀟字也。《廣韻》:潚,蘇彫切,水名。則作「蘇彫切」是也。《詩·鄭風》:風雨瀟瀟,雞鳴膠膠。「瀟」亦作「潚」,下與「膠」叶,則音消無疑矣。徐鉉《說文解字韻譜》用李舟《切韻》「瀟」字下注云:水名。蓋古來相承如此。《廣輿記》:瀟江在永州府城外,源出九疑山。此則信而有徵者。

趙一清《水經注釋》於「瀟者,水清深也」下注云:按:《說文》:瀟,水名,從水,蕭聲,相邀切。又:潚,水清深,從水,肅聲,子叔切。則「瀟」是水名。故朱子以當洞庭九江之一。今注以「瀟」為「水清深」,蓋誤讀《說文》也。

衡案:「潚」特「瀟」字之省,後人特不甚用「瀟江」二字耳。今之言楚地者,必曰「瀟湘雲夢」。「雲夢」為二水,而謂瀟湘為一水;其不然乎?況此經明云「沅澧〔註23〕之風,交瀟湘之淵,是在九江之間」,則是沅澧瀟湘為九江之四,故云在九江之間。玩一「間」字;蓋江有九而但舉其四耳。畢氏據《初學記》,改「之間」作「之門」。夫九江之沙水相間甚多,即沅澧瀟湘之達洞庭,亦不由一道,而何「九江之門」之有?且作「門」字;則與上「在」字不貫。

胡氏《禹貢錐指》曰:太史公不敢言《山海經》,然其中亦有可信者。如謂「沅澧〔註24〕瀟湘在九江之間」,賴此一語,猶可推尋,其有造於《禹貢》不少也。

衡案:斯言頗得其實。郝氏歷舉諸書所引,謂與今本異,不知古人引書多割截成文,不可謂所據本異於今所傳也。郭引《淮南子》「弋釣瀟湘」。案:《御覽》六十五亦引《淮南子》曰:所謂樂者,豈必射釣瀟湘?檢《淮南·原道訓》作「釣射鸀鴹」,高注:鸀鴹,鳥名也。然上文是「馳騁夷道」,則下文作「釣射瀟湘」為是。柳宗元《愚溪詩序》云:灌水之陽有溪,東流入於瀟水。又云:余以愚觸罪,謫瀟水上。此則子厚身歷其地,非漫為是說也,尤為切證。

又,新安張匡學《水道直指》云:瀟水一名營水,出湖南九疑山。案:此說已見《禹貢錐指》引朱子考定九江,「瀟江」下注云亦名營水,出營陽泠道縣留山,北流注湘水。張氏又云:湘水源出廣西桂林府興安縣海陽山,流五里。

〔註23〕「沅澧」當作「澧沅」。
〔註24〕「沅澧」當作「澧沅」。

湘灘同源，至此始分東為灘水，又為桂江，北為湘水，行二百里合桂水，至柳州府城下合相思江，入梧州府界，北合越城嶠水，至桂林府之全州，又合洮、灌二水，流入湖南永州府，與瀟水合，曰瀟湘，經祁陽縣合桂陽諸水，至衡州府與烝水合，曰烝湘，與沅州府沅水合曰沅湘，所謂三湘。此則考據詳明，毫無疑義矣。

昆侖

《西山經・西次三經》：昆侖之丘，是實惟帝之下都，河水出焉，而南流東注于無達；赤水出焉，而東南流注于汜天之水；洋水出焉，而西南流注于醜塗之水；黑水出焉，而西流于大杅。

吳氏曰：案：《十六國春秋》：馬岌言，酒泉南山即崑崙之體也，周穆王見西王母，樂而忘歸，蓋謂此山，《禹貢》「崑崙」在臨羌之西，即此，明矣。《十三州記》云：崑崙正在西海之戌地，北海之亥地，去岸十三萬里，有弱水周迴繞匝，山南接積石圃，西北接北戶之堂，東北臨大活之井，西南至承淵之谷，此四角大山，實崑崙之支輔也。

畢氏曰：山在今甘肅肅州南八十里。《爾雅・釋地》云：三成為昆侖丘。《地里〔註25〕志》云：金城臨羌，西北至塞外，有西王母石室、昆侖山祠。又云：敦煌廣至縣有昆侖障。《十六國春秋》云：涼張駿酒泉守馬岌上言：「酒泉南山即昆侖之體，周穆王見西王母即謂此山，有石室、王母堂。」又，刪丹西河名云弱水，「《禹貢》昆侖在臨羌之西，即此，明矣」。《括地志》云：昆侖山在肅州酒泉縣南八十里。俱見《史記正義》。昆侖山，漢武帝案古地圖又以為在于闐。唐以為在吐蕃，云即紫山。元以火敦腦兒為河源〔註26〕，云是朶甘思東北大雪山。皆非此昆侖也。經曰「槐江之山南望昆侖，東望恆山」，明昆侖去恆山不甚〔註27〕遠。若在于闐，何由相望。又，古言昆侖皆是西北，去中國亦止數千里耳。《海內西經》云：海內昆侖之虛在西北。鄭君注《尚書》引《禹所受地說書》云：昆侖東南地方五千里，名曰神州。《說文》云：中邦之居在昆侖東南。《漢書》云：黃帝使伶倫自大夏之西，昆侖之陰，取竹之解谷。大夏者，《春秋傳》所言實沈之遷，在山西境。昆侖之陰，《呂氏春秋》作「阮隃

〔註25〕 「理」字本作「里」。
〔註26〕 「源」字畢書本作「原」。
〔註27〕 「甚」字本脫。

之陰」，案阮即代郡五阮關，隃即西隃雁門，見《說文》，亦在今山西，山西西接陝西，以至甘肅，皆在西北。以知此之崑崙在肅州。其非于闐、吐蕃之山，明矣。又，張守節云：肅州即小崑崙，非河原出者。後世皆仍其誤。考《博物志》云：漢使張騫度西海，至大秦國，西海之濱，有小崑崙。則古以小崑崙為是大秦國之山。肅州之山為《夏書》《山海經》「崑崙」無疑也。自《十洲記》《遁甲開山圖》以下，多有異說，故《水經》亦云去嵩高五萬里，無稽之談，蓋不取云。

郝氏注即刪截畢注。

衡案：此經所言崑崙，實是于闐、吐蕃之崑崙，非肅州之崑崙。諸說皆以酒泉南山當之，非也。案：馬岌言「酒泉南山即崑崙之體」，夫謂為崑崙之體，則非崑崙之正山可知。蓋肅州之崑崙，非河源所出，張守節已明言之。据此經云「河水出焉，而南流東注于無達」，郝氏謂無達即阿耨達也。「阿耨」，華言「無」也。《水經》：南河又東逕且末國北。酈氏注云：「右會阿耨達大水。釋氏《西域記》曰：阿耨達山西北有大水，北流注牢蘭海者也。其水北流，逕且末南山。又有〔註28〕且末河，東北流左會南河。」徐松《西域水道記》曰：且末河蓋今之克勒底雅河，在今和闐東境。據此，則無達蓋在于闐，而河源更在于闐之西北，則非肅州之崑崙明矣。肅州之崑崙是小崑崙，此經之崑崙是大崑崙，山在今山西番界，其極高之處，名曰岡底斯山，在今阿里之達克喇城東北三百里，遞而至於巴顏喀喇為第二層，再遞而至於「方八百里高萬仞」者為最下一層，則皆崑崙也，故曰「三成為崑崙」。特是著《禹貢》《山經》時尚無大小崑崙之名，故但言崑崙而大小皆在其中，以河源證此經，則必是西番之崑崙無疑。若《十三州記》之去岸十三萬里。《水經》之「去嵩高五萬里」，俱不足辨。余別有說，見《博物志疏證》。

《海內西經》：海內崑崙之墟在西北，帝之下都。崑崙之虛方八百里，高萬仞。郭注：言「海內」者〔註29〕，明海外復有崑崙山。自此以上二千五百餘里，上有醴泉、華池，去嵩高五萬里，蓋天地之中也，見《禹本紀》。

畢氏曰：言「海內」者，是肅州之山。《淮南子》云：高萬一千里百一十四步二尺六寸。《水經》云：高萬一千里。《廣雅》云：高萬一千一百一十里一十四步二尺六寸。畢又於此經下文「百神之所在」下，据《水經注》補郭注「此

〔註28〕「有」字當作「曰」。
〔註29〕「者」字本脫。

自別有小昆侖也」八字。畢氏又云：郭以此為小昆侖，非。《博物志》云：漢使張騫度西海至大秦，西海之濱有小昆侖。則是肅州之山，乃古之昆侖。小昆侖在海外，郭說正相反。

郝氏曰：「海內昆侖」，即《西次三經》昆侖之丘也。《禹貢》「昆侖」亦當指此。《海內東經》云：昆侖山在西胡西。蓋別一昆侖也。又，《水經・河水》注引此經郭注云：此自別有小昆侖也。疑今本脫此句。又，荒外之山，以昆侖名者蓋多焉，故《水經》《禹本紀》竝言「昆侖去嵩高五萬里」。《水經注》又言「晉去昆侖七萬里」，又引《十洲〔註30〕記》：昆侖山在西海之戌地，北海之亥地，去岸十三萬里。似皆別指一山。然則，郭云「海外復有昆侖」，豈不信哉？《說文》云：虛，大丘也，昆侖丘謂之昆侖虛。

衡案：此「海內昆侖之虛」，實指小昆侖而言；故加「海內」二字；以別於《西山經》「昆侖之丘」。郭注「言海內者，明海外復有昆侖山」，此語明白之至。夫所謂「海」者；指蒲昌、查靈、鄂靈諸海；蓋塞外大水皆謂之海；非謂極西之大西海也。查靈、鄂靈、蒲昌；以西是海外，以東是海內。海外為大昆侖；海內為小昆侖。大昆侖在西番；小昆侖在甘肅酒泉。大昆侖在巴顏喀喇之西；小昆侖在巴顏喀喇之東。大昆侖是首；小昆侖是尾；綿亙萬里，總是一山之支體。故《山海經》但言昆侖；而大小昆侖俱在其中。然注書之例，則不可混。余以河源所出，在無達山之西北，定以《西山經》為大昆侖；而此以「海內」二字定為小昆侖。《水經・河水》注引此經郭注「此自別有小昆侖也」，此語亦復明晰。案：當是「方八百里高萬仞」下郭注遺漏，畢乃据補之「百神之所在」下，誤矣。且其言「郭以此為小昆侖，非」，「肅州之山，乃古之昆侖。小昆侖在海外，郭說正相反」，豈不大誤？又以《博物志》為證，不知《博物志》「漢使張騫度西海至大秦」是一事，「西海之濱有小昆侖」是一事，正指酒泉之昆侖。予有說，見《博物志疏證》。今畢氏乃以海外為小昆侖，以肅州酒泉為大昆侖，豈非黑白倒置耶？夫曰「大昆侖」，則非特「方八百里，高萬仞」也。据《河圖括地象》「昆侖山從廣萬里，高萬一千里」，與《淮南子》《廣雅》之說同。畢氏乃以「高萬一千里」之說，注於「方八百里高萬仞」之下，何不倫至此？吾謂郭氏此注甚明，但不應牽引《禹本紀》，反致混雜。若郝氏所云此經昆侖「即《西次三經》昆侖之丘」，夫《西次三經》未嘗言「海內」也。又云「荒外之山，以昆侖名者蓋多」，而以《禹本紀》《水經注》《十洲記》所

〔註30〕「洲」字本作「州」。

云之昆侖「似皆別指一山」，則是「去嵩高五萬里」有一昆侖山，「去晉七萬里」有一昆侖山，「去岸十三萬里」又有一昆侖山，乃不能實指其地，而以無稽之談取證郭氏「海外」之說，夫亦可以不必矣。

《海內東經》：西胡白玉山在大夏東。蒼梧在白玉山西南〔註31〕。皆在流沙西，昆侖虛東南。昆侖山在西胡西，皆在西北。郭注：《地理志》：昆侖山在臨羌西，又有西王母祠也。

畢氏曰：詳上文，此或大秦西海之昆侖，而郭反以肅州昆侖注之，其謬甚矣。

郝氏曰：案：《地理志》云：金城郡臨羌，西北至塞外，有西王母石室。又云：有弱水昆侖山祠。是郭所本也。然詳此經所說，蓋《海內西經》注所云「海外復有昆侖」者也。郭引《地理志》，復以「海內昆侖」說之，似非。

衡案：此西胡西之昆侖，實是大昆侖，西胡猶西羌也。畢郝二說所駁郭注甚是。然畢於《海內西經》以肅州之昆侖是大昆侖，以海外之昆侖是小昆侖，當亦自知其誤矣。檢《西山經》，流沙、白玉山皆在昆侖西北，此云在「昆侖虛東南」。案：塞外流沙不一，其極西北至居延、敦煌皆有流沙，此或指在昆侖東之流沙。其白玉山亦當與玉山有別。案：今于闐出玉之山甚多，故云「在昆侖虛東南」。

《大荒西經》：西海之南，流沙之濱，赤水之後，黑水之前，有大山，名曰昆侖之丘。其下有弱水之淵，環之；其外有炎火之山，投物輒然。此山萬物盡有。

畢氏曰：此肅州昆侖也。

衡案：畢氏始終誤認肅州酒泉之南山為大昆侖，故言總無是處。今据此經云「西海之南，流沙之濱，赤水之後，黑水之前」，確指昆侖之所在，與《西山經》合。下文又特標之曰「有大山曰昆侖」，蓋天下之山無有大於昆侖者。案：今外藩青海昆侖山，在今西番界有三山，一名阿克坦齊欽，一名巴爾布哈，一名巴顏喀喇，總名枯爾坤，譯言昆侖也，而其最西而大，為河源所出者，巴顏喀喇也，實乃西藏岡底斯山向東北之一支耳。岡底斯山在藏地極西，直甘肅肅州西南五千六百里，其地勢由西南徼外以漸而高，至此而極。山脈蜿蜒分幹，向西北者為僧格喀布、岡里木孫諸山，向東北者為札布列斜而克、角烏爾克、年前唐拉、薩木坦岡匝、諾木渾烏巴什、巴顏喀喇諸山。向西南者為悶那克尼

〔註31〕「南」字本脫。

兒、薩木泰岡諸山。向東南者，為達木楚克喀巴布岡、噶爾沙彌、弩金岡花諸山。而且葉爾羌之葱嶺山，于闐之葱嶺南山，莫非此山之體，則皆昆侖也。統計四面連延，不下數萬里。故昆侖為天地之中，四方皆下，而岡底斯山又昆侖之頂，不信然歟？回語謂黑曰喀喇，準語謂富厚曰巴顏，以此經「萬物盡有」證之，即謂指巴顏喀喇也可。然在上古時無有此名，故通謂之昆侖耳。邵陽魏木生源著《海國圖志》，謂昆侖即葱嶺，其說甚辯。然予案《水經·河水一》云：昆侖虛西北，河水出其東北陬。《河水二》云：河水又南出葱嶺山。則葱嶺非昆侖，明矣。又檀萃《穆傳注疏卷二·崑崙考》謂《山海經·西山經》「自崇吾至翼望山」皆為崑崙。其言漫無統紀，故不錄。

積石山

《西山經·西次三經》：「積石之山。其下有石門，河水冒以西流。是山也，萬物無不有焉。」郭注：「冒，猶覆也。積石山，今在金城河門關西南境〔註32〕中。河水行塞外，東入塞內。」《水經》引《山海經》云：「積石山在鄧林山東，河所入也。」

吳氏曰：案：《一統志》：積石在西寧衛境，廢龍文縣之南〔註33〕。案：吳氏所引《一統志》是《明一統志》。劉辰翁曰：積石在陝西河州。夏氏《禹貢合注》云：積石有二，河水經大積石山，又東北流至小積石山，一名唐述山，土人以鬼為唐述，蓋傳其山有神人往還也。

畢氏曰：山在今甘肅西寧縣東南一百七十里。《海外北經》云：鄧林，禹所導積石之山在其東。《地理志》云：金城河關，積石山在西南羌中。《括地志》云：積石山今名小積石山，在河州枹罕縣西七里。又云：黃河源從西南下，出大昆侖東北隅，東北流，逕于闐入鹽澤，即東南潛行吐谷渾界大積石山，又東北流至小積石山。見《史記正義》。是唐人有二積石。案：《夏書》積石之山不當大遠，唐人所言河源亦不足信，大積石或其附會也。近〔註34〕人閻百詩、胡渭以大積石為《夏書》之山，小積石為唐述窟，蓋不取焉。

郝氏曰：案：《水經注》引此經，自昆侖至積石千七百四十里。今檢得一千九百里，若加流沙四百里，便為二千一百里也。又引此經作「河水冒以西南流」，《藝文類聚》八卷同。《初學記》六卷引亦同，而脫「流」字。今本又脫

〔註32〕「境」字當作「羌」，下同。此處「境」字實從吳書，他本皆作「羌」。
〔註33〕「之南」二字本脫。
〔註34〕「近」字畢書本作「今」。

「南」字也。然据此經，積石去昆侖一千九百里，而河水猶西南流，其去東入塞內之地尚遠。郭注非也。《穆天子傳》云：乃至于昆侖之丘。又云：飲于枝洔之中，積石之南河。正與「河水冒以西南流」合。然則，此經積石，蓋《括地志》所謂「大積石山」，非「禹所導之積石」也。《禹貢》積石在今甘肅西寧縣東南一百七十里，為中國河之始。《水經》云：河水流入于渤海，又出海外，南至積石山，下有石門。即此經之積石山也。其下云：又南入葱嶺山，又從葱嶺出而東北流，其一源出于闐國南山，北流與葱嶺所出河合，又東注蒲昌海，又東入塞，過敦煌、酒泉、張掖郡南，又東過隴西河關縣北。此則《禹貢》之積石也。据《水經》所說，積石有二，明矣。酈氏作注，疑積石不宜在蒲昌海之上，蓋不知積石有二，而於「河水東入塞」下妄引此經積石以當之，其謬甚矣。然《括地志》以河先逕于闐鹽澤，而後至大積石，亦與《水經》不合。其云積石有二，則質明可信。自古說積石者多不了，故詳据《水經》以定之。《地理志》云：金城郡河關，積石山在西南羌中，河水行塞外，東北入塞內。是郭所本也。注「門」字衍。

衡案：畢氏以唐人所謂大積石出於附會，蓋不知小積石之名出於後人之分晰。其山在《山海經》及《禹貢》，則但有積石之名，初無所謂大小也。西北山之大者，或綿延千里，或數千里。此山脈絡貫通，亦猶太室、少室，東西兩嶓冢之類。故後世分而言之，謂之大積石、小積石也。《漢志》：金城郡河關，積石山在西南羌中，河水行塞外，東北入塞內。夫所謂「在西南羌中」者，所包甚遠，非謂在河關縣也。所謂「河水行塞外，東北入塞內」者，其道里不知若何之遠，非謂由河關縣之塞外即至塞內也。郭注改為「在河關西南境中」，則是在河關縣境中，與《漢志》所謂「在河關西南羌中」相去遠矣。案：《一統志》云：大積石在今青海界，一名大雪山，番名阿木你麻禪母孫山，在西寧邊外西南五百三十餘里，黃河北岸，為青海諸山之冠。山脈自河源巴顏喀喇山東來，積雪成冰，歷年不消，峯巒皆白。番語稱祖為阿木你，險惡為麻禪，蒙古稱冰為母孫，猶言大冰山也。蓋即《禹貢》之積石山，唐時名大積石山，《元史》所名為昆侖者也。《書・禹貢》：導河積石，至於龍門。胡渭《禹貢錐指》曰：導者，循行之謂；先儒皆以為施功，故其說多誤。《漢志》「金城郡河關縣」下云：積石在西南羌中。《西域傳》云：鹽澤水潛行地下，南出於積石，為中國河。後漢，河關縣屬隴西郡，志云：積石山在西南，河水出此，《禹貢》積石也。《段熲傳》：自張掖追西羌，且鬬且行，四十餘日，至河首積石山，出塞

二千餘里。《唐書》：侯君集等追吐谷渾王伏允至星宿川，又達柏海，北望積石山，觀河源之所出。是皆河關縣西南羌中之積石。自隋大業二年平吐谷渾於赤水城，置河源郡，以境有積石山名。唐儀鳳二年，改置河源軍，在鄯州西北二十里。又於澆河故城置積石軍，在廓州西南百五十里，而積石之名，遂移於塞內。

杜氏《通典》云：「積石山在今西平郡龍支縣南，即《禹貢》『導河積石』。」蔡傳承其誤曰：「地志積石在金城郡河關縣西南羌中，今鄯州龍支縣界也。」閻百詩為之辯曰：「漢河關縣，宣帝神爵二年置。後涼呂光龍飛二年，克河關，凡四百五十七年為郡縣。後沒入吐谷渾，遂不復，況積石又在其縣西南羌中乎？當在漢西海郡之外，是真當日大禹導河處。宋[註35]龍支縣近在今西寧衛東南八十里，本漢金城郡允吾縣地，後漢為龍耆城。《元和志》：積石山在龍支縣西九十八里，南與河州枹罕縣分界。枹罕縣[註36]，今臨洮府河州治[註37]，積石山在州西北七十里。積石關則又在州[註38]西北百二十里，所謂兩山如削，河流經其中。是較禹所導之積石，河隔千有餘里，豈在其縣界者乎？縣界之積石，乃小積石，即酈注之唐述山耳。大小積石之名，莫明辨於唐人，魏王泰曰：大積石山在吐谷渾界，小積石山在枹罕縣西北。張守節曰：河自鹽澤潛行入吐谷渾界，大積石山又東北流至小積石山。李吉甫曰：河出積石山，在[註39]西南羌中。今人目彼為大積石，此為小積石。」

案：《元史·河源附錄》：「吐番朶甘思東北有大雪山，名亦耳麻不莫喇，譯言騰乞里塔，即崑崙也，山腹至頂皆雪，冬夏不消。」朱思本曰：「崑崙山番名亦耳麻不莫喇，其山高峻非常，山麓綿亙五百餘里，河隨山足東流，過薩思加濶，即濶提地。」梁寅《河源記》：「世多言河出崑崙，蓋自積石而上望之，若源於是矣。而不知星宿之源在崑崙之西北，東流過山之南，然後折而抵山東北。其繞山之三面如玦然，實非源於是也。」以上所言崑崙，即今所謂大雪山也。自元人創為此說，後人遂皆信之，即有疑之者，亦但以山在河源之下，與《書傳》不合，而究不知是山古為何名。今以諸書細考之，乃知此山真古積石無疑也。《水經注》云：河水重源發於西塞之外，出於積石之山，屈而東北流，

〔註35〕「宋」字本脫。
〔註36〕「縣」字本脫。
〔註37〕「治」字本脫。
〔註38〕「州」字本脫。
〔註39〕「在」字本脫。

逕於析支之地，是為河曲。今星宿海之泉，本多伏流，故昔人疑為潛行地下，至大雪山南，始會成河，由下流望之，若源於是，故謂之河首。《漢志》「河關縣」下云：積石山在西南羌中。漢河關縣，在今西寧西南，今大雪山在西寧南五百餘里，亦與《漢志》相合。後漢段熲自張掖追燒當羌至積石，出塞二千餘里。今自甘州出口，至大雪山，約二千里。唐侯君集等追吐谷〔註40〕渾至星宿川，達柏海，望積石山。今大雪山今星宿海東，高出餘山，望之可見，此又明證也。蓋自漢至唐初，積石所在，人皆知之。當時雖有誤認龍支縣界之小積石為禹所導者，而大小之分仍在。唐以後，其地淪於吐番，人跡罕至，故後人但知有河州之積石，而真積石反晦。元都實窮河源，訝其高大，遂以崑崙目之。潘昂霄、朱思本輩，又不能考，從而傅會之，不獨崑崙無據，而積石之跡，從此愈湮矣。《禹貢錐指》辨之極明，然尚未知《元史》之崑崙即積石也。

《海外北經》：博父國，鄧林在其東。禹所積石之山在其東，河水所入。郭注：河出昆侖，而潛行地下，至葱嶺復出，注鹽澤，從鹽澤復行，南出於此山，而為中國河，遂注海也。《書》曰：導河積石。言時有壅塞，故導利以通之。

郝氏曰：案：《西次三經》云：積石之山，其下有石門，河水冒以西流。非此也。郭據《水經》引此經云：積石山在鄧林山東，河所入。非矣。經蓋有兩積石山。《史記正義》引《括地志》云：黃河源從西南下出大昆侖東北隅，東北流逕于闐入鹽澤，即東南潛行吐谷渾界大積石山，又東北流至小積石山，山在河州枹罕縣西七里。然則，此經所言蓋小積石也。《大荒北經》云：大荒之中有山，名曰先檻大逢之山，其西有山，名曰禹所積石。即此。又《海內西經》云：河水出昆侖，入渤海，又出海外，入禹所導積石山。亦此也。故經為此二文，特於「積石」加「禹」以別之。

衡案：郝氏以《西次三經》所云積石是大積石，此經所言是小積石，大誤。經何嘗分別彼是大積石；此為小積石乎？蓋此經之「禹所積石之山」，與《大荒北經》之「禹所積石」，《海內西經》之「入禹所導積石山」，同是《西次三經》之「積石」，其所以特加「禹」字者，《西次三經》是大禹、伯益所傳，故不加「禹」字。自《海外南經》以後，是夷堅所錄，故特加「禹」字，明其與《禹貢》之「導河積石」同是一山也。且也著書各有體例，前五篇凡山之單名者則曰某山，其雙名這則曰某某之山。若於「積石之山」上加「禹所」二字，

〔註40〕「谷」字本誤作「答」。

便自亂其例。郝氏何從而知不加「禹」字者為大積石，其加「禹」字者為小積石乎？蓋經之所言皆是大積石，禹所導河源於積石，斷不近在臨洮府之河州而止，其為大積石無疑。案：此經言河水所入，謂入此〔註41〕石門冒以西流也。《海內西經》所云「入禹所導積石山」，觀兩「入」字，與《西次三經》之「河水冒以西流」「冒」字正相印合。而謂此是小積石，彼是大積石，誤矣。冒者，謂入此石門，衝突而出也。郭以「覆」訓「冒」，則於河出孟門之上同義，其說非是。又此經言「在鄧林東」，則當先考鄧林所在。經言「博父」，即上文之「夸父與日逐走，棄其杖，化為鄧林」者。夸父蓋是上古司儀象之人，其與日逐也，亦謂窮測日影，由東極以至西北極日所入處，此亦如大章、豎亥之流。其曰「棄其杖，化為鄧林」，蓋後世傳聞之語，鄧林必是古地名，如經所載「范林」「桃林」是也。《列子》云：鄧林彌廣數千里。則其地當在大昆侖左右，故「禹所導積石山在其東」。郝氏曰：「《史記·禮書》：楚阻之以鄧林。裴駰《集解》引此經云云，非也。畢氏云：即《中山經》所云『夸父之山，北有桃林』矣，其地則楚之北境也。恐未然。下云『鄧林，積石在其東』，非近在楚地，明矣。」其說是也。特以此經之積石是小積石，則非矣。又，郭據《水經》引此經「積石山在鄧林山東」，亦非。案：鄧林是林，不是山。

《海內西經》：海內昆侖之虛，河水出東北隅，以行其北，西南又入渤海，又出海外，即西而北，入禹所導積石山。郭注：禹治水，復決疏出之，故云導河積石。

郝氏曰：案：《括地志》所謂「小積石」也。《水經注》引此經云云〔註42〕，山在隴西郡河關縣西南羌中。然據《水經》說，積石山在蒲昌海之上，蓋「大積石」也。此及《海外北經》所說，皆「小積石」也。酈氏不知，誤以「大積石」為即「小積石」，故濫引此經之文，又議《水經》為非，其謬甚矣。

衡案：《水經》：河水又出海外，南至積石山，下有石門，河水冒以西南流。此用《山海經》說也。道元即引此經注曰：河水入〔註43〕渤海，又出海外〔註44〕，西北入禹所導積石山。明乎此經之積石，即《西次三經》之積石也。《水經》又曰：其一源出于闐國〔註45〕南山，北流，與蔥嶺河合，東注蒲昌海；

〔註41〕「入此」本誤作「此入」。案：此處上圖藏本有批改。

〔註42〕「云云」本脫一「云」字。

〔註43〕「入」字本誤作「出」。

〔註44〕「又出海外」本誤作「又海水」。

〔註45〕「國」字本脫。

又東入塞，過敦煌、酒泉、張掖郡南。此言河水所經也。酈氏注云：「河水重源，又發於西塞之外，出於積石之山。《山海經》曰：積石之山，河水冒以西南流，是山也，萬物無不有焉。《禹貢》所謂導河自積石也。山在西羌之中，燒當所居也。」酈注何嘗誤以大積石為小積石乎？郝氏不細按《水經》與注，強謂《禹貢》之積石是小積石，又謂《山海經・西山經》所言者是大積石，《海外北經》《大荒北經》及此經所言是小積石，則其讀《水經注》不熟，可知矣。

　　經所云渤海即㳂海，「㳂」與「渤」字形相近。吳氏曰：「蒲昌海一名鹽澤，即㳂澤也。」畢氏曰：「《淮南子・地形訓》云：貫勃海。高誘注云：勃海，大海也。案：即塞外蒲昌海。」郝氏曰：「渤海蓋即翰海。或云蒲昌海，非也。《水經》云：昆侖，河水出其東北陬，屈從其東南流入於渤海，又出海外，南至積石山下，又南入葱嶺，出于闐，又東注蒲昌海。然則，《水經》之意，蓋不以渤海即蒲昌海也。《大荒北經》云：大荒之中有山，名曰先檻大逢之山，河濟所入，海北注焉，其西有山，名〔註46〕曰禹所積石。與此經合，則其海即渤海，明矣。」

　　衡案：畢氏引高誘注，謂勃海為大海，非也。其謂是蒲昌海，甚合。郝氏從而駁之，過矣，又推《水經》之意，不以渤海即蒲昌海。今案：《河水一》云：昆侖，河水出其東北陬，屈從其東南流，入渤海，又出海外，南至積石山，下有石門，河水冒以西南流。蓋本此經及《西次三經》而言也。其水流入葱嶺，此是河水正流。下文《河水二》云：其一源出于闐國南山，北流，與葱嶺河合，東注蒲昌海。蓋渤海在河水正流之東南，蒲昌海在于闐支河之東北。按其脈絡，實是一水。渤海在上，蒲昌在下，故蒲昌亦兼渤海之名。《山海經》又謂之㳂海。㳂海即渤海也。郝氏又謂是翰海，亦非。案：瀚海在北不在西。《十洲記》所謂北海之別有瀚海是也。《大荒北經》之大澤，《穆天子傳》之曠原，皆指瀚海。此與河水所經之渤海，風馬牛不相及。郝氏謂此經積石是小積石。余案：經明云「入禹所導積石山」，與《海外北經》「河水所入」，同謂是入此積石山之石門，其與《西次三經》有何分別？而乃曰《西山經》之積石是大積石；餘則皆是小積石，何耶？郝氏又謂大積石「在蒲昌海之上」，又不然。大積石不但在蒲昌海之下，而且遠在星宿海之東。案：河出昆侖，在回部極西境，有三源，一為喀什噶爾河，一為葉爾羌河，一為和闐河，其源之正流是為塔里木河，又有阿克蘇河、木素爾河、赫色勒河、海都河，合流東注滙博斯騰淖爾，又東

〔註46〕「名」字本脫。

會於羅布淖爾而伏，即古所謂鹽澤、蒲昌海也。自此伏流千餘里，重發於巴顏喀山，涌為天池，流為阿勒坦郭勒河，三百餘里入於鄂敦塔拉，即《元史》所謂星宿海也。東南流出潴為札淩淖爾，又東南潴為鄂靈淖爾，又折而東南流，始名黃河。又東南流經阿彌耶瑪勒津木遜山之南，亦名大雪山，是則禹所導之積石也。夫豈今甘肅蘭州府河州之唐述山哉？

《大荒北經》：大荒之中有山，名曰先檻大逢之山，河濟所入，海北注焉。其西有山，名曰禹所積石。郭於「海北注焉」下注：河濟注海，已復出海外，入此山中也。

郝氏曰：案：滿洲人福星保言：黃河入海，復流出塞外，注翰海，翰海地皆沙磧〔註47〕，蓋伏流也。

衡案：此經「河濟」，「濟」字有誤。塞外止有「河水」，未聞有「濟水」。此「濟」疑「水」字之誤。郭注「河濟注海」，似謂東大海矣。又云「已復出海外，入此山中也」，殊屬牽混。經云「河濟所入，海北注焉」，謂河水由此山入海，而海又北注，與下文「大荒之中有山，名曰北極天櫃，海水北注焉」「大荒之中有山，名曰不句，海水北入焉」今本無「北」字，道藏本有。同是北海之別，如《十洲記》所云翰海之南。小水名海者，有渤鞮海、伊連海、私渠海之類是也。郝氏謂此海即是渤海，案渤海即渤澥，在西，與《大荒北經》「北注」之海遠不相涉。余謂此經「河濟所入，海北注焉」，與《海內西經》云「河水入渤海，又出海外」各別。觀於下文云「其西有積石山」，則是「河濟所入」者，蓋入此先檻大逢之山，非謂積石也。郝氏不加詳察，豈西北止有一渤海耶？蓋經但言海，未言渤海也。

菌人

《大荒南經》：有小人，名曰菌人。郭注：音如朝菌之菌。

郝氏曰：案：此即朝菌之菌，又音如之，疑有譌文。或經當為𡰪狗之𡰪。菌人蓋靖人類也，已見《大荒東經》。

吳氏曰：案：《抱朴子》云：芝有石芝、木芝、肉芝、菌芝凡數百種，千歲蝙蝠，萬歲蟾蜍，山中見小人，皆肉芝類也。《南越志》曰：銀山有女樹，天明時皆生嬰兒，日出能行，日沒死，日出復然。《事物紺珠》云：孩兒樹出大食國，赤葉，枝生小兒，長六七寸，見人則笑。菌人疑即此。又《嶺海異聞》

注：香山有物如嬰孩而裸，魚貫同行，見人輒笑，至地而沒〔註48〕，泰泉黃佐目擊之。又商人高氏見清遠縣山中有小兒，奔走儼如人形，惟脇下多兩翅耳。所說略同。豈非〔註49〕斯類耶？

衡案：吳氏所說皆是草木之類。經不云「有草曰菌人」，則《抱朴子》所云「肉芝」非是。經不云「有木曰菌人」，則銀山之女樹，大食國之孩兒樹非是。經明曰「有小人」，則是人而非物矣。郝氏謂「菌當如崑狗之崑」，是也。「崑狗」見《海內經》，郭注：音如朝菌之菌。知此字當作當作「崑」也。郝氏又謂「蓋靖人類也」，此類甚合。然又引吳氏之說以實之，則非所謂靖人矣。郭氏「音如朝菌之菌」，非所謂即朝菌也。吳氏因此附會，殊屬謬誤。据《大荒東經》「有小人，名曰靖人」，則是一國之人皆如是。吳氏以清遠縣山中偶見之小兒為言，亦屬影響。蓋「菌」「靖」一聲之轉。東方有小人，南方亦有小人，大約如焦僥國人長三尺耳，故曰小人。《說文》云：靖，細貌。則菌人可以類推。吳氏於《海外南經》「焦僥國」注云：黃帝時務光長七寸，此語不知何出。按《世說・巧藝篇》注引《列仙傳》：務光，夏時人也，耳長七寸。《莊子釋文》「務光」引皇甫謐云：黃帝時人，耳長七寸。又《藝文類聚十七・耳類》引《列仙傳》：務光，夏時人，耳長七寸。雖一云夏時人，一云黃帝時人，微有不同。其云「耳長七寸」則同也。又見《太平御覽》三百六十六、六百七十一。今乃截去「耳」字，而云「務光長七寸」，類敘於小人之次，豈非笑話？

歐絲之野

《海內北經》：歐絲之野，一女子跪據樹歐絲。郭注：言噉桑而吐絲，蓋蠶類也。楊氏曰：世傳蠶神為女子，謂之馬頭娘。《後漢志》曰「宛窳」，蓋此類也。

衡案：郭云「噉桑」，蓋因下節有「三桑無枝在歐絲東」，故以據樹為噉桑，不知「三桑無枝，其木長百仞無枝」，則是枝葉在百仞之上。今以一女子跪於樹前，焉能噉百仞上之桑葉？郭又云「蠶類」，然經明云「一女子」，不云蠶也。楊氏則以「馬頭娘」「宛窳」傅合〔註50〕之，噫，甚矣。

〔註48〕「沒」字吳書本作「滅」。
〔註49〕「非」字吳書本作「亦」。
〔註50〕「合」字疑當作「會」。

案:《荀子‧蠶賦》云:此夫身女好而頭馬首者與?屢化而不壽者與?善壯而拙老者與?有父母而無牝牡者與?冬伏而夏遊,食桑而吐絲,前亂而後治,夏生而惡暑,喜濕而惡雨,蛹以為母,蛾以為父,三俯三起,事乃大已,夫是之謂蠶理。

案:荀卿此賦寫蠶之狀貌情性,古奧雅正,無復可異。

至《搜神記》乃云:太古時有人遠征,家有一女,並馬一匹,女思父,乃戲馬云:「能為迎我父,吾將嫁汝。」馬絕韁而去,至父所。父乘之而還。馬後見女,輒喜怒奮擊。父怪之,審問女,女以告父。父屠馬曬皮於庭,女至皮所,以足蹴之曰:「爾馬而欲人為婦,自取屠剝。」言未及竟,皮蹶然起,卷女而行。父失女,後於大桑樹枝間,得女及皮,盡化為蠶,績樹上,繭厚大異常。鄰婦取而養之,其收數倍。

此與《後漢書》述盤瓠事一類,皆屬妄談。緣蠶與馬同氣,皆屬天駟星,故《周禮》有原蠶之禁,為妨馬也。而後世乃以馬皮裹女為說,何其謬與?又《漢舊儀》云:蠶神曰菀窳婦人、寓氏公主。蓋古之養蠶者。故《蠶經》云:菀窳婦人,先蠶者也。蜀有蠶女馬頭娘,歷代所祭不同。今世俗謂蠶為女兒者,是古之遺言也。

衡案:謂蠶為女兒,皆誤讀《山海經》及荀賦「此夫身女好」之說,荀賦蓋狀蠶之形狀白而柔軟,故謂之女,非真謂是女身也。若《山海經》所云是歐絲之女子,是治已成之蠶絲,漸漬而柔韌,此與《詩‧陳鳳》「漚麻」「漚紵」「漚菅」同義。「歐」不訓吐,其變「漚」作「歐」者,形相近聲之轉也,故云「有一女子跪據樹歐絲」。跪,坐也。據,依也。蓋坐於樹陰之下,而柔漬其絲,將以治衣服也。郭乃以為蠶類,失之。

是司天之厲及五殘

《西山經‧西次三經》:玉山,是西王母所居也。西王母,其狀如人,豹尾虎齒而善嘯,蓬髮戴勝,是司天之厲及五殘。郭注:主知災厲五刑殘殺之氣也。

郝氏曰:案:「厲」及「五殘」,皆星名也。李善注《思玄賦》引此經作「司天之屬」,蓋誤。《月令》云:季春之月,命國儺。鄭注云:此月之中,日行歷昴;昴有大陵積尸之氣,氣佚則厲鬼隨而出行。是大陵主厲鬼,昴為西方宿,故西王母司之也。五殘者,《史記‧天官書》云:五殘星出正東東方之野,其

星狀類辰星，去地可六七丈。《正義》云：五殘，一名五鋒，出則見五方毀敗之徵，大臣誅亡之象。西王母主刑殺，故又司此也。

衡案：西王母是人，何能掌天星？又，五殘星在東，與西方無涉。蓋西方屬金主殺，西王母生有道德，故以刑殺之事使司之。其曰「是司天之厲及五殘」者，即《皋陶謨》「天討有罪，五刑五用〔註51〕」之義，則以帝者之刑殺，無不奉天而行也。「厲」亦不是厲鬼，《禮》「七祀」泰厲主殺也。「五殘」猶五刑也，以其殘廢人之肢體，故謂之五殘。此如皋陶死為獄神之類。以西王母在上古時斷獄平允，死而為神，後至禹益之時，猶祀以為先獄，故曰「是司天之厲及五殘」。此西王母在黃帝時，非舜時獻《益地圖》之西王母。

司天之九部及帝之囿時

《西山經·西次三經》：昆侖之丘，神陸吾司之，其神狀虎身而九尾，人面而虎爪，是神也司天之九部及帝之囿時。郭注：主九域之部界、天帝苑囿之時節也。

郝氏曰：案：《初學記》引《河圖》云：天有九部。部署之名本此。「囿時」之「時」疑讀為「塒」。《史記·封禪書》云：或曰，自古以雍州積高，神明之隩，故立塒郊上帝也。

衡案：星辰分布亦謂之部，「九部」蓋謂九野之分星。《淮南子》：天有九部。《河圖括地象》：天有九部。鄭注：九部，自琁璣、文昌，循黃赤道而南至樓庫，是為九部。囿時，亦謂九囿之時。案：人皇氏依山川土地之墊，財度為九州，謂之九囿。見《通鑑外紀》。又《初學記》云：囿，猶有也。然則，九囿即九有也。其不言「九囿」者，蒙上「九部」而言也。時謂四時。此「陸吾」郭注謂「即肩吾」，又引《莊子》「肩吾得之，以處大山」。案：肩吾是黃帝時人，然「肩」「陸」二字形聲俱不相近，不得以「吾」字偶合，遂謂是一人也。疑「陸吾」是「臾區」占星之類，蓋帝命以察度九州之分野，以考驗春夏秋冬日夜長短之晷刻，故曰「司天之九部及帝之囿時」。郭以「苑囿」釋「囿」字，又謂「帝」是「天帝」。不知天帝之苑囿，在於何所？又天帝設此苑囿何用？將人為此苑囿以獻之天帝，抑天帝以神力為此苑囿乎？至郝氏以「時郊」解「時」字，更屬附會。時郊，後世之事，不得以擬上古。即曰「塒」「時」可通，而「囿時」又何以解？

〔註51〕「用」字本誤作「服」。

司帝之百服

《西山經·西次三經》：昆侖之丘，有鳥焉，其名曰鶉鳥〔註52〕，是司帝之百服。郭注：服，器服也。一曰，服，事也。或作藏。

吳氏曰：案：《天文志》：鶉首、鶉火、鶉尾，三宮當太微、軒轅之座，南面而承，如在帝左右焉；且星主衣裳文繡，張主宗廟服用，皆鶉火宿也。《周禮》輪人「鳥旟七斿，畫南方鶉火之象」，司服「鷩冕褘翟」諸制，皆本此意推〔註53〕之。經云「鶉鳥司帝百服」，或義取此也。今三式家猶以朱雀為文章采服之神，夫有所受之矣。

郝氏曰：案：「服，事也」見《爾雅》。「或作藏」者，「藏」古作「臧」，才浪反〔註54〕。百藏，言百物之所聚。

衡案：郭注與吳、郝二說，俱影響而不得其實，似全不玩通部體例者。此「有鳥焉，其名曰鶉」，與錢來山之「有鳥焉，其名曰鸓渠」，青要山之「有鳥名曰鴢」，支離山之「有鳥焉，其名曰嬰勺〔註55〕」之類同，特下文脫言其形狀耳。其「是司帝之百服」六字，或是上文「神英招司之」下錯簡，或是下文「神江疑居之」下錯簡，或即本條「是神也司天之九部及帝之囿時」下錯簡，俱未可知。蓋惟是人而神者可以主司其事；若鶉鳥則何能與焉？郭以「器服」「服事」解「服」字，殊屬不當。夫器服萬種，所司何器？若服事天帝，豈鶉鳥能聽天之指使乎？無怪乎以三青鳥為王母取食，亦認作鳥也。吳氏以「星主衣裳文繡，張主宗廟服用」，謂「皆鶉火之宿」，以此鶉鳥當星宿，自以為得解。而不知此經「有鳥焉，其名曰鶉」實是鳥，經不云是星宿也。若郝氏謂「百物之所聚」，則更漫漶不經。蓋皆不思「服」字之義，故糾纏無當。案：所謂「服」者，如「弼成五服，至于五千」之「服」。《周禮·夏官·職方氏》：乃辨九服之邦國。即斯義也。閱《山經》一書所紀，俱是開闢要務，如「員神磈氏〔註56〕主司反影」，「石夷司日月之長短」，是經天，如「令豎亥步自東極至於西極」，是緯地。則此「百服」謂主邦國之疆界，方與前後文體一例。若是器用衣服之類，其義小矣。吾故曰「鶉鳥」下有缺文，「是司帝之百服」有錯簡也。或謂少昊氏以鳥名官，此鶉鳥之司百服得毋類是？然經明曰「有鳥焉，

〔註52〕「鳥」字本脫。
〔註53〕「推」字吳書本作「通」。
〔註54〕「反」字郝書本作「切」。
〔註55〕「勺」字本脫。
〔註56〕「員神磈氏」本誤作「神員磈之」。

其名曰鶘」，據「有鳥」二字，實是鳥不是人，則下有缺文無疑。

天之九德

《西山經‧西次三經》：嬴母之山，神長乘司之，是天之九德也。郭注：九德，九氣所生。又《圖贊》曰：九德之氣，是生長乘。

衡案：郭說全不分晰所謂「九氣」，一往鶻突，全不可解。其云「是天之九德」者，謂「司天之九德」，以上文有「神長乘司之」，下文省「司」字耳。九德，謂五行四時，如盛德在木；盛德在火；盛德在土；盛德在金；盛德在水之類，見《淮南子‧時則訓》。是五行之德；如春之德風；夏之德暑；秋之德雨；冬之德寒之類，見《呂氏春秋‧貴信篇》。是四時之德，總四與五，故謂之「九德」。五行四時；總屬於天；故曰「是天之九德」。此亦如員魂、石夷之所司。蓋《山海經》雖言地之書，而於天事頗極其詳如此。

山海經彙說卷七終

山海經彙說卷八

江都陳逢衡著

羿

《海內經》：帝俊賜羿彤弓素矰，以扶下國。羿是始去恤下地之百艱。郭注：言令羿以射道除患，扶助下國。言射殺鑿齒、封豕之屬也。有窮后羿慕羿射，故號此名也。

衡案：帝俊，高辛氏也。「賜羿彤弓素矰」，以羿善射，故賜之「以扶下國」，指害人之人說。謂有虐惡欺陵弱小之國者，則除暴以安之。「去恤下地之百艱」，指害人之獸說。孟子云：當堯之時，天下猶未平，禽獸偪人，獸蹄鳥跡之道，交於中國。堯時如此，則高辛時可知，故令羿射而驅逐之，以安黎庶也。

《淮南・氾論訓》：羿除天下之害，死而為宗布。高誘注：羿，古之諸侯。河伯溺殺人，羿射其左目；風伯壞人屋室，羿射中其膝。又誅九嬰、窫窳之屬，有功於天下，故死託祀於宗布。祭田為宗布，謂出也。一曰今人室中所祀之宗布是也。或曰司命傍布也。此堯時羿，非有窮后羿。

衡案：《淮南》「羿死為宗布」，與「炎帝死為竈」「禹死為社」「稷死為稷」並論，則「宗布」當謂是星辰，如傅說騎箕尾而為列星之類，《爾雅・釋天》所謂「祭星曰布」是也。高注「河伯溺殺人」「風伯壞人屋室」，夫以「溺殺人」「壞人屋室」言之，則河伯為水怪，風伯為風雷之風矣，其說非是。其謂「堯時羿」亦非，蓋在高辛之世。

又《淮南・修務訓》云：羿左臂修而善射。高注：有窮之君也。

衡案：《修務訓》羿，與堯、舜、禹、文王、皋陶、契、史皇謂之九賢，

案：止八人，內重複禹一人，疑誤。若是有窮之羿，殺夏后相而篡其位，烏得謂

之賢？此與《氾論訓》之羿，同是高辛時羿，高注誤。

又《淮南・本經訓》云：逮至堯之時，十日竝出，焦禾稼，殺草木，而民無所食。猰貐、鑿齒、九嬰、大風、封豨、修蛇皆為民害。堯乃使羿誅鑿齒於疇華之野，殺九嬰於凶水之上，繳大風於青丘之澤，上射十日而下殺猰貐，斷修蛇於洞庭，禽封豨於桑林。高誘注：猰貐，獸名也，狀若龍首，或曰似狸，善走而食人，在西方也。鑿齒，獸名，齒長三尺，其狀如鑿，下徹頷下，而持戈盾。九嬰，水火之怪，為人〔註1〕害。大風，風伯也，能壞人屋舍。封豨，大豕，楚人謂豕為豨也。脩蛇，大蛇，吞象三年而出其骨之類。

衡案：《淮南》此段敘說，有人有獸，又有傳聞不實者，如鑿齒人也，若是獸，彼何能執戈盾以與羿相拒乎？則此是人可知。「羿與鑿齒戰于壽華之野」，見《海外南經》。謂之曰「戰」，則非獸，明矣。窫窳則有人有獸，貳負之臣危所殺之窫窳是人，此羿所射之窫窳是獸，與應龍所殺之窫窳須分別觀之。九嬰，高謂是「水火之怪」，其說無據。大風，風伯，風姓之後，亦是古諸侯之為民害者。高以能壞人屋舍為言，則以為飛砂走石之風矣，其說更誤。其「上射十日」，則傳聞之妄也。巨蛇之見於《山海經》者甚多，俱不載羿射殺事。案《淮南》以羿除民害屬之堯時，據《海內經》以「去恤下地之百艱」在高辛時。若堯舜時命益作朕，虞舜使益掌火，烈山澤而焚之，此時不見有羿，蓋羿之死久矣。

《路史・高辛氏紀》：羿以善射服事先王，乃命司衡，賜以累矰〔註2〕案：「累」是「素」之誤。彤弓蒿矢。羿是以去下地之百難，而民得以佚。以故羿死託於宗布。下注云：百難，凶頑為亂之人，如封豕、長蛇之類，皆其號名爾。《鴻烈解》云：羿死託祀於宗布。布，祭名也。說者以為夏之窮羿，失之。夫窮羿非若蚩尤作兵器，徒能僭叛為盜爾，豈宜有祀？案字書有「羿」，云：古之射人。《廣韻》云：羿，古諸侯，一云射官。而《說文》乃云：羿，帝告時射官，少康滅之。則似以羿為之後世矣。故《世紀》以為帝告之世掌射，加〔註3〕賜弓矢，封之於鉏，為帝司射，歷唐及虞。而賈逵云：告賜弓矢者，羿之先祖。皆失所考。

衡案：《路史注》闢《說文》、《世紀》、賈逵等說，甚合。夫羿，神射也。

〔註1〕「人」字本誤作「大」。
〔註2〕「矰」字本誤作「贈」。
〔註3〕「加」字本誤作「以」。

父不能傳之子，師不能傳之弟，而能世世有此技乎？然以封豕、長蛇「皆其號名」，失之。

又《路史・陶唐紀》云：洧之窫窳、鑿齒、九嬰、十日、大風、封豕、長蛇之害，民罔攸止。下注云：案：經：謂《山海經》。融天之山，有人曰鑿齒，羿煞之。又：羲和君之子曰十日。而《傳》以吳為封豕、長蛇比，伯封之子亦號封豕，蓋大風、九嬰等，皆當時凶頑貪婪者之號，如檮杌、饕餮之類。應氏以猰貐類貙，食人。服虔以「鑿齒長五尺，似鑿，食人；大風，風伯；九嬰，以火」妄。以為真蛇、豕、怪獸、大風、十日者，妄。《路史注》又云：長蛇即所謂巴蛇，在江岳間。《江源記》云：羿屠巴蛇於洞庭，其骨若陵，曰巴陵也。《淮南子》以為堯皆命羿除之，故許氏云：「羿，臣堯。河伯溺殺人，羿射其左目。風伯壞人室屋，羿中其膝。又誅九嬰窫窳之屬，非有窮君也。」《歸藏》《楚辭》言羿彈〔註4〕十日，非天之日矣。

衡案：羅氏以《淮南》所云皆凶頑貪婪之號，非也。蓋其中有獸有人，鑿齒、九嬰、十日、大風皆是人，窫窳、封豕、長蛇皆是獸。許氏所云河伯，亦是人。何言之？吳為封豕、長蛇，薦食上國，蓋以先有封豕、長蛇食人之獸，故以為比。即羅氏所引《江源記》「羿屠巴蛇於洞庭，其骨若陵，曰巴陵」，若是人骨，何能「其骨若陵」？長蛇如是，則封豕可知。窫窳一為獸，其狀龍首，食人，見《海內南經》；一為人，即貳負之臣危所殺者，見《海內西經》。此外唯應龍所殺一名窫窳，吾斷以為羿所射者是獸，鑿齒之為人，無容贅矣。九嬰者，拘嬰也。《淮南・地形》有「句嬰民」，高誘注：句嬰讀為九嬰，北方之國也。案《海外北經》有「拘纓國」，「拘纓」即「句嬰」也，蓋「句」「九」二字形聲相近。至「十日」之說，《路史注》以為「羲和君之子」，則大誤矣。《大荒南經》：羲和者，帝俊之妻，生十日。此「十日」是儀象，余已有說。羅氏以為「羲和之君子」，妄生異說，不知何據。若《淮南》所云「羿射十日」，「十日」是國名，此與「大風」「風伯」是國名一類。蓋是黃帝時「羲和占日」之後，支分派別，而為此國者。嬰曰九嬰，日月十日，「十」字不必過泥。《魏書》朱蒙曰：我是日子，河伯外孫。說者以為其母為日所照而孕朱蒙，非也。「日」是古國名，即此「十日」之裔，「河伯」亦是古國名，故曰「日子河伯外孫」，顯有可據。《御覽》五十三引《淮南子》：堯時有大風為民害，乃繳大風於青丘之澤。下引許慎注曰：大風，大鷙鳥也。夫鷙鳥亦何足為民害，則其誤自不待

〔註4〕「彈」字本誤作「蹕」。

言。此與《路史注》所引許氏說「風伯壞人室屋，羿中其膝」又別。《文選．王元長三月三日曲水詩序》注引《淮南》許慎注：大風，風伯也。疑《御覽》所引有誤。總之《淮南》許注、高注，俱捉風捕影，未為定論。若云日是天上之日；風是風雨之風；九嬰為水火之怪；河伯為水神；羿射雖神，安能射及日風水火乎？其為不經之論，審矣。或難之曰：《周禮．秋官》壺涿氏有牡橭殺神之事。又，庭氏掌射國中之夭鳥：若不見其鳥獸，則以救日之弓與救月之矢射之；若神也，則以太陰之弓與枉矢射之。康成謂：日月之食，陰陽相勝之變也，於日食則射太陰，月食則射太陽。太陰之弓、救月之弓、枉矢、救日之矢安在？日不可射，風不可射，水火不可射者。余謂此特設為此法以救日月，欲盡人事以弭天患耳，非真射太陰太陽與神也。若果太陰太陽與神皆能射，則庭氏之射不又勝於羿乎？余因《山海經》說羿「是去恤下民之百艱」，而備考《淮南注》及《路史注》之說，皆未得其肯綮有如此者。

羲和

《大荒南經》：東南海之外，甘水之間，有羲和之國。郭注：羲和，蓋天地始生，主日月者也。又引《啟筮》曰：瞻彼上天，一明一晦，乃〔註5〕有夫羲和之子，出於暘谷。故堯因此而立羲和之官，以主四時，其後世遂為此國。

衡案：郭謂羲和是「天地始生，主日月者」，則是自天地開闢之初已有羲和矣。又引《啟筮》「乃有夫羲和之子，出于暘谷」，千古止聞日出于暘谷，未聞羲和出于暘谷也。羲和抵不得日字，以日自日，而羲和自羲和也。此其說一誤於《楚辭．天問》「羲和之未揚，若華何光」王逸注：「羲和，日御也。言日未揚出之時，若木何能有明赤之光華乎？」不知《天問》本意言堯未舉用羲和之時，未曾「歷象日月星辰」，彼日何能顯其光耀乎？揚，舉也。王氏乃以「日御」注「羲和」。《離騷》「吾令羲和弭節兮」，王注亦云：日御也。又「言日未揚出之時」，於義乖矣。

一誤於《淮南．天文訓》：日出于暘谷，浴于咸池，拂于扶桑。內有「爰止其女，爰息其馬，馬，《藝文》引作烏。是謂懸車」數句，《初學記》卷一引作「爰止羲和，爰息六螭，是謂懸車」，《御覽》引同。又有注云：「日乘車，駕以六龍，羲和御之。至此而薄於虞淵，羲和至此而迴六螭。」《御覽》引注亦同，「御之」下有「日」字，「迴六螭」下有「即六龍也」四字。衡案：《初學記》

〔註5〕「乃」字郭書本無。

《御覽》所引注多與高誘注同，而此注「日乘車」云云，獨不載今本，疑出許慎《淮南注》。郭氏所見本必是「爰止羲和」，故其注《山海經》則以《啟筮》所云「羲和之子，出于暘谷」為信然矣。日御者，古之官也。《左傳‧桓十七年》：天子有日官，諸侯有日御。杜注：日官、日御，典曆數者。是則御者，侍御也，非所謂御車也。自解者誤解《堯典》「寅賓出日」「寅餞內日」之語，謂其有送往迎來之意，遂謂羲和為日御，不知日體渾然；乃因其運行而傅會之為日輪；又因日輪而轉假之為日車，遂謂羲和為日御，御日車矣。此與月御望舒同一妄誕。假或有之，亦不過與結璘、鬱儀、纖阿、豐隆、屏翳、飛廉等耳。何預於人名之羲和？郭注牽混，遂致不可窮詰。

而《初學記》引郭注，則曰：羲和能生日也，故日為羲和之子，堯因是立羲和之官，以主四時。《御覽》引郭注亦同。今按是說，則是羲和為日之父母，日竟為羲和之子矣。此又以《山海經》「生十日」「生月十二」不解其義而誤。郭注乃謂「堯因此而立羲和之官，其後世遂為此國」，則是羲和立國在唐堯之後矣。下文「羲和者，帝俊之妻」，帝俊者，高辛也，高辛者，堯父也。堯父既以羲和氏之女為妃，則是羲和立國當在高辛氏以前，郭說顯與經背。案：羲氏出太昊伏羲之後，厥後有羲和其人者，為黃帝占日。自黃帝時，羲和之後又有和氏，是此國當立於軒轅之代。《堯典》之「乃命羲和」，謂羲氏和氏，即黃帝時羲和之後裔，非官名也。羲和名官，是王莽時事，余已有說。

馬融《尚書注》謂：羲氏掌天官，和氏掌地官，四子掌四時。康成因之，謂堯命羲和為天地之官，下云「分命、申命為四時之職」，於周則冢宰、司徒之屬，六卿是也。衡案：此以周官強配唐堯時官制，不知下文「汝羲暨和，朞三百有六旬有六日，以閏月定四時成歲。允釐百工，庶績咸熙。」皆責以天事。即下至胤征時，羲和尸厥官，昏迷於天象，亦不聞責以地事也，何得云和氏為地官？

又案：《尚書大傳》：舜元祀，四嶽八伯貢樂，有陽伯、儀伯、夏伯、羲伯、秋伯、和伯、冬伯。下缺一伯。陶潛《四八目》謂伯夷為陽伯，羲仲之後為羲伯，棄為夏伯，羲叔之後為羲伯，咎繇為秋伯，和仲之後為和伯，垂為冬伯。王伯厚《小學紺珠》同此。蓋從康成注《書大傳》之說，以伯夷等分配八伯。其所以有兩羲伯者，康成謂「儀」當為「羲」故也。唯《羣輔錄》「和仲」為「和伯」，康成作「和叔」，微有不同。此說貽誤之至。無論伯夷典三禮，棄播百穀，咎繇作士，垂、共工各有攸司，或在朝，或在外，不得又為八州之伯。

即羲仲、羲叔、和仲、和叔四人，何以三人之後為伯，缺一人之後不為伯？如陶潛以和仲為和伯，何以知不是和叔？康成以和叔為和伯，何以知不是和仲？妄下己意，無文可據。或謂華山貢兩伯之樂，秋伯之樂，和伯之樂。此和伯是和仲之後；弘山貢兩伯之樂，冬伯之樂，下缺一伯，當是和叔之後。八伯蓋有兩羲伯、兩和伯焉。案《堯典》，羲仲主春，故次於陽伯，陽即春也；羲叔主夏，故次於夏伯；和仲主秋，故次於秋伯；和叔主冬，故次於冬伯。其說甚合。《周禮正義序》引康成《尚書注》：四嶽，四時之官，主四嶽之事，始羲和之時主四嶽者，謂之四伯。至其死，分嶽事，置八伯，皆王官。其八伯唯驩兜、共工、放齊、鯀四人而已，其餘四人無文。可知此則尤謬悠之甚者。據《竹書》，帝堯元年命羲和歷象。堯在位一百年陟，則羲和四子之死，想在堯末年。羲和必有子若孫以繼之，以歷象自有專家，非可以不知者代之也。彼驩兜、共工、放齊、鯀四人，何能掌日月星辰而代為四嶽之伯乎？況驩兜、共工、鯀已竄之荒裔，焉得又為伯？意羲和是四嶽之副貳，其四嶽之正，或以炎黃之後居之，故嶽有四，而伯則有八。《國語》謂神農之裔為四嶽，此其明證也。《山海經》有「南嶽娶州山女」，又有「西嶽生先龍」語推之，東嶽、北嶽亦必有人焉。可謂驩共諸人曾居其職，而餘無文可知乎？余因說《山海經》「羲和之國」而附論《書大傳》可從，康成注及《羣輔錄》之說不可據。

伯夷

《海內經》：伯夷父生西嶽，西嶽生先龍。郭注：伯夷〔註6〕父，顓頊師。

吳氏曰：案：《路史》：伯夷生泰嶽，伯夷為虞心呂，封于呂，子泰嶽襲呂，餘列四嶽之官。《書大傳》云：伯夷之子為西嶽。

郝氏曰：案：《漢書·人表》云：柏夷亮父，顓頊師。《新序·雜事五》云：顓頊學伯夷父。是郭所本也。「柏」與「伯」通，凡古人名「伯」者，《表》皆書作「柏」字也。

衡案：《海內經》：炎帝生炎居，炎居生節並，節並生戲器，戲器生祝融，祝融生共工，共工生后土，后土生噎鳴，噎鳴生歲十二。並無伯夷在內。《路史》謂噎鳴即伯夷，不知何據。又曰「為虞心呂」，虞是舜，呂疑與膂通，謂為虞舜心腹之臣。又曰「生歲十二泰嶽」，「泰嶽」與「歲十二」蟬聯而下，不知是一人，是二人。據《海內經》，伯夷所生者是西嶽，非泰嶽也。而吳氏採

〔註6〕此處經注即篇題等三「夷」字，陳書本用「夸」，下文則皆用「夷」。

其說以注《山海經》，誤矣。又所引《書大傳》亦見《路史》羅苹注，不知其誤更有甚者。案：《書大傳》：維元祀帝舜即位之元年。巡狩四嶽八伯，泰山貢兩伯之樂，東嶽陽伯之樂、儀伯之樂；霍山貢兩伯之樂，夏伯之樂、羲伯之樂；華山貢兩伯之樂，秋伯之樂、和伯之樂；弘山貢兩伯之樂，冬伯之樂。下缺一伯。並無所謂伯夷也。陶潛《羣輔錄》謂伯夷為陽伯，此其誤從康成《書大傳注》。謂「陽伯」，猶言春官。春官，秩宗也，伯夷掌之。鄭蓋以舜時「汝作秩宗」之伯夷為陽伯。夫伯夷既典三禮，則當在朝；焉得出而為伯，為東嶽乎？《書大傳》既無明文，此即以伯夷為陽伯，尚屬不實。而羅苹謂伯夷之子為西嶽，出《書大傳》。《大傳》則何嘗有此語乎？止《山海經》云「伯夷生西嶽」，「西嶽」是官名。蓋《山海經》或舉官，或舉名。如「炎居」「節並」「戲器」是舉名，「祝融」「共工」「后土」及此「西嶽」是舉官。而羅苹妄以為是《書大傳》，不知何所據而云然。而吳氏又採之以為注也。而且《海內經》之伯夷非即虞廷之伯夷。郭注「伯夷父，顓頊師」不誤，《呂氏春秋・尊師篇》「顓頊師伯夷父」是也。據《春秋命歷序》，顓頊傳二十世，三百五十歲，高辛傳十世，四百歲，然後至堯舜，則兩伯夷一在前，一在後，可知矣。《漢書・人表》謂之「柏夷亮父」，《路史・後紀八》以「柏夷亮父」為二人，又《前紀六》謂柏常、柏夷父、柏招諸人皆柏皇氏後，以柏為姓。余謂《人表》之「柏夷亮父」，「亮」是衍字，蓋即「夷」字之重文，而形誤為「亮」也。《路史》以「柏夷父」「柏亮父」為二人，非是。然謂是柏皇氏之後，則大有踪跡可尋。案：《海內經》「伯夷父生西嶽」，不敘於「炎帝之孫伯陵」後，又不敘於「炎帝生炎居」之後，而敘於兩紀炎帝世敘之前，則非姜姓，而為古帝柏皇氏之裔可知。至虞廷之伯夷則與此大異。《鄭語》：姜，伯夷之後也，伯夷能禮於神，以佐堯者也。韋昭注：伯夷，堯秩宗，炎帝之後，四嶽之族。則虞廷之伯夷為炎帝後可知。堯舜時之四嶽四人，豈必一姓？故《海內經》伯夷所生者是西嶽，不知在何世。《大荒西經》又有南嶽，不知是何人所生，又不知是何姓。韋昭注《國語》，謂秩宗之伯夷是四嶽之族，頗為圓活。而且虞廷伯夷之伯是名。案：伯字有數義，如高辛之才子伯奮、伯虎則伯仲之伯也，如伯鯀、伯禹、伯益則侯伯之伯也。以《舜典》「咨伯」考之，例以「咨益」「咨垂」之語，則伯是其名。上文伯禹作司空，舜曰「咨禹」，禹其名也。今曰「咨伯」，非名而何？蓋「伯夷」是雙名，如「咨鯀」之類，故但舉首一字則「夷」字已包在內。若云「咨伯夷」則語不古奧，而且三代以來未有舉其姓者，則典禮之伯夷但作伯，不可通作柏，

如柏夷父之柏也。吾因說《山海經》之伯夷而附論之。

郁州

《海內東經》：都州在海中，一曰郁州。郭注：今在東海朐縣界。世傳此山自蒼梧從南海〔註7〕徙來，上皆有南方物也。郁音鬱。

吳氏曰：案：《郡縣釋名》曰：郁州即臨朐之朐山也，一名覆釜山。《後漢志》：東海郡有朐縣。注：實齊之騑邑，隨之蓬〔註8〕山。又案：《一統志》云：朐山東北海中有大洲，謂之鬱洲，又名郁州，一名〔註9〕郁鬱山，一名蒼梧山，或言昔從蒼梧飛來。然則，郁州近朐山東北，非即朐山也。

畢氏曰：「都州」，《水經注》引此作「郁山」，劉昭注〔註10〕《郡國志》與經文同。《水經注》云：朐縣東北海中有大洲，謂之郁洲，言是山自蒼梧徙此，云山上有南方草木。今郁州治。

衡案：《寰宇記》：「河南道海州東海縣，縣理城在鬱州上，《山海經》曰郁州在海中，郁音郁。」此本不誤。觀其引《山海經》連接在「鬱州」之下；是必「郁音鬱」，後人傳寫訛刻耳。乃南昌萬廷蘭所刊《寰宇記》則改「郁州」為「都州」，下注云：据《山海經》改。又改「郁音郁」作「都音郁」，於「都」字下注云：據《山海經廣注》改。不知樂史所引「郁州在海中」者，乃截下文「一曰郁州」而冠於「在海中」之上，明乎「郁州」即「鬱州」也。其《山海經》吳氏廣注所載郭注是「郁音鬱」，萬氏據誤本為說，誤矣。郭謂「在東海朐縣」，晉徐州東海郡朐縣，今江蘇海州南，《水經注》謂「郁州在朐縣東北」是也。案：郁州即嵎夷之地。《書・禹貢》「嵎夷」其略在青州，與《堯典》之「宅嵎夷」同是一地。古人於登萊觀日出，故曰「寅賓出日」。釋文引馬云：嵎，海隅也；夷，萊夷也。馬釋《堯典》即以《禹貢》釋之。《史記・五帝紀》「宅嵎夷」作「居郁夷」。《說文・土部》「嵎」作「堣」，有謂《堯典》之嵎夷從土旁，《禹貢》之嵎夷從山旁，分作兩地者，非也。蓋「嵎」聲近「郁」；「都」亦「郁」之轉聲，又以形近故耳。《水經・淮水》注引作「郁山」，蓋以傅合郭注「此山自蒼梧從南海徙來」之語，不知此山在州上，州能包得山，山不能包得州也。「南海徙來」之說不足據，後世遂謂「舜死蒼梧」即在此地，誤矣。

〔註7〕「海」字郭書本無。
〔註8〕「蓬」字吳書本作「逢」。
〔註9〕「郁州一名」四字本脫。
〔註10〕「注」字本脫。

其云「在海中」者，指大禹以前言，不可以今日之目驗也。《路史‧國名紀三》云：「堯命羲仲，宅堣夷，在遼西，即青之堣夷。《今文書》及《帝命驗》作『禺鐵』，一作『嵎銕』，故即郁夷。」羅氏謂「即青之嵎夷」，是也，其云「在遼西」者，蓋從《說文‧土部》「堣夷在冀州」而誤。又此經列「郁州」於「瑯琊臺」之前。案：《括地志》：密州諸城縣東南有瑯邪臺。唐河南道密州諸城，今山東青州府諸城縣治，蓋二地相去不遠，故連及之。「琅邪」下條又云：韓雁在海中，都州南。吳氏引《釋義》曰：疑即今之遼東。非也。《釋義》蓋以經有「韓」字，當與三韓相近。不知經明云在「都州南」，不得於東北求之也。

洛水非一　洛與雒不同

《西山經‧西次四經》：白於之山，洛水出于其陽。郝氏曰：案：洛水，雍州浸。《水經注》引闞駰以為漆沮水也。《說文》云：洛水出左馮翊歸德北夷界中，東南入渭。《地理志》云：北地郡歸德，洛水出北蠻夷中，入河。《淮南‧地形訓》云：洛出獵山。高誘注云：獵山在北地西北夷中。是則〔註11〕獵山即白於山之異名矣。

又：剛山之尾，洛水出焉。郝氏曰：此又一洛水也，所未能詳。

郝氏又於《西次二經》泰冒之山「浴水出焉」下注云：案：「浴」當為「洛」字之譌。《初學記》六卷及《太平御覽》六十二卷俱引此經作「洛水」。又，晉灼引《水經‧洛水》云：出上郡雕陰泰冒山，過華陰入渭，即漆沮水。是此經「浴水」即「洛水」，審矣。

郝氏又謂：洛水本出白於山，而東經泰冒山，二山一是發源，一是所經，此經則通謂之出也。

衡案：剛山又在白於山之西千里，此即洛水發源之處，又數百里行經白於山之南，故曰「洛水出於其陽」，洛水自此又東至於泰冒山，東流注于河，此漆沮水之大略也。檢《西山經》竹山「丹水出焉，西流注于洛」，《西次四經》陰山「陰水出焉，西流注于洛」，勞山「弱水出焉，而西流注于洛」，罷父之山「洱水出焉，而西流注于洛」，已上皆云「西注」，則皆在洛水之東。又《中山經》蔓渠之山「伊水出焉，而東流注于洛」，鹿蹄之山「甘水出焉，而北流注于洛」，扶豬之山「虢水出焉，而北流注于洛」，柄山「滔雕之水出焉，而北流注于洛」，熊耳之山「浮濠之水出焉，而西流注于洛」，尸山「尸水出焉，南流

〔註11〕「是則」本誤作「則是」。

注于洛」，良餘之山「乳水出于其陽，而東南流注于洛」，蠱尾之山「龍餘之水出焉，而東南流注于洛」，魔山「交觴之水出焉，而南流注于洛」，瞻諸之山「謝水出焉，而東南流注于洛」，婁涿之山「瞻水出于其陽，而東流注于洛」，白石之山「惠水出于其陽，而南流注于洛」，傅山「厭染之水出于其陽，而南流注于洛」，「其西有林焉，名曰墦冢。穀水出焉，而東流注于洛」，陽華之山「楊水出焉，而西南流注于洛」，半石之山「合水出于其陰，而北流注于洛」，少室之山「休水出焉，而北流注于洛」，已上統計二十二水，俱入洛。

案：《水經》：洛水出京兆上洛縣讙舉之山。酈注：「《地理志》曰：洛出冢嶺山。《山海經》曰：出上洛西山。又曰：讙舉之山，洛水出焉。東與丹水合，水出西北竹山，東南流注于洛。」衡案：《海內東經》：洛水出洛西山。郝氏曰：「《中次四經》謂之『讙舉山』，《地理志》謂之『冢領山』，此經又謂之『洛西山』。《水經注》引此經云：出上洛西山。疑今本脫『上』字。」衡案：《中山經》：讙舉之山，雒水出焉。是雒水不是洛水。此丹水即《西山經》竹山之丹水。酈注又云：洛水又東，尸水注之，水北出尸山，南流入洛。此即《中山經》尸山之尸水。酈注又云：洛水又東得乳水，水北出良餘山。此即《中山經》良餘山之乳水。酈注又云：洛水又東，會於龍餘之水，《山海經》曰「水出蠱尾之山，東南〔註12〕流入洛水」。此即《中山經》蠱尾之山龍餘水。酈注又云：洛水逕陽〔註13〕渠關北，陽渠水出南陽渠山，即荀渠山也，《山海經》曰「熊耳之山，浮豪之水出焉，西北流注于洛」，疑即是水也，荀渠蓋熊耳之殊稱。此即《山海經》熊耳山浮豪之水。《水經注》又云：洛水又東，與厭染之水合，水出縣北傅山。此即《中山經》傅山厭染之水。酈注又云：洛水又東，共水入焉，水北出長石之山。此即《中山經》長石山之共水。酈注又云：洛水自枝瀆，又東出關，惠水右注之，世謂之八關水；出白石山之陽，東南流與瞻水合，水東出婁涿之山，而南流入惠水；惠水又東南，謝水北出瞻諸之山，東南流又有交觸之水，北出魔山，南流俱合惠水；其水又南流，入于洛水；洛水又與虢水會，水出扶豬〔註14〕之山，北流注于洛水，其南則鹿蹏之山；甘水發於東麓，北流注於洛水。此即《中山經》白石山之惠水、婁涿山之瞻水、瞻諸山之謝水、魔山交觴之水、扶豬山之虢水、鹿蹄山之甘水。「謝」當作「謝」，「觸」當作

〔註12〕「南」字本脫。
〔註13〕此及下共三「陽」字，《水經注》或作「隖」。
〔註14〕「扶豬」本誤作「林楮」。

「觸」，「林楮」當作「扶豬」。酈注又云：洛水又東，合水南出半石之山，合水又北流注于洛水也。此即《中山經》半石山之合水。酈注又云：休水自南注之，其水導源少室山，休水又北流注于洛水。此即《中山經》少室山之休水。《水經》又云：伊水出南陽魯陽〔註15〕縣西蔓渠山，又東北至洛陽縣南，北入于洛。此即《中山經》蔓渠之山之伊水。《水經》又云：穀水出弘農黽池縣南墦冢林、穀陽谷。此即《中山經》傅山西墦冢林之穀水。凡此見《水經》並酈注者，俱可印證。惟滔雕之水俟考。其陽華山之楊水，郝氏謂即絬姑水之分流歧出者也。余案：下文絬姑之水注門水，門水入雒水。此楊水入洛，疑非一水。

又，《西次四經》陰山之陰水入洛，郝氏案：此渭洛之洛，即漆沮水也。又，勞山之弱水入洛，郝氏案：《地理志》云：張掖郡刪丹，桑欽以為導弱水自此，西至酒泉合黎，此《禹貢》弱水也。《西域傳》云：條支有弱水西王母。《大荒西經》云：昆侖丘下，弱水環之。皆非此經之弱水也。《晉書·苻堅載記》云：堅遣安北將軍幽州刺史苻洛討代王涉翼犍，翼犍戰敗，遁於弱水，苻洛追之，退還陰山。此經上有陰山，下有弱水，當即是也。《太平寰宇記》云：保安軍，吃莫河在軍北一十里，源出蕃部吃莫川〔註16〕，南流，在軍北四十里入洛河，不勝船筏。案，此則吃莫川即弱水也。今水出陝西靖邊縣，東南流至保安縣西入洛。

衡案：「吃莫」之為「弱」，蓋二字合音之謂，其源亦出于昆侖。故《大荒西經》有「弱水環之」之說，自此而至張掖郡之刪丹，非發源於刪丹也。其保安軍之吃莫河，則又其枝流，故亦不勝船筏，非有二弱水也。

又，罷父山之洱水入洛。吳氏曰：案：李元陽云：《地理志》謂南中山曰昆彌水，曰洛，《山海經》洱水西流入于洛，蓋瀾滄江亦名洛水，言脈絡分明也。

衡案：瀾滄江名洛之說，孤文無據，且與此經上下文地理不合。郝氏謂：《隋書·地理志》云「洛源有洱水」，即此水也，在今甘肅慶陽府。其說可信。

又案：《中山經》女几之山「洛水出焉，東注于江」，此洛在四川入江，即《漢志》廣漢郡之雒水，字當作雒。

　　《中山經》：讙舉之山，雒水出焉。又：陽華之山，門水出焉，而東北流〔註17〕注于河，門水出于河，七百九十里入雒水。惟此二處作「雒」字。《水經注》統作「洛」字。然考《淮南・地形訓》「洛出獵山」「雒出熊耳」，以出熊耳者為雒，高誘曰：獵山在北地西北夷中，洛東南流入渭，《詩》「瞻彼洛矣，維水泱泱」是也，熊耳山在京師上雒西北也。此注明晰之至。又案：《漢志》：弘農郡上雒縣，《禹貢》雒水出冢嶺山東北，至鞏入河，豫州川；盧氏縣，熊耳山在東，伊水出，東北入雒；黽池縣，穀水出穀陽谷，東北至穀城入雒；丹水縣，水出上雒冢嶺山；新安縣，《禹貢》澗水在東南入雒；河南郡穀城縣，《禹貢》瀍〔註18〕水出替亭北，東南入雒。用此「雒」字。左馮翊褱德縣，洛水東南入渭，雍州浸；北地郡歸德縣，洛水出北蠻夷中，入河；直路縣沮水出東，西入洛。用此「洛」字。且於雒水則標曰《禹貢》；澗水、瀍〔註19〕水入雒則標曰《禹貢》；而入雒之伊水亦出熊耳，則是出熊耳者當為雒水，非洛水矣，故於洛水不言《禹貢》也。而且洛是停水，為雍州浸；雒是流水，為豫州川；兩不相掩如此。《漢志》又云：廣漢郡雒縣，章山，雒水所出，南至新都谷入湔；緜竹縣，緜水所出，東至新都北入雒。此乃入江之雒，又一水，《水經注》多混而為一。

　　宋王觀國《學林》六云：《前漢・地理志》：河南郡雒陽縣。顏師古注曰：魚豢云，漢火行忌水，故去洛水而加隹。如魚氏說，則光武以後改為雒字也。觀國案：《史記・河渠書》曰：東下砥柱及孟津雒汭。又《史記・封禪書》曰：幽王為犬戎所敗〔註20〕，周東徙雒邑。又《史記・十二諸侯年表》曰：周平王元年，東徙雒邑。由此言之，則司馬遷作《史記》時已用雒字，非光武以後改也。漢雖火行，然「漢」字亦從水，未嘗改避，豈於「洛」字獨改之哉？本用「洛」字，而司馬遷、班固多假借用字，故亦通用「雒」字耳。魚豢之說非也。

　　衡案：觀國駁魚氏之說良是，其謂本用「洛」字，司馬遷特假借通用「雒」字，亦非。司馬遷之「雒汭」「雒邑」皆本《左傳》。檢《左傳》，桓公二年，遷九鼎於雒邑；昭公元年，天王使劉定公勞趙孟于潁，館于雒汭。又：「伊雒之戎」「會雒戎」「至於雒」「還及雒」「館臨上雒」，並見《左傳》。則「雒」本

〔註17〕　「流」字本脫。
〔註18〕　「瀍」字本作「廛」。
〔註19〕　「瀍」字本作「廛」。
〔註20〕　「敗」字本作「殺」。

是古字，非假借也。蓋「洛」「雒」本是二水。予閱《中山經・中次六經》陽華之山，既云「楊水出焉，而西南流注于洛」，又云「門水出焉，而東北流注于河，門水出于河，七百九十里入雒水」。則「雒」非即「洛」，審矣。蓋洛是漆沮水，由渭以達於河；雒則自入河，不由渭。洛在雍州，雒在豫州。後世二字多不分晰，予因說《山海經》而明辨之。

鳥鼠同穴

《西山經・西次四經》：鳥鼠同穴之山。郭注：今在隴西首陽縣西南，山有鳥鼠同穴，鳥名曰鵌，鼠名曰鼵，鼵如人家鼠而短尾，鵌似燕而黃色，穿地入數尺，鼠在內鳥在外而共處。孔氏《尚書傳》曰：共為雌雄。張氏《地理記》云〔註21〕：不為牝牡也。

楊氏曰：此即《禹貢》導渭之山也。鳥鼠同穴，今陝西人實云有之；岳修撰正〔註22〕戍邊時，親見之。宋人作《書傳》，乃以鳥鼠為一山，同穴為一山，意欲附於不語怪，而不知其妄，可怪〔註23〕也。

畢氏曰：二山，在今甘肅渭源縣西二十里。《地理〔註24〕志》云：隴西首陽，《禹貢》鳥鼠同穴山在西南。《水經注》云：《地說》云，鳥鼠山，同穴之枝幹也，渭水出其中，東北過同穴枝間。《括地志》云：渭水原出渭源縣西七十六里鳥鼠山，今名青雀山。見《史記正義》。

畢氏本郭注作「鼠名曰鼵」，蓋依《史記正義》所引也。郝氏謂：《爾雅》說鼠，中有鼵，郭云「形則未詳」。若據《史記正義》所引，是鼵鼠形狀郭不應未詳。是此注之「鼵」不作「鼵」字，審矣。

衡案：蓋是「鼵」字上脫去上半「穴」字耳。「鳥鼠同穴」是一山；不是二山。蔡氏《書傳》曰：「同穴，山名。地志云：鳥鼠山者，同穴之枝山也。孔氏曰：鳥鼠共為雌雄，同穴而處。其說怪誕，不足信也。」此蓋誤讀《水經》所致。案：《水經注》引《地說》曰：鳥鼠者〔註25〕，同穴之枝幹也。謂「鳥鼠同穴」是正山，另有枝山名「鳥鼠山」，不然，則「同穴」二字無著。此古人省字法，「同穴」上定有「鳥鼠」二字，方成文理。

〔註21〕「云」字本脫。
〔註22〕「正」字本脫。案：岳正，字季方，天順初任修撰。
〔註23〕「怪」字楊書本作「笑」。
〔註24〕「理」字畢書本作「里」。
〔註25〕「者」字當作「山」。

　　《宋書‧吐谷渾傳〔註26〕》云：「甘谷〔註27〕嶺北有雀〔註28〕鼠同穴，或在山嶺，或在平地，雀色白，鼠色黃，地生黃紫花草〔註29〕，便有雀鼠穴。」《洛陽伽藍記》云：「赤嶺有鳥鼠同穴，異種共類，鳥雄鼠雌，共為陰陽。」杜寶《大業記》云：「大業三年，隴西郡守獻同穴鳥鼠。煬帝謂牛宏曰：《爾雅》曰，其鳥曰鵌，其鼠曰鼵。當短尾，今長何耶？宏曰：舊說未必可據。」《元和郡縣志》云：「同穴鳥如家雀，色小青；其鼠如家鼠，色小黃。近穴溲溺，氣甚辛辣，使人變逆嘔吐。」岳正《類博稿》云：「鳥鼠同穴，予戍甘時過莊浪，親見之。鳥形色似雀而少大，頂出毛角，飛即厓穴。穴口有鼠，狀如人家常鼠，但唇缺似兔，蓬尾似鼬，與鳥偕入，彼此比昵，有類雌雄者。」

　　衡案：蔡氏以孔傳「共為雌雄」為妄誕，洵為有見。若如《伽藍記》所云「鳥雄鼠雌」，則是孕育惟在鼠耳。鼠類生鼠，何以能生鳥？而且所生之鼠必是雌，所生之鳥必為雄，吾不得而知矣。岳氏所謂「彼此比昵，有類雌雄」者，斯為得之。按：《山海經》有「自為牝牡」云云，而此經但云「鳥鼠同穴之山」，可見矣。至於鳥或青色或白色，鼠或短尾或長尾，則所見各異也。羅願《爾雅翼》二十三云：「案此鼠在內鳥在外，則似不為牝牡。然由古迄今，不應二物長存。儻「不為牝牡」，則其類不續，顧無得而知之。」衡案：羅氏何不通達至此。不知其類長存者，鳥與鳥交所生仍是鳥，鼠與鼠交所生仍是鼠。蓋是各為牝牡，而非共為雌雄。因其相狎，兩無猜忌，故謂之鳥鼠同穴。羅氏又引《沙州記》云：「寒嶺去大陽川三十里，有雀鼠同穴之山。」「既以此二蟲為名，《書傳》從簡，或只謂之鳥鼠山，而王肅解《禹貢》，遂稱〔註30〕鳥鼠、同穴皆山名。後之說者，因以為二山，可笑也。」此則立說正當。

碣石山

　　《北山經‧北次三經》：碣石之山。郭注：《水經》曰：碣石山今在遼西臨渝縣南水中。或曰在右北平驪城縣。海邊山。

　　郝氏曰：案：《地理志》云：右北平郡驪成〔註31〕，大揭〔註32〕石山在縣

〔註26〕「傳」字本誤作「注」。
〔註27〕「谷」字本脫。
〔註28〕「有雀」本誤作「府鳥」。
〔註29〕「花草」本誤作「色」。
〔註30〕「稱」字本誤作「致」。
〔註31〕「成」字本作「城」。
〔註32〕「揭」字本作「碣」。

西南。今直隸撫寧、昌黎二縣是其地。郭引《水經》，今無攷。

衡案：《水經·漯水》注：《尚書·禹貢》曰：夾右碣石入于河。《山海經》曰：碣石之山，繩水出焉，東流注入于河。河之入海，舊在碣石，今川流所導，非禹瀆也。周定王五年，河徙故瀆。故班固曰：商竭周移也。又以漢武帝元光三〔註33〕年河又徙東郡，更注勃海。是以漢司空掾王璜言曰：往者天常連雨，東〔註34〕北風，海水溢，西南出，浸數百里。故張君云：碣石在海中，蓋淪于海水也。昔燕齊遼曠，分置營州，今城屆海濱，海水北侵，城垂淪者半。王璜之言，信而有徵，碣石入海，非無證矣。

又《水經·濡水》注：濡水又東南至絫縣碣石山。文穎曰：碣石在遼西絫縣。王莽之選武也。絫縣並屬臨渝，王莽更臨渝為憑德。《地理志》曰：大碣石山在右北平驪成〔註35〕縣西南，王莽改曰「揭石」也。漢武帝亦嘗登之，以望巨海，而勒其石於此。今枕海有石如甬道，數十里當山頂，有大石如柱〔註36〕，往往而見，立於巨海之中，潮水大至則隱，及潮波退，不動不沒，不知深淺，世名之天柱橋〔註37〕也。狀若人造，要亦非人力所就。韋昭亦指此以為碣石也。

又案：《一統志》云：直隸永平府，碣石山在昌黎縣西南。

案：古之言碣石者不一。孔安國曰：海畔山，不詳在何郡縣。《漢志》：在驪成縣西南。今驪成亦無定所。其言在盧龍者，《魏書》《隋志》《括地志》《通典》《通考》諸說相承，似乎有據。然盧龍南不濱海，今縣志亦無此山。其言在絫縣，即今昌黎境者，始自文穎。郭璞注《山海經》謂「在臨渝縣南水中」，蓋因絫縣已廢入臨渝，亦即文穎之說也。《水經注》宗文穎，兼引《漢志》，又採王璜之言，以為淪於海中。至《濡水注》則又曰枕海，《明統志》則昌黎西北五十里，府志又以為即今縣北之仙人臺。諸說皆言在昌黎境，而又不同如此。至《史記索隱》別引《太康地志》云「樂浪遂城縣有〔註38〕碣石，長城所起」，《劉昭郡國志補注》言「常山九門縣有碣石山」，王應麟《地理通釋》又云「在遂城者為左碣石，在平州者為右碣石」，益遠而無據矣。

〔註33〕「三」字本誤作「二」。
〔註34〕「東」字本脫。
〔註35〕「成」字本作「城」。
〔註36〕「柱」字下《水經注》本有「形」字。
〔註37〕「天柱橋」，《水經注》原文作「天橋柱」。
〔註38〕「有」字本誤作「而」。

又胡渭《禹貢錐指》曰：山有名同而繫之以大小者，驪成之山稱大碣石，則必有小碣石在，蓋即絫縣海旁之石矣。酈道元既宗文穎，以為碣石在絫縣，又引驪成大碣石以證之，若以其山跨〔註39〕二縣之境也者。今按濡水從塞外來，東南流逕樂安亭南，東與新河故瀆合，又東南至絫縣碣石山，而南入于海。樂安亭者，蓋即今樂亭縣東北之樂安故城也。絫縣在其南，驪城在其西。據濡水歷亭南而東，又東南至碣石，則碣石在亭之東南，與驪城之大碣石，相去闊絕，安得連為一山？郭璞注《山海經》曰：碣石在臨渝，或云在驪成。蓋兩存之。愚謂在臨渝者為是也。

又閻若璩《潛丘劄記》曰：此山綿跨四地，謂盧龍、撫寧、昌黎、灤州。故班志曰「大碣石山」。今人第因天柱橋屬諸昌黎，陋矣。又，《唐志》：營州柳城縣有東北鎮醫巫閭山祠，又東有碣石山。碣石凡有四。

衡案：《漢志》言「大碣石」，則另有小碣石可知。故《地理通釋》以左碣石、右碣石當之，尋其脈絡，則在東者為左為大碣石，在西者為右為小碣石，《禹貢錐指》謂不得連為一山是也。閻氏謂綿跨四地，失之。予謂《禹貢》右碣石連文，謂島夷入貢，行經此右碣石之山，而入于河也。酈氏謂此山淪沒海中。予則謂山之以土戴石者可淪沒，山之以石戴土者不可淪沒。夫以江南金、焦二山比之碣石，眇乎小矣，然至今尚卓立江中。豈有碣石標於《禹貢》，而有淪沒之事哉？則大小碣石自當於臨渝、絫縣二地求之。然此止可以注《禹貢》及《水經注》之「碣石」，而不可以注《山海經》之「碣石」。檢《山海經》此山列於《北山經·北次三經》，其碣石之南第四山曰燕山。《隋圖經》曰：燕山在易縣東南七十里。又燕山之南第三山曰高是之山，山在《漢志》代郡靈丘縣。又，高是之南第二山曰泰戲山，山在今山西繁畤縣。又，碣石山之北五百里曰雁門之山，山在今山西代州東北。而碣石恰在燕山、高是、泰戲、雁門之間，則當於此地求之。《戰國策》以碣石在常山郡九門縣，與《郡國志補註》合，正是此山。案：漢晉九門縣在今直隸正定府藁城縣西北二十五里，則是由是北至代州之雁門山恰得五百里。故吾謂臨渝、絫縣之碣石，非此經之碣石。郭氏不按地理，而漫以《禹貢》之碣石當之，誤矣。又《水經注》以《山海經》之「碣石」，類敘於《禹貢》「碣石」之下，亦誤。

〔註39〕「跨」字本誤作「誇」。

大比赤陰

《海內經》：大比赤陰，是始為國。郭注：「陰」或作「音」。得封為國。

郝氏曰：案：「大比赤陰」四字難曉，推尋文義，當是地名。《大荒西經》說「叔均始作耕」，又云「有赤國妻氏」。然則，「大比赤陰」豈謂是與？

衡案：此節自「黃帝生駱明」至末；俱言人名；未有言地者。「大比赤陰」或是二人，或是一人，俱未可知。古有以「比」為名，如「奢比」「登比」之類，「陰」則「陰康氏」亦可類推。若以為地名，則與「是始為國」文義不接。郭以「得封為國」解「是始為國」，亦非。案：上文「是始為舟」「是始以木為車」「是始為弓矢」「是始去恤下地之百艱」「是始為琴瑟」「是始為歌舞」「是始為巧」「是始作下民百巧」「是播百穀」「是始作牛耕〔註40〕」，下文「禹、鯀是始布土，均定九州」，凡斯所載，一如後世「事物原始」之義。則此「大比赤陰，是始為國」，蓋始創造城郭，如《攷工記》「匠人營國」之謂，非得封為國也。

共工

《海外北經》：共工之臣曰相柳氏。郭注：霸九州者。

《大荒西經》：有禹攻共工國山〔註41〕。郭注：言攻其國，殺其臣相柳於此山。《啟筮》曰：共工，人面蛇身朱髮也。

郝氏曰：案：《周書·史記篇》云：昔有共工自賢，自以無臣，久空大官，下官交亂，民無所附，唐氏伐之，共工以亡。案，唐氏即帝堯也。堯蓋命禹攻其國而亡之，遂流其君於幽州也。

又《海內經》：祝融生共工，共工生術器，共工生后土。

吳氏曰：案：《蛙螢子》：祝融、共工，上世俱有七人。《祭法》曰：共工氏之霸九州也，其子曰后土，能平九州。《路史》云：術囂生條及句龍。以后土為術囂之子，未審是非。又羅苹注言共工垂為勾龍子，證《山海經》「共工生后土」之謬。蓋不知共工之有七也。

郝氏曰：案：韋昭注《周語》引賈侍中云：共工，諸侯，炎帝之後，姜姓也；顓頊氏衰，共工氏侵陵諸侯，與高辛氏爭而王也。或云，共工，堯時諸侯，為高辛所滅。昭謂：為高辛所滅，安得為堯諸侯？又「堯時共工」，與此異也。

〔註40〕「牛耕」本誤作「耕牛」。
〔註41〕「國山」本誤作「山國」。

○据韋昭所駁，蓋從賈逵前說也。然《魯語》云：共工氏之霸九州〔註42〕也，其子曰后土，能平水〔註43〕土。韋昭注云：共工氏伯者，在戲、農之間。懿行案：若在戲、農之間，即不得謂「炎帝之後，姜姓」，是韋昭不從賈逵所說也。高誘注《淮南‧原道訓》亦云：共工，以水行霸於伏羲、神農間者，非堯時共工也。與韋昭後說同。

　　衡案：共工蓋自羲、農以來歷代之水官。据《羣輔錄》伏羲六佐有「鳥明建方，陽侯司江海」，則其時必立水官，以上古水患必倍盛於唐堯之世，殆女媧繼立，共工非第不能稱職，又復縱水為害，故《淮南子》有「共工氏觸不周山，天柱折，地維缺，女媧乃鍊五色石以補天」之說。「補天」者，地平天成也。此伏羲時之共工也。厥後，「炎帝生炎居，炎居生節並，節並生戲器，戲器生祝融，祝融降處江水生共工，共工生術器，又生后土」，此皆見於《海內經》者。据《管子‧五行篇》云：黃帝得乎后土而辯於北方。又《祭法》云：共工氏之霸九州也，其子曰后土，能平九州。則是霸九州之共工，當在神農炎帝之末也，故其子后土為黃帝臣。此炎帝末之共工也。《大荒北經》：有係昆之山者，有共工之臺，射者不敢北鄉。此即炎帝末之共工，以其能稱職，故威令行乎九州，而射者不敢北鄉。其後后土亦能踵而行之。《祭法》曰：能平九州。《國語》曰：能平水土。是其證矣。此水官之在黃帝時者也，爰以土能剋水，故共工曰后土。自此之後，遂能傳為世職，而有共工氏之國矣，又數百歲而值顓頊之時。据《春秋命歷序》，黃帝傳十一世，二千五百歲。案：「二千」係衍文。計黃帝傳十一世至顓頊，不過數百年，中間又隔少昊一代，蓋不知距黃帝之世幾何年矣。而《列子》《淮南》乃有「共工與顓頊爭為帝」云云，則又高陽時之共工縱水為害而與帝爭者也。至是顓頊誅其身，仍不滅其世守之國。沿至高陽之末世，有術器者從而作亂，乃命辛侯滅之。《竹書紀年》載於顓頊七十八載帝陟之後，此中顯有脫文。据《山海經》，術器與后土同為共工之子，則當遠在黃帝時。其後閱黃帝十世，顓頊二十世，不下千年，何得至高辛時仍云「術器作亂」乎？案：《海內經》云：術器首方顛，是復土穰，以處江水。郭注謂：復祝融之所也。則是術器與后土同在黃帝時，同掌世職。第后土辯乎北方，仍居本國；術器則處江水，分封於南。此作亂者，蓋是術器之後裔。《竹書》本其始而言之，故云「術器作亂」，古文簡略，當以意會。郝氏謂辛侯滅

〔註42〕「州」字郝書本作「有」。
〔註43〕「水」字郝書本作「九」。

－180－

之，即是《山海經》之術器，誤矣。又誤解「是復土穰」以為即作亂之事，而不知《海內經》之術器不得高辛時也。蓋自辛侯滅之而分封之國已亡，然其本國之立於北方者自在也，沿及帝堯之時為帝延治水。据《紀年》，帝堯十九年，命共工治河，後改命伯鯀治河，在六十一年。則此四十餘年中，皆共工治河。然此在朝之共工，堯因其治河溺職，又以象恭滔天，故流之幽州，以正其罪。《舜典》紀「流共工于幽州」在三凶之前，蓋既治共工之罪，而後命崇伯鯀也，而其立國於北方者仍在。既而凶頑不靖，爰與其臣相柳恣為水患，故帝命禹殺相柳而攻其國。此共工氏之本國也。故《大荒西經》特表之曰「共工國山〔註44〕」。然此乃帝堯晚年事。蓋流在朝之共工，當在堯六十年，而攻共工氏之本國，當在《竹書》堯九十七年，司空巡十有二州之後。郝氏以流幽州之「共工」與此攻共工國之「共工」混為一人，失之。夫在朝之共工，罪止溺職，故但流幽州，而其罰已蔽。若任用相柳以為害，則下民之受其荼毒，甚矣。奚止於流？此亦事之顯然共見者。蓋自此而治水之官，改名司空，不名共工矣。其共工一官，另居一職，「帝曰垂汝共工」，此「工」如《攻工》「攻木」「攻金」之類，名雖同而事則異。羅苹乃以共工垂為句龍子，豈不大誤與？至《啟筮》云「共工人面蛇身朱髮」，當為「霸九州」之共工，其人在炎帝之末世，故賈侍中以為姜姓。郭氏乃以「霸九州」謂是《海外北經》之共工，不知當堯舜時已改為十二州矣，焉得云「霸九州」乎？又《淮南·原道訓》云：昔共工之力觸不周之山，使地東南傾，與高辛爭為帝。高注：共工，以水行霸於伏犧、神農間者也，非堯時共工也。衡案：《原道訓》明云「與高辛爭為帝」，何得以「神農時」為說？又《天文訓》云：昔者共工與顓頊爭為帝，怒而觸不周之山。案：《原道》既云「與高辛爭為帝」，此又云「與顓頊爭為帝」，兩歧其說。余謂：共工爭帝當在顓頊時。若在高辛之世，則共工氏已弱矣，何能觸不周而與帝爭位乎？

馬腹　馬腸

《中山經·中次二經》：蔓渠之山，伊水出焉，而東流注于洛，有獸焉，其名曰馬腹，其狀如人面，虎身，其音如嬰兒，是食人。

《中次四經》：釐舉之山，雒水出焉，而東北流注于玄扈之水，其中多馬腸之物。

〔註44〕「國山」本誤作「山國」。

　　郝氏於「馬腹」下引陶弘景《刀劍錄》、劉昭注《郡國志》等說，謂水盧即馬腹。又於「馬腸」下注云：案：上文蔓渠山「馬腹」，一本作「馬腸」，蓋此是也。

　　衡案：「水盧」一曰「水唐」，皆「水虎」之譌。《水經注》：「沔水又南與疎水合，水中有物，如三四歲小兒，鱗甲如鯪鯉，射之不可入。七八月中，好在磧上自曝。骹頭似虎掌爪，常沒水中，出膝頭。小兒不知，欲取弄戲，便殺人。或曰：人有生得者，摘其皋厭，可小〔註45〕使，名為水虎者也。」朱謀㙔曰：孫汝澄云，皋厭者，水虎之勢也，可為媚藥，善使內也。

　　董斯張《吹景集》曰：陶隱居《刀劍錄》：漢章帝建初八年，鑄一金劍，投〔註46〕伊水中，以〔註47〕厭人膝之怪。引《水經》語亦與今文小異。今「伊水」轉為「疎水」，未詳。「摘其鼻」句，「厭」字屬下，即厭勝之厭也。《太平御覽》引《十道記》云：涑水亦名襄水。《襄沔記》云：中盧有涑水，注于沔，此水有物啖人，名曰水虎，生得者摘其鼻，可小小使之。然則「疎」者，「涑」之誤也。《荊州記》：生得者，摘其鼻厭，可小小使，名曰水盧。合諸書語，益明孫云媚藥何据。「使」者，如黃公之制蛇禦虎也。又，《山海經》云：蔓渠之山，伊水出焉，有獸焉，名曰馬腹，其狀如人面，虎身，其音如嬰兒，是食人。水唐之為馬腹，審哉。《海外經》云：聶耳國，使兩文虎；黑齒國，食稻使蛇。《大荒經》：蔿國，中容、白民之國，俱使四鳥，虎豹熊羆；司幽、黑齒、玄股、三身、張弘、毛民之國，俱使四鳥。讀此可得「使之」之義矣。已上皆董說。

　　趙一清曰：遐周之言甚辯。今考《刀劍錄》引《水經注》「中盧縣疎水中有物」云云，水唐形狀與馬服相類。蓋陶惟以水唐釋馬服，非便謂疎水即伊水也。

　　衡案：《刀劍錄》「水唐」是「水虎」之譌，《荊州記》又譌作「水盧」，當以《水經》酈注、《襄沔記》所云「水虎」為是，以其能殺人，故曰「水虎」。若《山海經》之「馬腹」又是一物，其形狀與水虎絕不相類。蔓渠山言馬腹之「狀如人面，虎身」，則非「鱗甲如鯪鯉」也。且虎身大如牛，則非如三四歲小兒可知。若如三四歲小兒，何能食人？且水虎生於水中，而馬腹則生於蔓渠

────────────

〔註45〕《水經注》原文當重「小」字，作「小小使」。
〔註46〕「投」字前《水經注》原文本有「令」字。
〔註47〕「以」字本脫。

山。案：《山海經》先言某山，次言某水注於某水，又次言草木鳥獸，其例也。此云「有獸焉，其名曰馬腹」，是指在山之獸言。据《刀劍錄》，水唐形狀與馬服類，馬服不知何物，陶不言《山海經》，豈可謂「馬服」即「馬腹」乎？董遐周從《襄沔記》改「皋」為「鼻」，遂謂「摘其鼻」為句，而以「厭」字屬下，則是「厭可以小使」矣；殊不成句。而且鼻可割不可摘，「摘其皋厭」為句，自無可疑。案：「皋」字與「睪」同。据《靈樞經》：腰脊控睪而痛。注：睪，陰丸。又「厭」與「壓」同，有嚴藏之義。則孫汝澄所云「水虎之勢」可據。至云「可以小使」，與《襄沔記》《荊州記》之「小小使」同，謂可以小試也。孫氏云「可為媚藥」，於理為近。董遐周乃以《山海經》之「使文虎」「使蛇」「使四鳥」「使虎豹熊羆」為說，謂「如黃公之制蛇御虎也」。夫黃公之制蛇御虎，蓋行法以咒厭之。豈《山海經》之諸國皆能如徐登、趙炳之所為乎？無是理矣。余另有「使四鳥使虎豹熊羆說」〔註48〕，茲不復贅。至讙舉山之馬腸，則另是一物。經不言其形狀，但云「其中多馬腸之物」，經中無例可比，惟《北山經》譙水「多何羅之魚」，《東山經》犲山「多堪㻱之魚」，《中山經》宜蘇山「多蔓居之木」。經明言魚，即知是鱗蟲；明言木，即知是植物。此但云「物」，則不知是何物矣。郭注亦不言是馬腹，未可臆斷也。《康熙字典·肉部》「腸」字下云：馬腸，草名，葉似桑，見《山海經》「讙舉之山」注。今檢郭注無此文，竊疑此說甚是。案：草類有雞腸草、鵝兒腸草，蓋以其蔓延而長糾纏紛雜，有似腸之盤結，故以此名草，而是草則肥壯數倍於雞腸、鵝兒腸，故曰馬腸。又案：《本草》：羊桃一名羊腸，敗醬一名鹿腸。《名醫別錄》：玄參一名鹿腸。又見《廣雅》。則馬腸亦是類耳。蓋水草之類，故讙水、玄扈水之中多有是物。玩「多有」二字，則非食人之獸可知。然則馬腹者，獸也；馬腸者，草也。存此以備參考。

碧陽

《東山經·東次三經》：孟子之山，其上有水出焉，名曰碧陽。

郝氏曰：案：《開元占經》一百十三卷引《竹書紀年》云：今王四年，碧陽君之諸御產二龍。碧陽君豈即斯水之神邪？

衡案：《開元占經》所引《紀年》，今本《紀年》無此語，蓋以《汲冢瑣語》之文誤為《紀年》也。董斯張《廣博物志》卷四十九引《搜神記》云：周烈王

〔註48〕此文不見於本書。

六年，林碧陽君之御人產二龍。又於「碧陽」上添一「林」字。余閱汲古閣本《搜神記》並無此事，不知董氏所引出何書，則其誤不待言矣。夫以《紀年》之「產二龍」言之，亦猶是劉累豢龍之說耳。「龍」為馬，「產」是畜養之義，非謂碧陽君之御生產出二龍也，本無奇處。而郝氏乃以碧陽君為斯水之神，豈不可怪？据此經言孟子之山「廣員百里」，則是碧陽不過小水耳，焉得有神？況《五臧山經》傳於禹、益，而《紀年》「今王四年」之碧陽君在周末慎靚王六年，相隔一千七八百年，詎可以為斯水之神？蓋《紀年》之碧陽是地名，非水名也。碧陽君亦猶涇陽君、龍陽君之類。今以地名混作水名，又以魏襄王時人為《山海經》碧陽之神，豈非一誤再誤邪？後人讀書，類以古籍彼此偶有字面相同，便爾牽引附會，殊為多事。

視肉

《山海經》「視肉」凡十一見，其務隅、附禺兩見本一事。郭於《海外南經》「狄山」下注云：聚肉，形如牛肝，有兩目也，食之無盡，尋復更生如故。又《圖贊》云：聚肉有眼，而無腸胃。與彼馬勃，頗相髣髴。奇在不盡，食人薄味。

吳氏曰：案：謝肇淛《五雜俎》曰：《太平廣記》載「蕭靜之掘地，得物如人手，臛而食之，甚美，遇一道士曰此肉芝也」，《江鄰幾雜志》云「徐積於盧州河次，得一小兒手無指，懼而棄之」，亦肉芝也，狄山視肉蓋此類。又按：《白澤圖》：物如小兒手無指者名封，食之多力。《本草綱目》云：海中一種土肉，正黑，長五寸，大如小兒臂，有腹無口目，有三十足，可炙食。《西湖志》：董表儀撤屋掘土，得一肉塊，術士云「太歲也」，棄之。劉會孟曰：視肉猶南方無損獸。《南華逸篇》云：人而不學，謂之視肉；學而不行，謂之撮囊。李斯云：禽鹿視肉，人面而能強行。

郝氏曰：案：《初學記》引《神異經》云：西北荒〔註49〕有遺酒追復脯焉，其味如饗，食一片復一片。疑即此也。《博物志》云：越嶲國有牛稍，割取肉，牛不死，經日肉生如故。又《神異經》云：南方有獸，似鹿而豕首有牙，善依人求五穀，名無損之獸；人割取其肉，不病，肉復〔註50〕自復。已上所說二物，義與郭近而形狀則異。郭注未見所出。又，《魏志·公孫淵傳》云：襄平北市

〔註49〕「荒」字本誤作「方」。
〔註50〕「復」字本誤作「腹」。

生肉，長圍各數尺，有頭目口喙，無手足而動搖，占曰「有形不成，有體無聲，其國滅亡」。亦其類也。又高誘注《淮南・地形訓》云：視肉，其人不知言也。所說復與郭異。今所未詳。

衡案：吳氏、郝氏之說，俱就郭注而推演之。夫郭則何所見哉？經但云「視肉」，未嘗言形狀也。郭以「肉」上有「視」字，遂謂「有兩目」，亦望文生義之不確者。案：視肉，《海外南經》：狄山，爰有熊、羆、文虎、蜼、豹、離朱、視肉、吁咽。吁咽，不知何物。又云：一曰湯山，爰有熊、羆、文虎、蜼、豹、離朱、鴟久、視肉、虖交。疑即吁咽。夫「離朱」「鴟久」，鳥也。經不敘「視肉」於「熊羆虎豹」之次；而敘於「離朱、鴟久」之下，則疑是鳥。《海外北經》：平丘，爰有遺玉、青鳥、視肉、楊柳，甘柤、甘華，百果所生。夫青鳥，鳥也，次於「青鳥」之後，亦疑是鳥。然敘於「楊、柳、甘柤、甘華、百果」之上；焉知不是木？《海內西經》：開明北有視肉、珠樹、文玉樹、玗琪樹、不死樹。此敘於諸木之上，則疑是木。《大荒東經》：東北海外，爰有遺玉、三青鳥、三騅、視肉，甘華、甘柤，百穀所在。此敘於「青鳥、三騅」之下；「甘華、甘柤」之上，則或是鳥獸，或是木，俱可。郭於此注云：聚肉有眼。亦不言是何物。《大荒南經》：赤水之東，蒼梧之野，爰有文貝、離俞、鴟久、鷹、賈、委維、熊、羆、象、虎、豹、狼、視肉。此敘於諸獸之後，則疑是獸。又云：岳山，爰有文貝、離俞、鴟久、延維、視肉、熊、羆、虎、豹，朱木赤枝。夫延維，蛇屬也。此敘於「熊羆虎豹」之上，亦疑是獸。又云：蓋猶之山者，其上有甘柤，東又有甘華，有青馬，有赤馬，名曰三騅，有視肉。此類敘於「三騅」之末，亦疑是獸。又云：南類之山，爰有遺玉、青馬、三騅、視肉、甘華，百穀所在。此敘於「三騅」之下，「甘華」之上，則獸木可兩屬。《大荒西經》：沃之野，爰有甘華、甘柤、白柳、視肉、三騅、璿瑰、瑤碧、白木、未是玉之譌，別有說。〔註51〕琅玕、白丹、青丹。此敘於「白柳」之下，「三騅」之上，則木獸可兩屬。《大荒北經》：附禺之山，爰有鴟久、文貝、離俞、鸞鳥、皇〔註52〕鳥，有青鳥、琅鳥、玄鳥、黃鳥、虎、豹、熊、羆、黃蛇、視肉、璿瑰、瑤碧。此又夾敘於「黃蛇」「璿瑰」之內，莫能定矣。總之，《山海經》未言形狀，不得而臆斷也。然此物凡十一見，則非奇異之物可知。若如

〔註51〕此文不見於本書。
〔註52〕「皇」字似當作「鳳」。

肉芝世不常有，無損獸不可憑信。《公孫淵傳》：襄平北〔註53〕市生肉。此是災異。其《南華逸篇》、李斯說及《淮南・地形訓》注，則假視肉以為言也，俱與《山海經》無涉。即《博物志》之牛稍，《本草綱目》之土肉，土肉見《臨海異物志》。亦自是天地間之異類。吾烏知視肉之形如牛肝有兩目與？吾烏〔註54〕知視肉「食之無盡，尋復更生如故」與？若必欲推而演之，則非特吳氏、郝氏所徵引已也。案：《酉〔註55〕陽雜俎・物異》云：大食西南二千里有國，山谷間樹枝上化生人首，如花，不解語，人借問，笑而已，頻笑輒落。《文獻通考》：大食國西臨大海，海中見一石，上有樹，榦赤葉青，上生小兒，長六七寸，見人皆笑，摘入手中即乾黑而死。案：此即《玄覽》所云大食西有嬰音姪。彌之樹，此一種也。又《述異記》云：「陳倉人有得異物者，其形不類豬，亦不似羊，眾不能名。忽有二童子至，云：此名媼，常在地下食死人腦，若欲殺之，柏葉插其頭，又名糡弗迷。」此一種也。又，《神異經》云：崑崙西有獸，其狀如犬，兩目而不見，兩耳而不聞，有腹無五藏，有腸直而不旋，食而徑過，名曰渾沌，一名無耳，一名無心。此一種也。又《吳書》：「諸葛恪為丹陽太守，出獵兩山之間。有物如小兒，伸手欲引人。恪令伸之，乃引去故地即死。叅佐問故，恪曰：此事在《白澤圖》，名曰傒囊。」此一種也。凡此說部所載，皆不足深信。又非常出之物，俱與視肉無涉。若如郭注所云，則在水有割之不盡者曰水䖘，在陸有食之不盡者曰視肉。然水䖘常有，而視肉則未聞也。或曰視肉是竊脂之異名，義亦可通。然觀《海內西經》敘視肉於珠樹、文玉樹之上，則又不可謂是竊脂也。案：藥類有肉桂、肉荳蔲、肉蓯蓉，則謂為木者近是。

山海經彙說卷八終

【揚州磚街青蓮巷內柏華陞刊】

〔註53〕「北」字本誤作「之」。

〔註54〕此二「烏」字本誤作「鳥」。

〔註55〕「酉」字本誤作「西」。案：此處上圖藏本有批改。